KB210573

이재명 시대
경제 대예측

매일경제 경제부 기자들이 심층 분석한 9가지 로드맵

이재명 시대 경제 대예측

매일경제 경제부 지음

매일경제신문사

대한민국은 지금 AI 시대로의 전환과 글로벌 패권 경쟁이 격화되는 역사적 분기점에 있습니다. AI·데이터·플랫폼 기술이 경제, 사회의 패러다임을 바꾸는 가운데, 대담한 비전과 실행력을 지닌 리더십이 여느 때보다 절실합니다. 새로운 이재명 정부는 이러한 시대적 과제를 안고 탄생했습니다.

이재명 대통령은 조기 대선 국면이 펼쳐지자 'AI 투자 100조 원 시대를 열겠다'는 선언을 내놓았고, 이를 기초로 'AI 기본사회로의 대전환', '3·4·5 성장 전략', '아시아 제조업 데이터 허브 구축' 등 과감한 경제 공약을 제시하며 대한민국 경제의 새로운 방향을 제시했습니다. 이 대통령은 과거 성남시장과 경기도지사로 재직하면서 정책의 현장성과 효과를 무엇보다 중시했습니다. 해묵은 관료적 관습에 얽매이지 않고, 민간과 시장의 자율성을 살리되 공공의 역할을 강화하는 실사구시형 접근을 보여주었습니다. AI 투자가 곧 미래 국가경쟁력의 핵심이라는 신념은 그러한 배경에서 탄생했습니다. 이어 100조 원 규모의 국가 AI 인프라 투자뿐만 아니라, 모든 국민이 무료로 선진국 수준의 AI 서비스를 누릴 수 있는 'AI 기본 사회'를 구상하게 됐습니다. 이는 신성장동력과 사회안전망을 동시에 확장하겠다는 이 대통령의 의지를 담고 있습니다.

이재명 대통령의 '3·4·5 성장 전략'은 2030년까지 잠재성장률 3%, 세계 4대 수출국, 1인당 국민소득 5만 달러라는 구체적 목표를 설정함으로써, 우리 경제의 체질 개선과 수출 경쟁력 강화를 염두에 둔 국가 프로젝트의 청사진을 제시했습니다. '아시아 제조업 데이터 허브 구축'은 데이터와 제조업의 결합을 통해 글로벌 밸류체인 내 한국의 위상을 한층 견고히 하려는 전략으로, 고부가가치 일자리 창출과 혁신 생태계 구축을 기대할 수 있게 했습니다.

이처럼 산업과 수출 중심의 성장 전략과 더불어, 국민 삶의 질을 높이기 위한 주거 정책도 함께 추진되고 있습니다. 서울 지역 주민센터 400여 곳을 주상복합으로 개발해 '청년주택'을 공급하고, 재개발·재건축의 진입장벽을 완화해 주택공급을 확대하겠다는 계획은 매일경제가 수차례에 걸쳐 다양한 방식으로 제안한 부동산 정책을 근간으로 하고 있습니다. 미래 세대의 주거 불안을 해소하고, 동시에 도시재생과 건설경기 활성화를 도모하는 것으로 반드시 조기에 달성해야 할 숙제입니다.

그리고 이 대통령은 노동권 강화와 사회통합에 대한 의지도 거듭 표명해 왔습니다. '근로자의 날을 노동절로 개칭'하고 노동권을 법·제도적으로 뒷받침하겠다는 약속은 일하는 이들의 권리를 존중하고 안정적 노동시장 환경을 조성하겠다는 의지를 보여줍니다. 또한 성장과 통합을 동시에 추구하며 분열보다 민생 안정에 방점을 찍고, 이념 갈등보다 경제회복이 우선이라는 현실주의적 시각으로 사회적 에너지를 경제활동으로 전환하고자 합니다. '증세는 바람직하지 않다'라는 기조 아래 국가 재정 운용에 있어 균형을 잃지 않으면서 민간 소비와 투자를 촉진해 경기회복을 이끌겠다는 의지는 매일경제가 추구하는 경제정책 방향과 일치하는 측면이 적지 않습니다.

이 책은 이재명 대통령의 주요 경제 공약을 9개 파트에 걸쳐 깊이 있게 해부하고, 우리 경제와 민생에 던지는 시사점을 다각도로 살펴봅니다. 파트별로 핵심 경제 공약의 배경과 목표를 짚어보고, 정책을 실행하는 과정에서 예상되는 도전 과제를 분석했습니다. 또한 국내외 유사 사례와 비교해 성공 요인과 개선 방안을 제안하고, 각 공약을 실천할 로드맵과 국민 참여 방안도 함께 제시했습니다. 파트 1에서 이재명 대통령의 핵심 국정 운영 철학과 비전을 살펴보고, 파트 2~6에서는 금융 정책과 부동산 정책, 노동 정책, 복지 정책, 산업 정책을 차례로 다룹니다. 파트 7~8에서 재정과 조세 정책을 진단한 후 파트 9에서 이재명노믹스를 설계하고 실행하는 사람들을 소개하는 것으로 마무리합니다.

2022년 3월, 매일경제 경제부는 당시에도 《이재명노믹스》를 집필하였으나, 이 후보가 0.7%포인트 차이로 안타깝게 패배하는 바람에 원고가 책으로 빛을 보지 못하였습니다. 하지만 3년여 만에 새로 탄생한 《이재명 시대 경제 대예측》은 국내외 정세를 반영하여 한층 더 발전하였음을 집필 과정에서 실감할 수 있었습니다. 급변하는 대외 환경 속에서도 대한민국 특유의 역동성과 창의성은 여전히 우리 국민의 경쟁력입니다. 이재명 대통령의 경제 공약이 제시하는 밑그림 위에 현명한 합의와 실천이 더해진다면, 우리는 보다 정의롭고 지속 가능한 성장을 이룰 수 있을 것입니다. 이 책이 독자 여러분께 이 대통령의 경제 비전의 본질을 이해하는 작은 이정표가 되고, 새로운 시대를 여는 동력이 되기를 기대합니다.

끝으로 트럼프 관세 정책의 충격과 국내 정치적 불안 속에서 대한민국 경제를 위해 취재와 보도에 여념이 없었던 매일경제 기자들이 격무 속에서도《이재명 시대 경제 대예측》집필을 위해 기꺼이 소중한 시간과 노력을 내어준 것에 대해 감사의 말씀을 전합니다.《이재명 시대 경제 대예측》발간을 물심양면으로 격려와 응원을 보내주신 김대영 편집국장께도 감사드립니다.

2025년 5월

매일경제 경제부 일동

목차

PART 2

금융과 자본시장 정책: 먹사니즘의 토대를 만드는 포용적 금융

PART 3

부동산 정책: 내 집 마련 걱정 없는 부동산

PART 4

노동 정책:
근로자 권리를 보장하는 노동

PART 5

복지 정책:
국가 책임을 강화한 복지

PART 6

산업 혁신 정책: 위기에 강한 선도형 산업구조 구축

PART 7

지속성장과 재정 정책: 효율적인 국가 재정 지출

PART 8

규제 혁신과 기업친화 정책: 소득 5만 달러, 선진국 도약의 조건

PART 9

이재명노믹스를 움직이는 사람들

PART 1

선도국가전략: 대한민국이 세계를 주도하는 K-이니셔티브

1

질적 성장

•

진짜 대한민국을 만들기 위한 질적 성장

이재명 정부의 향후 전개 방향을 가늠하기 위해서는 이재명 대통령이 후보 시절 제시한 비전부터 살펴볼 필요가 있다. 그 비전은 공약집은 물론, 2025년 4월 10일에 본인의 유튜브 채널에 공개한 11분 37초 분량의 출마 선언 영상에서도 자세히 확인할 수 있다. 이재명 대통령은 이 영상에서 '진짜 대한민국'을 만들겠다는 포부와 함께, 국가 비전으로 'K-이니셔티브K-Initiative'를 제시했다.

유튜브 출마 선언에서 이재명 대통령은 우선 그동안 내세운 '먹사니즘'이 왜 중요한지 이유를 밝혔다. 그는 "(우리 사회에) 대립과 갈등이 지금 아주 크다. 여러 가지 이유가 있지만, 아주 근본적인 것은 경제적인 것이다"라며 "먹고살기가 어려워서 그렇다, 세상 사는 게 힘들어서 그렇다"고 말했다.

물질적으로 더 풍요로운 사회가 됐는데 왜 국민은 날이 갈수록 더 먹고살기 힘들다고 호소할까? 이재명 대통령은 원인을 '편중'에

이재명 대통령이 후보자 시절 공개했던 출마 선언 유튜브. 출처: 이재명 유튜브 채널

서 찾았다. 그는 "소위 양극화, 불평등, 격차 이런 게 너무 커졌다"며 "우리 사회가 총량으로는 과거보다 더 많은 걸 가지고 있게 됐는데 개별적으로 보면 너무 한 군데 몰려 있다. 이게 갈등의 원인"이라고 강조했다.

그러면서 이재명 대통령은 '먹사니즘'을 넘어 '잘사니즘'으로 가야 한다고 말했다. 핵심은 성장이다. 성장을 강조한 것은 2022년 대선에서도 마찬가지였다. 이재명 대통령은 실용주의를 표방하며, 3년 전과 마찬가지로 성장의 중요성을 다시 한 번 강조하고 있는 것이다.

그는 "지금 우리 경제는 여러 면에서 일종의 사면초가 상태인 것 같다. 전 세계적으로 성장률 전체가 떨어지고 있다. 경제는 사실 민간 영역만으로는 제대로 유지, 발전되기 어렵다"며 "정부 영역의 역할이 중요한데 지금 거의 3년 동안 정부는 경제를 방치해 두고 있다"고 지적했다.

또한 경제 성장을 이루기 위해 대한민국 정부가 첨단산업에 대한 투자를 주도해야 한다고 강조했다. 그는 "이제는 첨단 과학기술에 대한 투자가 중요한 시대가 됐다. 과학기술 수준이 너무 높아져서 개별 기업들이 감당할 수 없는 상황이 됐다"며 "정부 단위의 인력 양성과 대대적인 기술·연구개발R&D 투자, 스타트업이나 벤처기업에 대한 대규모 투자를 하면 다시 우리 경제가 살아날 수 있다"고 말했다.

이재명 대통령이 먹사니즘을 넘어 잘사니즘으로 가자고 한 건 단순히 양적성장이 아니라 질적 성장이 필요하다는 뜻으로 해석된다. 그는 "먹고사는 문제가 가장 중요하다. 그런데 이건 사실 매우 기능적이고 물질적인 거다. 고통스럽게 살지 않게 해줘야 한다"며 "잘사니즘이라고 하면 좀 더 가치 지향적이고, 정신적이고, 고통 없는 삶을 넘어 행복한 삶을 살 수 있는 세상을 만들자는 거다"라고 말했다.

이재명 대통령이 말하는 질적 성장은 문화적인 측면, 즉 소프트 파워를 강조하는 것과도 일맥상통한다. 단순히 밥만 먹고 사는 정도의 경제성장이 아니라 밥도 잘 먹고 산다는 질적 성장 측면에서 볼 때 문화적 양식도 중요한 자산이라는 설명이다. 그는 이미 전 세계에 영향을 미치고 있는 K-팝과 K-드라마 같은 K-컬처를, K-이니셔티브를 이끄는 핵심 동력으로 보고 있다.

그는 "지금 문화 영역에서 정말 세계를 상당 부분 선도하고 있다. 그걸 K-컬처, 한류라고 부르지 않냐"며 "여기에 더해서 이제는 K-민주주의가 있다. 두 차례의 촛불 혁명, 즉 빛의 혁명을 통해 세계사에서 유례없는 무혈 평화 혁명이 이루어졌다. 현실 권력을 끌어내리는 이 거대한 변화는 민주주의의 이름으로 가능했다. 정말로 위대한 민주주의 힘을 보여줬다. 대한민국이 세계를 선도하는 여러 영역이 있다. 처음에는 이런 것들을 K-이니셔티브라고 통칭하겠다"고 말했다.

이재명 대통령은 "대한민국이라는 국호에는 국민의 나라, 민중의 나라, 평범한 사람들의 나라라는 뜻이 담겨 있다"며 "많은 사람이 희망을 가지고 행복한 삶을 꿈꾸는 그런 세상이 봄날이다. 진짜 대한민국을 만들어보고 싶다"고 출마의 변을 마무리했다.

2

기본사회

•

국민의 기본적인 삶을 책임지는 사회

이재명 대통령이 꿈꾸는 대한민국은 어떤 모습일까? 수많은 공약이 있지만, 그중 핵심은 '기본사회'라고 볼 수 있다. 이 대통령이 말하는 잘사니즘과 질적 성장 역시 기본사회라는 국정 철학과 무관하지 않다. 아주 기본적으로 먹고사는 문제는 국가가 어느 정도 해결해 줘야 국민들은 더 창의적이고 생산적인 데 시간을 쓸 수 있고, 그 결과 경제가 더 골고루 발전할 수 있다는 뜻이다.

이 대통령의 기본사회 구상은 2025년 5월 22일 대선 공약으로도 제시됐다. 이 대통령은 이날 자신의 페이스북에 올린 글에서 "국민의 기본적인 삶은 국가 공동체가 책임지는 사회, 기본사회로 나아가겠다"고 밝혔다. 이 대통령은 왜 기본사회를 외치는 걸까?

그는 "저성장 시대에 접어들며 기회와 자원의 불평등이 심화되고 있다. 격차와 양극화가 성장을 가로막고, 협력과 공존은 사라지고 극한 경쟁만 남았다"며 "현행 복지제도는 '누구나 일할 수 있다'

는 가정을 전제로 탈락자를 대상으로 한다. 인공지능과 로봇이 생산을 주도할 첨단 기술 사회에서는 한계가 분명하다. 초과학기술 발전이 초래할 수 있는 사회 구조적 위기를 극복하기 위해서는 기존 제도와는 완전히 다른 접근을 해야 한다. 구멍이 있는 사회 안전망을 넘어 빈틈이 없는 두툼한 안전 매트가 깔린 '기본사회'로 나가야 한다"고 말했다.

그렇다면 이 대통령이 그리는 기본사회는 어떤 모습일까? 그는 "기본사회는 단편적인 복지 정책이나 소득 분배에 머무르지 않는다. 우리 헌법에 명시된 행복추구권과 인권을 바탕으로, 모든 국민의 기본적 삶을 실질적으로 보장하는 사회"라며 "주거, 의료, 돌봄, 교육, 공공서비스 같은 삶의 모든 영역에서 우리 헌법에 명시된 국민의 모든 권리를 최대한 실현하고, 국가와 사회가 함께 책임지는 '기본사회'를 열어가겠다"고 강조했다.

한층 강화된 복지국가, 복지사회가 이재명표 기본사회라고 할 수 있다. 국가 예산(재정)으로 전부 하든, 민간과 함께하든 모든 국민에게 최소한의 인간다운 삶을 보장하고, 더 나아가 헌법상 행복하게 살 권리까지 보장하겠다는 뜻이다.

기본사회 구상을 실현하기 위해 이 대통령은 국가 전담 기구를 설치하겠다고 밝혔다. 이 대통령은 "기본적인 삶이 권리로 보장되고, 안전매트가 깔린 사회라야 지속 가능한 혁신과 성장이 가능하다"며 "기본사회위원회(기본사회를 위한 회복과 성장 위원회)를 설치하고 기본사회 실현을 위한 비전과 정책 목표, 핵심 과제 수립 및 관련

이재명 대통령의 기본사회 구상

구분	내용
전담 기구	기본사회위원회(대통령 직속, 대통령이 위원장)
주요 정책	아동수당 지급대상 확대(0~7세 → 0~18세)
	청년미래적금 도입(청년 자산 형성 지원)
	특수고용직, 플랫폼 노동자 고용보험 확대(실업급여 지원)
	농어촌 기본소득(18세 이상 농어민 260만 명에 매달 지급)
	공공의료 확충, 취약층 주치의제 도입
	영유아, 초등, 어르신, 장애인, 간호·간병 5대돌봄 국가책임제
	맞춤형 공공분양, 고품질 공공임대 공급
	주 4.5일제 단계적 도입, 실노동 시간 단축
	정년 연장(사회적 합의 전제) 추진
	상병수당(업무와 무관하게 아파서 쉬어도 일정 소득 보장) 단계적 확대
	대도시 광역권 청년·국민패스 확대
	모든 국민 AI 기술 활용 기회 보장

정책 이행을 총괄, 조정, 평가하겠다"고 말했다.

이재명 정부의 기본사회위원회는 흡사 문재인 정부의 일자리위원회를 연상시킨다. 문재인 전 대통령은 대통령 취임 후 업무 지시 1호로 2017년 5월 16일, 일자리위원회 설치 및 운영에 관한 규정을 제정했다. 그리고 한 달여 후인 2017년 6월 21일, 청와대 본관 세종실에서 직접 제1차 일자리위원회 회의를 주재했다. 이 대통령도 취임과 동시에 본인이 직접 위원장을 맡을 기본사회위원회를 출범시킬 것으로 보인다.

이 대통령은 기본사회위원회의 역할에 대해 "생애소득 보장과

의료·돌봄·주거·교육 등 분야별 기본 서비스 추진 상황을 점검하고, 시범사업을 실시해 우수 정책을 체계적으로 확산·지원하겠다"고 밝혔다.

정부 재정에는 한계가 있다. 기본사회가 복지 강화를 말한다면 수조 원, 수십조 원의 재원이 필요할 것으로 보인다. 이에 이 대통령은 민관 협력을 강조했다. 적절한 인센티브를 줘서 기본사회 구현에 민간 참여를 독려하겠다는 뜻이다. 이 대통령은 "기본사회는 정부의 노력만으로 실현될 수 없다. 민간 기업과 시민사회 조직, 사회적경제 조직, 협동조합 등 다양한 주체들과 함께 협력하는 체계를 구축하겠다"며 "민관 협력을 활용해 재정 부담은 줄이고, 정책의 효과는 높이겠다"고 말했다.

기본사회를 채우는 요소들도 그의 공약에 구체적으로 나온다. 우선 생애주기별 맞춤형 소득 보장이다. 이 대통령은 "태어날 때부터 노후까지 생애주기별 소득 보장 체계를 촘촘히 구축하겠다"며 "누구나 예측이 가능한, 안정된 삶을 누릴 수 있는 사회를 만들어야 한다"고 말했다.

이 대통령이 예를 든 건 아동수당이다. 지금까지 아동수당은 0~7세 아동을 기준으로 월 10만 원씩 지급됐다. 이 대통령은 아동수당 지급 연령을 0~18세까지 확대할 계획이다. 아동수당은 매년 8조 3,000억 원의 예산이 들어가는 사업이다. 지급 연령이 늘어나게 된다면 재정 확보가 최대 관건이 될 전망이다.

이 대통령은 청년들의 자산 형성에 도움을 주는 '청년미래적금'

도 도입하겠다고 밝혔다. 청년들이 중소·중견기업에 취업해 일하는 동안 일정 금액을 적립하면, 정부와 기업이 매칭을 해주는 청년내일채움공제와 비슷한 형태가 될 전망이다.

고용보험 확대도 기본사회 구상의 한 축이다. 핵심은 특수고용직과 배달 기사 등 플랫폼 노동자다. 대표적인 특수고용직은 화물차 운전기사, 골프장 캐디, 학습지 교사, 대리운전 기사, 대출 모집인, 택배기사 등이다. 통계에 따라 차이가 있지만 대략 100만 명 안팎으로 추정된다. 이들이 고용보험에 가입하게 되면, 비자발적 실업 상태에 놓일 때 실업급여를 받을 수 있게 된다.

농어촌 기본소득도 도입한다. 일정 연령 이상인 농어민들에게 월 20~30만 원의 기본소득을 지급해 생계를 보조하겠다는 구상이다. 국회예산정책처에 따르면 전국에 18세 이상 농어민 수는 대략 260만 명이다. 이들에게 1인당 월 10만 원, 연 120만 원씩 지급하려면 1년에 3조 1,200억 원이 필요하다.

의료 접근성 확대도 기본사회 구현을 위한 중요한 수단이다. 이 대통령은 "우리나라는 민간 중심의 의료 공급으로 지역 간 격차와 필수 의료 공백이 심각하다. 소득 수준에 따른 의료 접근성 차이도 크다"며 "의료의 공공성을 높이고, 공공 의료 인력을 확충해 모두가 동등하게 치료받을 수 있는 기반을 만들겠다"고 밝혔다.

특히 그는 "노인, 장애인, 아동 등 특별한 돌봄이 필요한 분들과 의료 취약 지역을 대상으로 주치의제 시범사업을 추진한 후, 이를 모든 국민에게 확대하겠다"고 강조했다.

저출생·고령화 해법으로는 '돌봄 기본사회'를 제시했다. 이 대통령은 "돌봄 기본사회는 돌봄을 가족과 개인의 몫이 아닌, 사회 전체가 함께 책임지는 사회"라며 "이는 초저출생·초고령화 사회에 대응하는 대한민국의 생존 전략이자 성장 전략"이라고 말했다.

특히 이 대통령은 취약층 돌봄에 방점을 찍었다. 그는 "영유아, 초등, 어르신, 장애인, 간호·간병 등 5대 돌봄 국가책임제를 넘어, 온 사회가 함께 돌보는 돌봄 기본사회를 만들겠다"고 강조했다.

'기본주택'이라는 표현을 쓰지는 않았지만, 맞춤형 공공분양과 고품질 공공임대주택 공급 확대도 공약했다. 이 대통령은 "어르신과 함께 사는 공동체 주택, 청년과 어르신이 어울려 사는 세대 통합 주택 등 다양한 삶의 조건에 맞춘 주거 환경을 조성하겠다"고 밝혔다.

국가와 지방자치단체, 교육청이 함께 지원하는 '온동네 초등돌봄', 주 4.5일제 단계적 도입과 실노동시간 단축, 정년 연장 사회적 합의, 상병수당 단계적 확대, 전 국민 인공지능 사용 보장 등도 이 대통령의 기본사회 공약에 포함됐다.

3

3·4·5 성장 전략

성장률·수출·투자를 함께 끌어올린다

이제 구체적으로 이재명 대통령이 내세우는 성장 전략을 살펴볼 필요가 있다. 그는 만성적인 저성장의 늪에 빠져 있는 대한민국 경제에 어떻게 다시 활력을 불어넣겠다는 것일까?

우선 전통적으로 성장보다 분배에 치중하는 더불어민주당 출신

1996~2024년 대한민국 경제성장률

단위: %

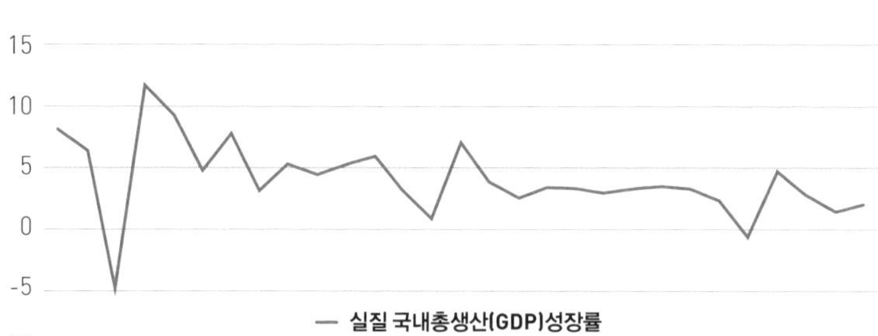

인 이재명 대통령조차 성장을 최우선 경제 공약으로 내세운 이유는 우리 경제가 지나치게 깊은 침체의 늪에 빠져 있기 때문이다.

그래프를 보면 알 수 있듯이 대한민국의 경제성장률은 장기적으로 0%대를 향해 내리막 추세에 있다. 특히 2025년의 경우, 미국 트럼프 정부의 관세 전쟁 여파로 수출까지 타격을 입게 돼 그렇지 않아도 깊은 침체에 빠진 내수까지 더해 0%대 성장률 전망까지 나오는 최악의 상황이다. 이미 2025년 1분기 성장률은 –0.2%를 기록하며 경기 경착륙 우려를 낳았다.

게다가 경제의 기초체력이라고 할 수 있는 성장잠재력, 잠재성장률도 급격히 내려가고 있다. 잠재성장률은 물가상승을 유발하지 않으면서도 경제가 성장할 수 있는 최대치를 가리킨다. 보통 경제가 성장하면 물가가 올라가는데 가격이 올라 전체 GDP가 커진 걸 빼고 순수하게 우리 실력으로 성장할 수 있는 걸 잠재성장률이라고 부른다.

국내외 주요 기관 2025년 대한민국 경제성장률 전망

기관	성장률(%)
IMF	1
OECD	1.5
ADB	1.5
정부	1.8
한국은행	1.5
KDI	0.8
씨티	0.6
JP모건	0.5

*2025년 4월 말 기준

한국은행에 따르면 2000년대 초반 5% 내외에 달했던 잠재성장률은 2010년대 들어 3% 초중반으로 하락했고, 2016~2020년 중 2% 중반으로 낮아진 이후 2024~2026년 중에는 2% 수준으로 추정됐다. 즉, 가격 상승분을 걷어내고 우리 경제가 아무리 용을 써도 2% 이상 성장하기 어렵다는 얘기다.

미래 전망은 더 암울하다. 잠재성장률에 영향을 주는 자본 투입, 노동 투입, 총요소생산성TFP 등을 고려할 때 2030년에 잠재성장률은 1%대로 내려앉고 2040년대에 접어들면 0%대까지 하락할 수 있다. 자본 투입에는 한계가 있고, 급격한 고령화와 저출생으로 인해 경제활동인구가 더 늘어나기도 어려운 상황이다. 결국 관건은 R&D와 기술혁신을 통해 TFP를 높이는 것이지만, 과연 혁신이 제대로 이뤄질 수 있을지는 여전히 불확실하다.

이에 따라 이재명 대통령의 경제정책 공약 개발을 맡았던 민주당 미래경제성장전략위원회는 지난 4월 9일 국회박물관에서 확대

대한민국 잠재성장률 전망[1)]

단위: %

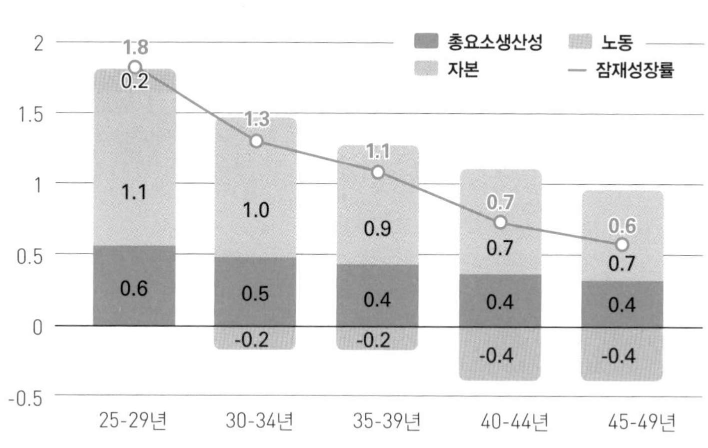

주1) 생산함수 모형 기준, 연간 변화율의 5년 평균

출처: 한국은행

개편 출범 및 비전 선포식을 가지고 그동안 준비한 대한민국 경제성장 전략 및 실행 계획을 발표했다.

위원장을 맡은 이언주 최고위원은 기조연설을 통해 "지속적 경제성장 없이는 민주주의가 지켜지지 않기 때문에 더불어민주당이야말로 지속적 경제성장을 통해 안정적인 민주주의 토대를 만들어가야 한다"고 강조했다. 이어 "즉각 실행 가능한 성장 맞춤형 정책을 만드는 데 포커스를 뒀다. 성장 전략이 곧 대한민국 생존 전략이며 이제 국가가 전략적 투자자로서 역할을 해야 한다"고 밝혔다.

수석부위원장을 맡은 안도걸 의원은 혁신산업 분야에서 세계 3위 경쟁력(혁신산업 G3), 경제성장률 2배, 1인당 GDP 5만 달러 등 구체적인 비전도 제시했다. 이는 3·4·5 경제성장 비전으로 봐도 무방하다.

이날 열린 출범식에서 이재명 대통령의 경제정책 분야를 지원하는 당 외곽 싱크탱크인 '성장과통합' 상임공동대표를 맡은 유종일 한국개발연구원KDI 국제정책대학원 명예교수는 축사를 통해 "민주당이 성장 전략을 고민하지 않는다는 오해, 이재명 의원이 성장보다 분배에 관심이 많을 것 같다는 막연한 불안감을 불식시키자"고 말했다.

실제로 '성장과통합'에서 미래경제성장위원회와 비슷한 정책 비전을 제시했다. 4월 16일, 서울 여의도 국회도서관에서 열린 '성장과통합' 출범식에서 공동대표를 맡은 유종일 명예교수는 "성장 동력을 되살리는 것이 우리의 첫 번째 과제"라며 2030년까지 3% 잠

'성장과통합' 상임공동대표를 맡은 유종 KDI 국제정책대학원 명예교수(앞줄 왼쪽)와 허민 전 전남대학교 부총장(앞줄 오른쪽)이 4월 16일 오전 서울 여의도 국회도서관에서 열린 성장과 통합 출범식에서 국민의례를 하고 있다. 출처: 뉴스1

재성장률, 세계 4대 수출 강국, 1인당 국민소득 5만 달러 등 3·4·5 성장 전략 비전을 제시했다.

성장 전략의 핵심은 AI 대전환이다. 앞서 이재명 대통령은 대선 출마 첫 일정으로 AI 반도체 설계 기업인 퓨리오사를 방문해, 이 자리에서 AI 분야에 100조 원을 투자하겠다는 공약을 발표했다. 그는 성장과 통합 측면에서 제조업 분야의 AI 대전환을 이끌어 성장을 도모하겠다는 아이디어를 냈다. 유종일 대표는 "AI 기반 기술혁신과 에너지 대전환을 통해 생산성을 끌어올리는 데 정책개발 역량을 집중할 계획"이라며 "첨단 과학기술과 주력산업 분야에서 정부와 기업이 새로운 파트너십을 구축해 경제 선순환 생태계를 만들면 경제위기 극복이 가능하다"고 말했다.

4

퍼스트 무버 국가

K-이니셔티브로 세계를 주도한다

이재명 대통령의 경제정책 방향은 그가 더불어민주당 대선후보 경선에 출마하며 출사표로 내세운 '국가 비전 선언문'을 통해서 확인할 수 있다. 그는 지금까지 선진국을 추격하며 성장한 대한민국 경제가 이제부터 진짜 대한민국에 걸맞은 질적 성장을 하기 위해서는 '퍼스트 무버'가 돼야 한다고 강조했다.

4월 11일, 국회 소통관에서 열린 비전 선언에서 이재명 대통령은 하루 전 유튜브에 올린 대선 출사표에서 밝힌 K-이니셔티브와 잘사니즘의 청사진을 구체적으로 제시했다. 이날 회견에서 이재명 대통령은 세계를 13번, 국민을 10번, 대한민국을 10번, K를 8번씩 언급하며 강조했다.

이재명 대통령은 "산업화 시대의 성공 방정식은 단순했다. 이미 실증된 성공의 법칙을 충실히 배우고 익혀, 쉼 없이 도전하고 따라잡는 것이었다"며 "우리 국민은 앞선 나라가 쓴 정답을 빠르게 모방하며, 죽을힘을 다해 일한 결과, 세계가 놀란 '한강의 기적'을 이뤘다. 효율성 높고 속도감 있는 압축 성장으로 '세계 최빈국' 대한민국은 '세계 10위 경제 대국'의 금자탑을 쌓았다"고 말문을 열었다.

그러나, 이재명 대통령은 이제 이러한 모방형·추격형 성장 방식으로는 더 이상 성장이 어렵다고 진단했다. 시대가 바뀌었다는 것이다. 그는 "지금껏 겪어보지 못한 변화를 예고하며, 초과학기술의 신문명 시대가 도래하고 있다. 더 이상 모방할 대상도, 우리가 따라야 할 정답도 없다"며 "눈 깜빡하면 페이지가 넘어가는 '인공지능 무한 경쟁' 시대가 열리고 있다. 이제는 답을 찾는 능력보다 질문하는 능력이 더 중요해졌다. '양적성장'에만 매달리던 '기능 중심 사회'의 한계를 넘어서, 어떤 삶이 행복한 삶인지를 고민하며 '질적 성장'을 추구하는 '가치 중심 사회'로 변화해야 한다"고 강조했다.

그러면서 이재명 대통령은 퍼스트 무버가 돼야 한다고 말했다. 그는 "한 걸음이라도 뒤처지면 도태 위험에 노출된 추격자가 되지만, 반걸음이라도 앞서면 무한한 기회를 누리는 선도가 된다"며 "모방의 기술로 이룩한 우리의 정치, 경제, 사회, 문화 시스템을 '주도적인 기술'로 전화해 나가자"고 목소리를 높였다. 그는 "어떤 사상과 기념도 시대의 변화를 막지 못한다"며 "현실에 발을 딛고 이상을 향해 팔을 뻗는 주도적이고 진취적인 실용주의가 미래를 결정할 것"이라고 강조했다.

대한민국이 세계를 주도해야 한다며 "이것이 K-이니셔티브 비전"이라고 밝혔다. 이재명 대통령은 "양적성장을 넘어 질적 성장을

이재명 대통령은 더불어민주당 대선 경선 당시였던 4월 11일, 서울 여의도 국회 소통관에서 자신의 비전을 발표했다.
출처: 연합뉴스

주도하고 첨단산업을 선도하는 경제 강국, 충돌하는 이해와 갈등을 조정하며 '사회적 대타협'으로 함께 사는 공동체를 만드는 민주주의 강국, K-민주주의와 K-컬처 콘텐츠, K-과학기술과 K-브랜드까지 세계 문명을 선도하는 소프트파워 강국, 이제 대한민국은 세계가 주목하는 '퍼스트 무버'로 거듭날 것"이라고 말했다.

매경의 제언

저성장 탈출을 위해 첨단산업에 과감한 재정지원을 하자

이재명 대통령은 국가 주도, 정부 주도 성장 전략을 주장한다. 이유는 간단하다. 첨단산업으로 갈수록 워낙 많은 투자 비용이 들기 때문에 개별 기업이 감당하기 어렵기 때문이다.

그는 과거 대선 출마 선언에서 "과학기술의 수준이 너무 높아져서 개별 기업이 감당할 수 없는 상황"이라며 "정부 단위 인력 양성, 대대적인 기술 연구개발 투자, 스타트업이나 벤처에 대한 대규모 투자로 (경제가) 살아날 수 있다"고 했다.

국부펀드를 조성해 한국판 엔비디아라 할 수 있는 'K-엔비디아'를 만들겠다는 것도 같은 맥락이다. 그는 2025년 3월 더불어민주당 싱크탱크인 〈민주연구원〉 유튜브 채널에 출연해 "한국에 엔비디아 같은 회사가 하나 생겼다면 70%는 민간이 가지고 30%는 국민 모두가 나누면 굳이 세금에 의존하지 않아도 되는 사회가 오지 않을까"라며 "앞으로 도래할 인공지능 사회에서 엄청난 생산성의 일부를 공공의 영역이 가지고 있으면 모든 국민이 그걸 나누는 시대도 가능하다"고 말했다.

그는 "생산성 향상의 결과물을 공동체가 일부나마 가지고 있었다면 세상이 달라졌을 것 같다"며 "개인이나 특정 기업이 전부 독점하지 않고 모든 국민이 상당 부분 공유하는 것이 제가 꿈꾸는 기본 사회"라고 강조했다.

그는 《사피엔스》의 저자 유발 하라리 교수를 만나서도 K-엔비디아 구상에 대해 설명했다. 이재명 대통령은 "얼마 전 '인공지능 기업에 국부펀드로 투자해 지분

2025년 3월 22일, 국회 사랑재에서 이재명 대통령을 만나 대담하고 있는 유발 하라리 이스라엘 히브리대 역사학과 교수. 출처: 국회사진기자단

상당 부분을 확보하고 이익을 나누는 게 어떠냐'라는 이야기를 했다가 공산주의자라고 비난을 많이 받았다"고 말했다. 그러면서 이재명 대통령은 "기술 개발 능력이 있는 거대 기업이 엄청난 부를 누리게 될 가능성이 높다. 이것을 제지할 수도 없고 세금을 매기는 것은 저항이 심하다"며 "산업에 대한 공공의 투자 참여를 하는 것은 어떠냐고 말했다가 공산주의자라고 공격을 많이 받았다"고 해명했다.

이재명 대통령이 국부펀드라도 조성해서 첨단산업, 첨단기업을 만들어야 한다고 밝힌 건 미국은 물론 중국, 일본, 유럽연합(EU) 등 세계 각국이 첨단산업 기술 패권을 놓치지 않기 위해 천문학적인 보조금을 기업에 뿌리고 있기 때문이다. 대체로 인구 고령화가 빠르게 진행되고 있는 선진국들 입장에서는 기술혁신과 첨단

국가·산업별 대표 기업 자국 보조금 규모 및 매출액 대비 보조금 비율 단위: 억 달러

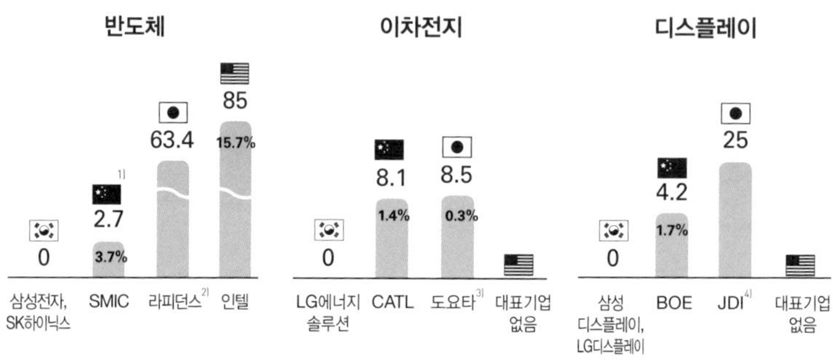

1) 정부·국영기업(SMIC 지분율 31.1%, CATL 39.2%, BOE 20.2%)을 통해 공식 보조금 외 생산시설 증축 및 R&D 예산 등을 우회적으로 지급받고 있음(중국투자공사와 같이 해당 회사의 최대주주가 국영 기업이거나 지방정부, 공산당 간부인 경우에도 정부 지분으로 계산)
2) '22년 설립 이후 현재까지 매출액 없음
3) 파나소닉이 일본 대표 이차전지 제조업체이나 정부로부터 보조금을 수령한 사례가 없으며, 도요타 배터리(이차전지) R&D 부문이 정부 보조금을 지급받음
4) 정부 주도로 소니·도시바·히타치의 LCD 부문 통합('12년) / 합작 당시 日 민관펀드인 산업혁신기구(INCJ) 2,000억 엔(당시 환율 기준 25억 달러) 출연

출처: 한국경제인협회

산업만이 성장을 이끌 수 있는 사실상 유일한 대안이다.

실제로 한국경제인협회에 따르면 2023년 기준으로 반도체 산업에 대한 국가별 자국 기업에 대한 보조금 규모를 보면 미국은 85억 달러, 일본은 63억 4,000만 달러, 중국은 2억 7,000만 달러였지만 한국은 보조금이 전무했다. 이차전지 분야에서도 중국과 일본은 8억 달러 이상 보조금을 지급했지만, 대한민국의 보조금은 0원이었다.

반도체, 인공지능 등 첨단산업은 이재명 대통령 말대로 개별 기업이 모든 투자를 혼자 감당하기는 상당히 버겁다. 이에 따라 국내에서도 첨단산업에 대한 투자 세액공제, 정책금융 제공 외에도 직접 보조금 지급이 필요하다는 목소리가 높다. 하지만 기획재정부는 직접 보조금이 기업 간 형평성 문제가 있고, 대기업 특혜가

반도체 재정투자 강화 방안

지원 분야	내용
인프라 구축	- 용인·평택 반도체 클러스터 송전선로 지중화 비용 70% 국비로 지원(추경에 626억 원 반영) - 투자 규모 100조 원 이상 대규모 클러스터 전력·용수 등 인프라 국비 지원 한도 상향(최대 500억 원→최대 1,000억 원) - 국가첨단전략산업특화단지 기반 시설 구축 국비 지원 확대(15~30% → 30~50%)
소부장 투자 지원	- 반도체·디스플레이·이차전지·바이오 등 4개 첨단산업 공급망 안정 품목·전략물자 생산 중소·중견기업 투자보조금(투자금의 30~50% 보조금 지급, 기업당 200억 원 한도, 추경에 700억 원 반영) - 첨단전략산업기금에서 반도체 저리대출 확대(17조 원 → 20조 원) - 반도체 투자세액공제율 국가전략기술대비 5%포인트 상향(대·중견기업 20%, 중소기업 30%)
차세대 반도체 개발	- 팹리스 기업이 자유롭게 활용 가능한 고성능 장비 대폭 확충 - 용인 반도체 클러스터에 첨단 반도체 양산 연계형 미니팹 신속 투자 - NPU, PIM등 차세대 첨단 반도체 핵심 기술 개발 조기 달성 지원

*총투자 26조 원에서 33조 원으로 7조 원 확대

출처: 기획재정부

될 수 있어서 조심스러운 입장이다.

그런데도 정부는 2025년 4월 15일 '글로벌 반도체 경쟁력 선점을 위한 재정투자 강화 방안'을 통해 반도체, 디스플레이, 이차전지, 바이오 등 4대 국가첨단전략산업 관련 중소·중견기업에 투자보조금을 지급하기로 했다. 입지와 설비 신규 투자에 대해서 30~50%를 지원하기로 했는데, 건당 한도는 150억 원, 기업당 지원 한도는 200억 원으로 정했다.

하지만 글로벌 경쟁을 주도하는 것이 세계 각국의 대표기업, 대기업이라는 점에서 아쉬움이 없지 않다. 작은 기업에게 100~200억 원을 지원한다고 해서 기업이 기술 패권 전쟁에서 살아남고, 이기기는 쉽지 않다는 게 중론이다.

이에 4월 28일 이재명 대통령은 세계 1등 반도체 국가를 만들겠다며 자신의 소셜미디어에 "국내에서 생산·판매되는 반도체에 최대 10%의 생산 세액공제를 적용해 반도체 기업에 힘을 실어주겠다"고 밝혔다. 기존에는 R&D 자금과 시설 투자액만 세액공제 혜택을 줬지만, 국내에서 생산하고 판매하는 경우에도 혜택을 추가로 주겠다는 뜻이다.

이재명 대통령은 "대한민국 경제성장의 핵심 엔진이던 반도체가 위기를 맞고 있다"며 "글로벌 공급망 리스크에 치열해진 AI 반도체 경쟁까지 더해져 이중 삼중의 위기에 포위됐다"고 진단했다. 그는 "반도체에 대한 세제 혜택을 넓히겠다"며 "반도체 기업의 국내 유턴을 지원해 공급망 생태계도 강화하겠다"고 설명했다.

이재명 대통령의 제안은 보조금을 통해 해외로 떠나는 국내 기업을 붙잡기 위한 조치다. 하지만 이 정도 혜택만으로 과연 삼성전자, SK하이닉스 같은 반도체 대기업의 해외 이전을 막을 수 있을지는 미지수다. 보다 과감하고 획기적인 재정 지원 방안이 필요하다.

국내 기업의 국내 투자, 국내 복귀만 겨냥해선 승산이 없다. 벤치마크 대상은 일본이다. 일본 정부는 글로벌 반도체 위탁생산(파운드리) 시장 점유율 60% 이상을 차지하고 있는 대만 TSMC의 일본 내 반도체 공장 건설을 지원하기 위해 막대한 보조금을 지급했다. 특히, 구마모토현 기쿠요마치는 예전에는 온통 배추밭이었지만, TSMC 공장 건설로 인해 반도체 산업의 중심지로 변모했다. 일본 정부는 TSMC 제1공장 건설비의 절반에 가까운 4,760억 엔(약 4조 2,000억 원)의 보조금을 지급했으며, 제2공장에는 약 7,300억 엔(약 6조 5,000억 원)을 지원할 방침이다.

PART 2

금융과 자본시장 정책: 먹사니즘의 토대를 만드는 포용적 금융

1

기본대출과 기본저축

누구나 금융의 기초를 누린다

이재명 대통령의 기본 국정 철학은 모든 국민이 인간다운 삶을 살 수 있도록 국가가 최소한의 보장을 해야 한다는 것이다. 이 대통령은 신설되는 기본사회위원회를 통해 기본대출과 기본저축 등 '기본금융' 추진에 속도를 낼 것으로 예상된다.

이재명 대통령은 기본금융을 통해 금융 불평등을 해소하고자 한다. 우선 국민 누구나 최대 1,000만 원의 자금을 10~20년까지 장기간 초저금리로 대출받을 수 있는 기본대출을 도입한다. 그는 우선 금융권 대출에 가장 취약한 20~30대 청년부터 시작해 전 국민으로 점차 확대한다는 방침이다.

이재명 대통령은 경기도지사 시절 추진했던 '기본대출'의 구조를 바탕으로, 공적 보증 기관이 차주의 대출을 100% 보증하는 방안을 제시했다. 최종 손실률은 5%로 설정하고, 차주가 상환하지 못한 금액은 경기도(또는 정부) 예산으로 대신 갚는 방식이다. 금리

이재명 대통령의 후보 시절 금융 공약이었던 기본대출 주요 내용

기본대출 금융 공약
- 제도권 금융시장에 접근하지 못하는 청년·서민 대상 - 2030 청년부터 시작해 전 국민으로 확대 - 최대 1,000만 원, 10~20년에 걸쳐 저리에 마이너스통장 한도 대출로 - 공적 보증 기관이 차주 대출 100% 보증 - 최종 손실률 5%로 계산, 차주가 갚지 못하는 금액 정부 예산으로 대신 갚아주는 구조 - 금리는 한국은행 기준금리 연동, 최소한의 가산금리만 더하는 방식

는 한국은행 기준금리에 연동해 최소한의 가산금리를 더하는 것이 유력한 방안이다.

이재명 대통령이 기본 대출을 도입하는 것은 특히 청년들이 금융권의 높은 문턱으로 인해 고금리 대부업이나 사채시장까지 밀려나 신용불량자 신세로 전락하는 일을 최대한 방지하기 위해서다. 기본 대출은 마이너스통장 형태로 수시 입출금이 가능하며 연체 정보 등록·관리 등 도덕적 해이를 방지할 수 있는 장치도 함께 마련을 추진한다.

정무위원회 간사이자 중앙선대위 코스피 5000시대 위원장인 강준현 의원은 "기본대출은 아주 필요한 정책이라고 본다"며 "금융 접근성 보장도 '잘사니즘', '먹사니즘'의 하나라 생각한다"고 말했다.

금융권에서는 금융 접근성 확대라는 긍정적 효과는 있지만, 국내 금융기관의 리스크관리 부담이 커질 것으로 관측한다. 금융권 관계자는 "대출 심사·승인과 연체 관리 등 실질적 리스크를 은행이 부담해야 하는 구조"라며 "연체 발생 이전까지는 은행이 자체적으

로 건전성 관리를 해야 하기에 리스크 관리 부담이 크다"고 말했다.

차주의 대출 심사부터 승인·관리는 은행이 도맡아야 하기 때문에 인력·행정 비용 부담도 상당하다는 평가다. 앞서 윤석열 정부의 대표적인 금융 공약으로 정책까지 연결됐던 청년도약계좌도 금리 산정부터 상품 가입까지 일련의 과정은 참여 은행의 몫이었다.

이재명 대통령은 기본대출과 함께 기본저축을 도입한다. 기본저축은 국민 누구나 500~1,000만 원 사이의 일정 한도 안에서 일반 예금금리보다 높은 금리로 저축을 할 수 있도록 하는 제도다. 일반 예금금리보다 높은 구조로 설계해 이를 기본대출의 재원으로 사용하면서 국민들의 재산 형성에도 도움을 주겠다는 것이다.

법정 최고 금리 인하 또한 새 정부에서 추진될 가능성이 높다. 이재명 대통령이 경기도지사 시절부터 대선 후보 때까지 꾸준히

법정 최고 금리 추이

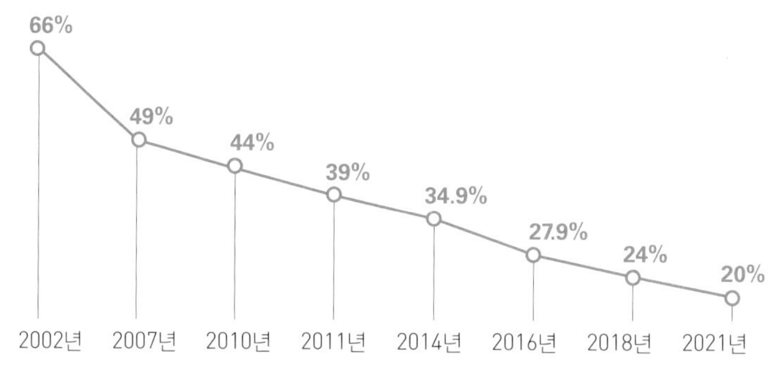

출처: 금융위원회

이재명 대통령은 더불어민주당 대표 시절이던 2024년 12월 24일, 서울 중구 중앙서민금융통합지원센터에서 열린 '취약계층 금융 부담 완화를 위한 현장 간담회'에 참석해, 법정 최고금리 인하의 취지를 설명하는 발언을 했다.
출처: 국회사진기자단

주장하던 정책이기 때문이다. 이재명 대통령은 지난 2022년 대선 당시 '최고 금리 10%대 인하'를 공약으로 내세웠다. 서민 급전 창구로 불리는 제2금융권을 대출 이자 부담을 줄이겠다는 취지다.

현재 미등록 대부업자 등 일반인은 '이자제한법'에 따라 연 25%, 등록대부업자 및 여신금융기관은 '대부업 등의 등록 및 금융이용자 보호에 관한 법률(대부업법)'에 따라 연 27.9%를 초과해 이자를 받을 수 없다. 해당 범위 내에서 대통령령에 의해 최고 금리를 정하도록 했다. 문재인 정부는 시행령 개정을 통해 법정 최고 금리를 지난 2018년 2월에 연 24%로, 2021년 7월에 연 20%로 낮췄다.

법정 최고 금리는 20% 수준인 현재 기준을 15%로 낮추는 방안이 유력하다. 이 대통령은 2024년 12월 "생계비 대출 금리가 연 15.9%인데, 이를 감당할 수 있는 사람은 신적인 능력을 갖춘 상황"이라고 지적했다. 2025년 2월 열린 민주금융포럼 토론회에서도 법정 최고 금리를 연 15%로 추가 인하하는 방안이 논의됐다.

다만 법정 최고 금리가 추가 인하될 경우 저신용자들이 제도권 금융 진입을 원활하게 만들 조치가 병행될 필요가 있다는 지적이 나온다. 최고 금리가 내려가면 제2금융권을 중심으로 서민을 위한 신용대출 상품을 취급할 유인이 적어지기 때문이다.

저신용자 위주로 대출을 취급하는 저축은행 등 제2금융권은 연체 리스크를 높은 이자율로 메우는 구조다. 최고 금리가 낮아지면 연체 리스크를 이자율에 반영할 수 없게 되고, 그만큼 이자 이익이 줄어 제2금융권은 저신용자 대출을 꺼릴 수밖에 없다.

2

과중 채무자 지원

위기에 빠진 가계에 다시 기회를 준다

과중 채무자 등 한계 가구에 대한 서민금융 지원도 새 정부 금융정책의 한 축이다. 더불어민주당은 햇살론과 미소금융 등 기존의 지원제도가 절차의 복잡성과 과도한 서류 요구로 실효성이 크게 떨어지고, 중저신용자와 초기 창업자, 무등록사업자 등 금융 사

GDP 대비 가계부채 비율 단위: %

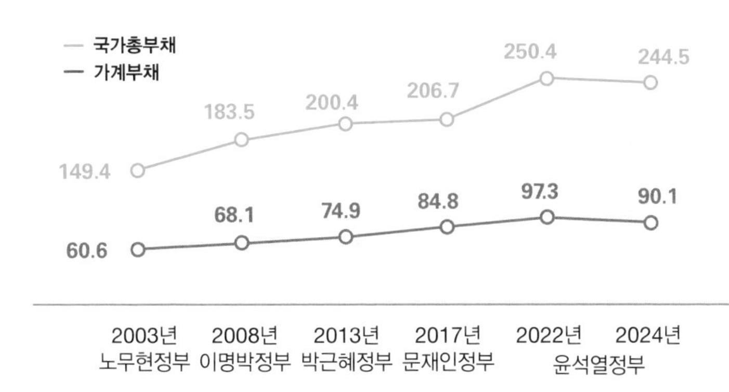

불법 사금융 피해 신고 건수

단위: 건

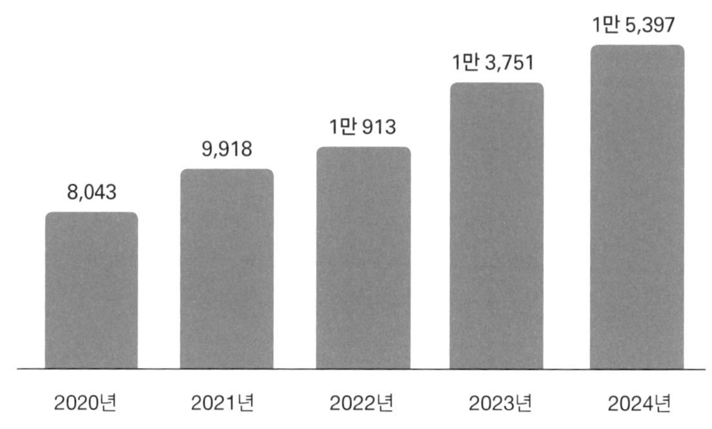

출처: 이인영 의원실, 금융감독원

각지대가 광범위하게 존재한다는 문제의식을 가지고 있다.

실제 경제 지표상 2024년 말 GDP 대비 가계부채 비율은 90.1%로 국제기구 위험 임계치(75%)를 크게 상회한 상태다. 특히 저소득층의 원리금상환부담률은 1분위 소득계층에서 28.8%에 달해 심각한 수준이다. 이는 2021년부터 3년간 가족 집단 사망 63건 중 31.7%가 경제적 원인이라는 통계로 이어졌다.

불법 사금융은 금융 취약계층의 한계 상황을 빠르게 파고들고 있다. 불법 사금융 피해 신고는 2022년 1만 913건에서 2024년 1만 5,397건으로 급증했고, 같은 기간 불법 채권추심 신고는 1,109건에서 2,947건으로 늘어났다.

더불어민주당은 이번 대선을 앞두고 발표한 20대 민생 의제를

민주당 민생 의제 경제·금융 분야 주요 내용

저소득층 간이 채무구조조정	- 이자율 인하, 상환 기간 연장, 원금 감면 등 채무자 경제적 회생 지원 - 신청 자격: 총채무액이 1억 원 미만, 필수 지출을 제외한 가용 소득 월 10만 원 미만 - 자동차를 뺀 보유 자산은 300만 원 미만·보유 자동차 500만 원 미만 - 소유 주택 없음, 파산·개인회생·회생절차를 진행 중이지 않은 사람
초단기 개인회생제도	- 청년, 자영업자, 창업자 등 대상. 현행 3년에서 1년으로 변제기간 감축 - 만 35세 미만 또는 만 40세 미만 고려. - 채무 금액 2,000~5,000만 원 수준 논의

출처: 더불어민주당

통해 경제·금융 분야 최우선 해결 과제로 '한계 가구 등 과중 채무자 재기 지원 제도 혁신'을 꼽았다.

저소득층을 위한 간이 채무구조조정 프로그램을 도입할 계획이다. 채무구조조정이란 기존 채무의 상환 조건을 변경하거나 조정해 채무자의 경제적 회생을 지원하는 과정이다. 이자율 인하, 상환 기간 연장, 원금 감면 등을 포함한다. 비용이 많이 들고 복잡한 파산 절차 대신 '간이 채무구조조정'을 도입해 서민층의 신속한 채무 조정을 지원한다는 구상이다.

신청 자격은 총채무액이 1억 원 미만, 필수 지출을 제외한 가용 소득이 월 10만 원 미만, 자동차를 뺀 보유 자산은 300만 원 미만, 보유 자동차는 500만 원 미만, 소유 주택 없음, 파산·개인회생·회생 절차를 진행 중이지 않은 차주를 대상으로 하자는 아이디어가 제시된 상태다.

청년, 자영업자, 창업자를 위한 '초단기 개인회생제도' 역시 도입이 유력하다. 이는 2030 청년층과 자영업 폐업자, 창업 실패자 등 신속한 회생과 재기가 필요한 계층에 대해 변제 기간 1년 정도의 초단기 개인회생제도를 말한다.

현행 '채무자 회생 및 파산에 관한 법률'에 따르면 개인회생 절차에서 변제 계획 기본 기간은 3년(36개월)로 설정돼 있고 특정 경우에만 변제 기간을 조정할 수 있다.

구체적인 연령 기준이나 채무액 수준은 아직 정해지지 않았다. 현재로선 만 35세 미만 또는 만 40세 미만이 대상이 될 가능성이 높다. 채무 금액 역시 2,000~5,000만 원 사이 수준에서 논의가 이뤄지고 있다.

이재명 대통령은 기본금융과 함께 불법 사채 및 불법 대부업으로부터 국민을 보호하기 위한 방안을 대대적으로 도입한다. 우선 이자제한법을 위반한 불법 대부계약은 이자 계약을 전부 무효화하는 방안을 추진한다. 이자율이 허용 이자율의 3배 이상인 경우에는 원금 계약까지 무효화시키는 제도까지 도입을 검토한다.

금융 약자를 대상으로 한 악성 범죄는 특별사법경찰 수사·단속 등 적발 및 처벌을 강화해 불법 금융을 발본색원한다는 계획이다. 이와 동시에 불법사금융 피해 예방 교육이나 피해 상담, 법률 지원을 강화하고 법률 및 경제적 자립을 지원하는 등 피해자 보호·구제 시스템을 구축한다.

한계 가구에 대한 정부의 적극적인 재정 투입도 이뤄질 전망이다. 특히 이재명 대통령은 자영업자 부채 문제 해결과 내수 경기

회복을 위해 국가가 책임지고 나서야 한다는 입장이다.

이재명 대통령은 과거 20대 대선 과정에서 진행된 TV 토론회를 통해 "서민 경제의 핵심인 자영업자들의 민생이 매우 어렵다. 골목 상권은 썰렁함을 넘어 '얼음골'이 되고 있다"고 진단했다. 이어 "가게가 텅 비고 폐업이 속출하고 있는데, 연체와 채무 문제로 인해 폐업조차 어렵다는 말까지 나온다"고 지적했다.

그는 특히 코로나19 위기 대응 과정에서 정부의 부담 전가를 강하게 비판했다. 이재명 대통령은 "다른 나라들은 국가가 부채를 떠안고 자영업자를 지원했지만, 우리는 국민과 자영업자에게 돈을 빌려주며 부담을 넘겼다. 결국 빚만 남고 이자만 불어난 상태"라고 말했다.

이재명 대통령은 "지금 같은 위기 상황에서는 정부가 나서야 한다. 소비 쿠폰이나 지역 화폐 등으로 골목상권에 숨통을 틔워줘야 한다"며 "자영업자 부채 문제는 일부 탕감과 상환 기간 연장, 이자 조정이 반드시 필요하다"고 밝혔다.

새 정부는 소비자 중심의 금융 시스템 마련을 위해 금융당국 체계 개편도 추진한다. 앞서 22대 국회에서도 더불어민주당은 이런 구상을 담은 '금융위원회의 설치 등에 관한 법률 전부개정법률안'을 발의됐다. 개정안에는 금융산업정책과 금융감독정책을 분리하고, 금융소비자 보호 기능을 독립된 기구에서 전담하도록 명시했다.

이번 21대 대선 직전 국회 정무위원회 소속 더불어민주당 의원들이 마련한 토론회에서도 금융 체계 개편에 대한 구상이 나왔다.

2025년 5월 1일, 국회 의원회관에서 열린 '금융감독 체계 개혁을 위한 전문가 토론회'에서 고동원 성균관대학교 법학전문대학원 교수는 발제를 통해 금융위의 금융정책 기능을 기획재정부로 이관하고, 금융감독정책 기능은 독립된 금융감독기구로 이관하는 방안을 발표했다.

고 교수는 "금융위는 금융감독정책을 담당하고 금융감독원은 검사나 제재를 통해 금융감독 집행을 하는 금융감독기구 체제는 세계에서도 유례를 찾아볼 수 없는 기형적 체제"라고 지적했다.

개편안에 따르면 금융감독기구는 독립된 '금융건전성감독원'과 '금융시장감독원'의 '쌍봉형' 구조로 만든다. 금융건전성감독원은 금융기관 인허가와 건전성 감독을, 금융시장감독원은 금융기관 영업 행위 규제, 금융소비자 보호 업무, 자본시장·회계 감독 등을 맡는다.

이와 함께 감독 사각지대가 생기는 걸 막기 위해 두 기관이 업무 협약을 맺어 공조를 강화하도록 한다. 각 기구 내부에는 최고 합의제의결기구를 각각 둬 독립성을 확보한다.

박지웅 민주연구원 부원장도 "금융정책 기능과 금융감독 기능을 분리하고 기능별 감독기구로 이원화하는 쌍봉형 체제는 금융산업의 지속 가능한 성장과 금융소비자 보호 강화를 위해 필수적인 과제"라며 "구체적 이행을 위해 신정부 출범 후 정부 차원의 금융감독구조 개편 TF(태스크포스)를 구성해 정밀한 제도 설계와 단계별 이행 로드맵을 마련해야 한다"고 말했다.

3

가산금리 인하

저신용자도 최소한의 보호를 강화한다

이재명 대통령은 중저신용자에 대한 포용 금융 확대를 추진해 나갈 예정이다. 시중은행들이 위험 회피에만 집중하면서 중저신용자들이 느끼는 제도권 금융의 문턱이 한 층 더 높아졌다는 문제의식에서다. 국회도 가산금리 인하를 골자로 하는 은행법 개정안을 신속처리안건(패스트트랙)으로 지정하며 입법 지원에 나선 상태다.

자본시장연구원에 따르면 5대 시중은행의 중저신용자 대출잔액 비중은 2019년 말 21.9%에서 지난해 말 15.3%로 감소했다. 같은 기간 은행의 이자 이익은 26조 6,000억 원에서 38조 9,000억 원으로 늘어났다. 정치권에서는 그만큼 은행들의 포용 금융 확대 여력이 있는 것으로 평가한다.

국회에 따르면 은행 대출 가산금리를 손보는 내용을 담은 은행법 개정안이 4월 17일 더불어민주당 주도로 신속처리안건(패스트트랙)으로 지정됐다. 은행이 가산금리를 산정할 때 각종 보험료와 출

5대 은행 가계대출금리·가산금리 현황 단위: %

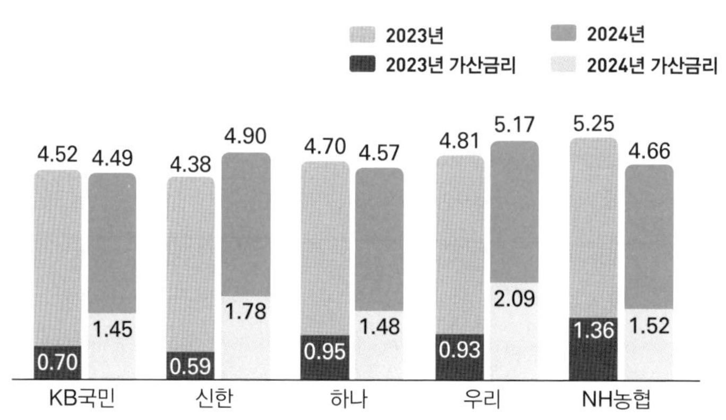

*2024년 12월 신규 대출 평균 금리 기준 출처: 전국은행연합회

예대금리차 단위: %

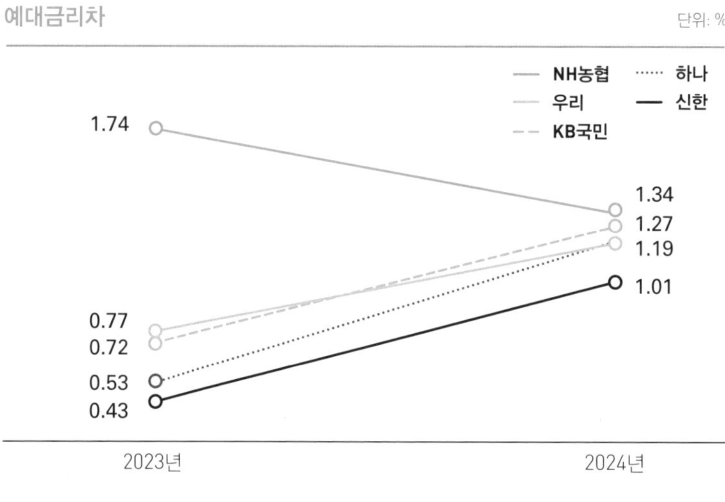

*2024년 12월 기준 출처: 전국은행연합회

은행법 개정안 주요 내용

은행법 개정안
- 가산금리 산정 시 보험료, 교육세 및 법정 출연금 제외토록 규정 - 영업 기밀이 아닌 가산금리 세부 항목별 공시 의무화

연료 등을 포함하지 못하게 하는 게 개정안 뼈대다.

은행의 대출금리는 기준금리에서 가산금리를 더하고 우대금리를 차감하는 방식으로 계산된다. 가산금리는 리스크프리미엄과 유동성프리미엄, 업무 원가, 신용 프리미엄, 자본비용, 정책 마진, 법정 비용 등을 감안해 결정된다. 그중 법정 비용에는 지급준비금과 예금보험료, 법정출연금 등이 포함된다.

정치권에서는 법정 비용을 가산금리에 포함해 최종적으로 소비자에게 전가하고 있다는 인식을 보여왔다. 주로 은행의 영업을 위한 비용이거나 공공성으로 부담하는 비용이기 때문에 최종적으로 은행이 부담하는 것이 맞는다는 주장이다. 은행권에서는 개정안이 그대로 실행되면, 출연료 등 연 3조 원 이상 비용이 가산금리에서 빠져 그만큼 가산금리는 낮아질 것으로 관측한다.

은행법 개정안을 발의한 민병덕 더불어민주당 의원은 "은행권은 그동안 다양한 포용 금융 프로그램을 통해 금융 사각지대 해소에 많은 노력을 기울여 왔다"면서도 "여전히 제도권 금융의 문턱이 높다. 특히 저신용자, 청년·고령층, 자영업자 등 취약계층은 정작 금융의 도움이 가장 절실할 때 배제되기 쉽다"고 지적했다.

은행은 남의 돈으로 대출을 해줄 수 있는 '라이선스'라는 특권에

2024년 1월 20일, 이재명 대통령이 더불어민주당 대표 시절 서울 중구 전국은행연합회에서 열린 민생경제 회복을 위한 민주당-은행권 현장간담회에서 은행장들과 기념 촬영을 하고 있다. 출처: 연합뉴스

기대 담보대출 중심 '전당포 영업'에 안주한다는 비판에 직면했다. 실제 은행 이자 이익은 가계·기업 대출에서 나온다. 대내외 경영환경 변화에 따라 치밀한 경영전략을 세우고, 사활을 건 R&D로 비용 절감과 질적 도약을 이루는 국내 제조기업들과는 큰 차이가 난다.

실제 가계대출 60% 정도는 주택담보대출이다. 기업 대출 역시 신용도 높은 대기업 대출이 대부분이다. 국내 은행권은 금리 인상기 땐 대출 금리를 빠르게 올리고 예적금 금리는 천천히 올리는 방식으로, 금리 인하기 땐 대출 금리는 천천히 내리고 예적금 금리는 빠르게 내리는 방식으로 수익을 낸다.

이와 같은 은행의 과도한 이익을 견제하기 위한 횡재세 도입도 새 정부에서 다시 힘을 받을 가능성이 크다. 횡재세는 금융사 연 순이자수익이 지난 5년 평균의 120%를 초과할 경우 이 가운데

40% 이하를 상생 금융 기여금 명목으로 징수한 뒤 취약계층·소상공인 지원에 쓰겠다는 것이다.

이재명 대통령은 앞서 윤석열 정부의 상생 금융에 대해 비판적 입장을 고수해 왔다. 은행권이 일정 부담금을 납부하는 방식은 효과가 일시적이고 직권 남용 소지가 있다는 것이다.

이재명 대통령이 제시한 해법은 법률 개정을 통한 제도화·법제화, 이른바 횡재세 도입이다. 앞서 지난 2023년 11월 더불어민주당 최고위원회에서 이재명 대통령은 "대다수 국민들의 고통 속에서 고통을 기회로 얻는 과도한 이익의 일부를 제대로 사용하자는 것이 서구 선진국이 도입하는 횡재세"라며 "자릿세를 뜯을 것이 아니라 정당하게 세금을 걷어야 한다"고 말했다.

지난 22대 국회의원 선거 이후에도 그는 횡재세 성격의 정책 도입의 필요성을 지속적으로 주장하고 있다. 2024년 5월, 최고위원회에서 "더불어민주당은 지난해 유동적인 상황을 안정적으로 관리하도록 횡재세 도입을 추진한 바 있다"며 "정부는 막연히 희망 주문만 외울 게 아니라 실질적인 조치로 국민 부담을 덜어야 한다"고 강조했다.

4

지역공공은행 설립

지역 금융부터 시작해 지역 경제를 살린다

이재명 정부는 금융 서비스에서 상대적으로 소외를 받고 있는 국민들을 위해 지역 금융을 활성화하고 금융소비자 보호를 한층 더 강화하는 등 포용 금융을 추진한다. 우선 지역 금융 활성화를 위해 지역공공은행 설립을 지원한다. 각 지방의 지역은행을 거점으로 금융 서비스 품질을 향상시키고, 보다 많은 국민이 양질의 혜택을 받도록 하기 위해서다.

지역공공은행이란 지자체가 100분의 51이상 출자해 소유하되, 지자체가 지역 시민사회와의 협력적인 의사결정을 통해 투·융자 대상이나 투·융자액, 금리 등을 정하는 지역 금융기관을 말한다.

이는 우리나라 현재 금융 시스템이 지역 내에서의 경제순환과 발전을 유도하는데 한계가 있다는 인식에서다. 실제 2024년 금융감독원 자료에 따르면 인구 10만 명당 은행 지점에서 수도권과 비수도권은 큰 격차를 보이고 있다. 전남·전북 지역은 2.3개인 반면

은행 점포까지 이동하는 평균 거리

단위: km

출처: 금융연구원

서울은 12.5개로 6배 이상 많았다. 은행 점포까지 이동하는 평균 거리는 서울이 400m인 반면 전남은 5.7km, 강원은 6.4km에 달했다. 금융 인프라 격차가 점점 더 벌어지면서 비수도권 지역 금융 소외계층의 여건은 갈수록 어려워지고 있다는 평가다.

지역의 부실한 금융 기반은 지역경제의 위기로도 이어진다는 지적이 제기된다. 지역 금융기관 수입이 해당 지역에 재투자되지 않고, 수도권으로 유출되면서 일자리와 노동력도 함께 유출되고 있다는 이유에서다.

특히 지역 금융기관의 경우 영세한 규모로 시중 금융기관에 비해 경쟁력이 부족해 대규모의 금융 서비스 제공이 어려울 뿐만 아니라 존속성도 보장하기 어렵다는 평가가 뒤따른다.

2024년 지방은행에서 시중은행으로 전환한 DGB대구은행 본사 전경. 출처: DGB금융그룹

1967년부터 정부 지방은행 설치 정책에 따라 설립된 10개의 지방은행은 1997년 IMF 구제금융 여파로 현재 5개 은행(부산·경남·광주·전북·제주)만 살아남았다. 5개 은행 모두 자본의 70%를 외국자본이 소유한 금융지주회사 자회사 형태로 있어 사실상 무늬만 지방은행이라는 평가가 나온다.

이재명 대통령은 지역공공은행이 농촌이나 소외된 지역에서 금융 접근이 어려운 중소상공인·자영업자에게 보다 저렴한 대출과

지역공공은행의 성공사례로 평가받는 미국 노스다코타 은행.

예금 서비스를 제공해 경제적 불평등을 완화할 것으로 기대한다. 여기에 더해 각 지역의 특성과 필요를 반영해 맞춤형 금융서비스도 제공이 가능할 것으로 예상한다.

새 정부는 지역공공은행이 설립되면 지역 내 발생한 자금을 다시 지역 경제에 재투자하며 선순환 경제 시스템을 구축할 수 있을 것으로도 전망한다. 상업은행이 지원하기 어려운 중소기업과 소상공인에게 저리의 대출을 제공할 수 있고, 이는 지역 기업의 성장과 고용 창출 촉진에도 기여할 수 있다는 평가다.

해외에서도 지역공공은행의 성공 사례가 있다. 미국의 노스다코타 은행이 대표적이다. 이 은행은 서브프라임 사태로 경기가 침체됐던 2007~2009년 기업 대출을 35% 가량 늘렸고, 경제위기가 끝난 후 5년 동안 미국 금융기관의 평균치보다 175% 많은 대출 규모를 유지했지만 손실은 미국 전국 평균보다 낮았다.

이 은행은 지역경제에 적시 유동성을 공급하면서 노스다코타주가 서브프라임 사태를 빠르게 극복해 내는 데 기여했다는 평가를 받는다. 이 은행은 2011년부터 2020년까지 1만 5,000건 이상의 산업과 농업 분야에 대출을 단행했다.

5

주가지수 5000

공정한 자본시장부터 시작한다

이재명 대통령은 재임 중 선진국 수준으로 우리 자본시장을 끌어올려 코리아디스카운트를 해소하고, 코스피 5000 시대를 열겠다는 계획이다. 상장회사가 매입한 자사주를 소각하도록 강제성을 부여하고, 상법 개정을 추진해 주주 친화적인 자본시장을 만드는 방안이 거론된다. 여기에 더해 모건스탠리캐피털인터내셔널MSCI 선진국지수 편입도 적극 추진할 것으로 예상된다.

스스로 '개미'를 자처하는 이재명 대통령은 대선 과정에서 여러 가지 투자 환경 개선책을 약속했다. 2025년 4월 21일, 한국금융투자협회에서 간담회를 열고 "국장 탈출은 지능 순이라는 유머까지 생겼다"며 주식시장 문제점을 조목조목 짚었다. 그는 "(내가) 정치를 그만두면 주식시장으로 되돌아갈 가능성이 99.9%"라면서 지배구조 투명성 제고, 시장 질서 확립, 투자 환경 개선 등을 내세웠다.

방점은 지배구조 투명성 제고에 찍혔다. 이재명 대통령은 "상장

이재명 대통령(왼쪽 둘째)이 2025년 4월 21일 서울 여의도 금융투자협회에서 열린 '자본시장 활성화를 위한 정책간담회'에 참석해 발언하고 있다. 그는 당시 "회복과 성장으로 코리아 디스카운트를 해소해 주가지수 5000 시대를 열겠다"고 주장했다. 출처: 매경DB

사 자사주는 원칙적으로 소각해 주주 이익으로 환원될 수 있도록 제도화할 것"이라며 "쪼개기 상정이 이뤄질 경우에는 모회사 일반 주주에게 신주를 우선 배정하도록 하겠다"고 목소리를 높였다.

핵심은 자사주 소각이다. 자사주 소각을 통해 자기자본이익률ROE, 주가순자산비율PBR을 개선해 국내 증시의 저평가 문제를 해소하겠다는 취지다. 이재명 캠프 내에서는 자사주 소각 의무화, 자사주 보유 한도 제한, 소각시 세액공제 등 인센티브 부여가 논의됐다. 세 가지 방안 중에서도 2안과 3안을 적절히 배합하는 방식으로 더불어민주당 미래경제성장전략위원회 성장과통합, 캠프 정책본부가 공감대를 이뤘다.

공약 설계를 주도한 캠프 관계자는 "자사주를 소각하면 일정 부분을 손비損費 처리해 주거나 세액공제를 통해 인센티브를 부여하

이재명 대통령의 후보 시절 금융 공약

지배 구조 투명성	시장 질서 확립	투자 환경 개선
- 집중투표제 활성화 및 감사위원 분리 선출 - 분할 상장 시 모회사 일반주주에게 신주 우선 배정 - 상장회사 자사주는 원칙적으로 소각	- 주가조작 원 스트라이크 아웃제 도입 - 불공정 행위 단기 차익 실현 환수 강화 - 임직원·대주주 미공개 정보 활용 엄단	- 정부 투자 산업 규모·방식 미리 제시 - MSCI 선진국 지수 편입

는 공약을 검토하고 있다"며 상법·자본시장법·세법 등을 손볼 필요가 있다고 설명했다. 더불어민주당 미래경제성장전략위원회 핵심 관계자도 "이재명 대통령에게는 이미 세 가지 방안을 모두 보고했다"며 "당내와 전문가들 사이에선 독일처럼 보유 한도를 제한하되 인센티브를 통해 자사주 소각을 독려하는 방안에 가장 많은 힘이 실려있다"고 말했다.

미국 캘리포니아주는 자사주를 매입하면 반드시 소각해야 한다. 독일은 총주식의 10%만 자사주로 보유할 수 있다. 이재명 대통령 측 관계자는 "한국은 아직 (자사주 소각 관련) 강행 규정이 없는 상태"라며 "한국도 선진국형으로 발전해 가면 좋을 것"이라고 말했다. 일단 매입한 자사주를 모두 소각하는 방안보다 독일처럼 한도를 두거나 자사주 소각에 적극적인 기업에 인센티브를 부여하는 방안 등이 검토되고 있는 상태다.

이재명 대통령은 상법 개정을 추진하겠다는 의지도 다시 드러냈다. 이번에는 집중투표제와 감사위원 분리 선출까지 포함된 '더

센' 상법을 만들겠다는 취지다. 그는 "대통령 권한대행이 거부권을 행사하고 국민의힘 반대로 폐기됐는데 이해할 수 없다"며 "최대한 빨리 상법을 개정하겠다"고 했다.

기업을 향해서는 뼈 있는 말을 던졌다. 이재명 대통령은 "집안에서 혜택을 보는데도 규칙을 안 지키고 부당 이익을 얻으면서 어떻게 글로벌 기업과 경쟁하겠다는 것이냐"며 질타한 것이다. 2025년 3월 말 그는 한화그룹 사례를 콕 찍어 상법 개정 필요성을 강조하기도 했다.

불공정 거래에는 엄정 대응 방침을 내놨다. 이재명 대통령은 "주가조작 범죄에는 원스트라이크 아웃제를 도입하고 사전 모니터링을 보강할 것"이라고 말했다. 미공개 정보를 활용하는 행위도 엄단하겠다고 밝혔다.

다만 중장기 투자 환경을 개선하는 당근책도 꺼냈다. 그는 "정부가 투자할 산업과 규모·방식을 함께 제시해 민간이 투자전략을 수립하고 실행하는 데 예측 가능성과 안정성을 더하겠다"고 말했다.

이재명 대통령은 지난 3년 전 대선과 마찬가지로 MSCI 선진국 지수 편입도 다시 공약에 담았다. 그는 "외국인들이 안심하고 투자할 수 있는 신뢰 기반을 조성하겠다"며 "전략적 실용 외교로 북한의 핵·미사일 위협과 지정학적 안보 리스크도 해소하겠다"고 주장했다.

현시점에서 한국 증시가 한 단계 레벨 업하기 위해서는 MSCI 선진지수 편입이 가장 확실한 전략으로 평가된다. 글로벌 투자은행IB 모건 스탠리는 한국이 MSCI 선진지수에 편입되면 코스피 지수가 최대 4500까지 상승할 것이라는 전망을 내놓기도 했다.

MSCI 선진지수 편입으로 얻을 수 있는 또 다른 효과는 과도한 변동성을 억제할 수 있다는 점이다. 2008년 금융위기나 2020년 코로나19 대유행과 같은 글로벌 위기 때마다 한국 증시는 외국인 자금이 썰물처럼 빠져나가며 투자자들이 어려움을 겪었다. 하지만 MSCI 선진지수의 변동성은 신흥지수보다 약 20%가 낮았다. 한국 증시가 MSCI 선진지수에 포함되면 상당한 시장 안정 효과를 볼 것으로 기대된다.

또 다른 글로벌 지수인 FTSE와 스탠더드앤드푸어스S&P 글로벌 지수는 이미 한국을 선진지수에 포함하고 있다. 우리 증시는 MSCI 선진지수 편입 조건에서 정량 평가 부분은 이미 기준을 충족한 것으로 나타난다. 한국의 경제 규모는 세계 10위로 경제 대국 반열에 올랐다고 볼 수 있다. 현재 MSCI 선진지수에 포함된 증시가 23개국이라는 점을 감안하면 한국은 MSCI 선진지수에 들어가기 충분하다는 평가다.

지난 20대 대선에서 금융투자세 폐지로 급선회하며 1,500만 개인 투자자의 표심을 겨냥했던 이재명 대통령은, 이번 대선 과정에서도 다시 '개미 친화적' 공약을 대거 내세웠다는 평가를 받고 있다. 자본시장 활성화를 통해 '경제 대통령' 이미지를 강화하려는 포석도 깔려 있다. 다만 지난 대선에서 약속했던 증권거래세 폐지는 이번에도 반영되지 않았다.

MSCI 선진국지수 편입 효과 단위: %

MSCI 지분 구조

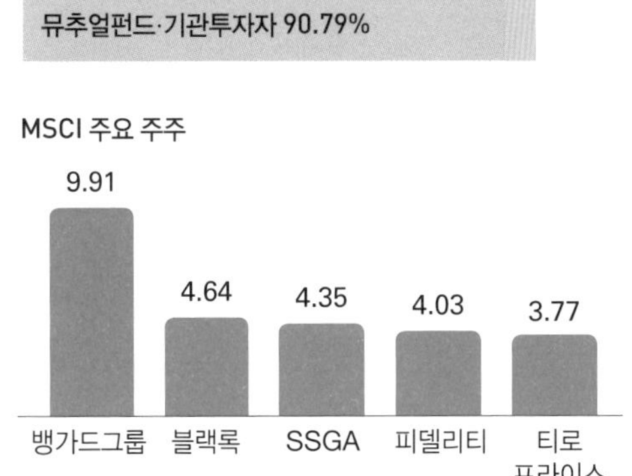

MSCI 선진국지수 편입 효과

외국인 자금 유입
15.9억~547억 달러
코스피 상승
8~27.5%
증시 변동성 축소
4.2~14.2%

출처: CNN비즈니스, 한국경제연구원

이번 공약을 놓고서 증권업계에선 우려도 나온다. 황현영 자본시장연구원 연구위원은 "자사주 소각을 의무화한 해외 사례는 사실상 없다"며 "소각을 원칙으로 하려면 상법 조항을 여러 개 고쳐야 할 것"이라고 말했다.

한 재계 관계자는 "포이즌필(신주인수선택권)과 같은 경영권 방어 수단이 없는 상황에서는 위급 시 자사주를 백기사에 매각하는 것은 어쩔 수 없는 선택지"라고 했다. 자사주 소각을 촉진하려면 반대급부로 포이즌필뿐만 아니라 황금주, 차등의결권 등 경영권 방어 수단을 보장해 줘야 한다는 이야기다.

6

가상자산 시장

투자자 보호는 두텁게 거래는 폭넓게 만든다

이재명 대통령은 토큰증권STO 법제화와 가상자산 상장지수펀드ETF 도입 등을 통해 디지털금융 활성화에 나선다는 계획이다. 디지털 자산시장을 열어 세계의 디지털 자산들을 한국에 유치하고, 이를 국부 창출의 계기로 삼겠다는 포석이다.

토큰증권 법제화는 새 정부 출범을 계기로 힘을 받을 것으로 예상된다. 앞서 이재명 대통령의 정책 싱크탱크인 '성장과통합' 정책 자문그룹에 토큰증권 전문가인 김용진 서강대학교 교수가 합류해 기대감을 키웠다.

토큰증권은 블록체인을 활용해 부동산이나 미술품, 음원 등 실물 자산을 토큰 형태로 발행하고 조각 투자를 할 수 있게 하는 금융 서비스다. 김 교수는 지난 2월 열린 STO 포럼에서 좌장을 맡았으며, 이 후보도 해당 포럼에 참석해 코리아 디스카운트 해소를 위한 방안으로 '토큰증권을 중심으로 하는 디지털금융의 활성화'를 꼽았다.

2025~2033년 산업별 토큰화 자산 시장 규모 전망 단위: 조 달러

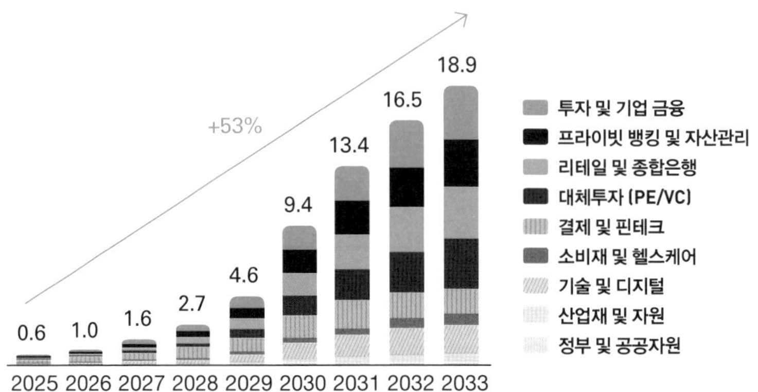

출처: Ripple and CG

글로벌 토큰 시장이 빠르게 팽창 중인 만큼 한국도 제도화가 시급하다는 목소리도 커지고 있다. 보스턴컨설팅그룹BCG과 리플에 따르면 글로벌 토큰 시장은 2025년에는 6,000억 달러, 2033년에는 18조 9,000억 달러로 성장할 것으로 전망된다.

이재명 정부는 가상자산 시장 개편을 위한 정비에 물꼬는 튼 상태다. 소위 '친명'으로 분류되는 국회 정무위원회 소속 민병덕 더불어민주당 의원은 앞서 '디지털자산 기본법' 초안을 공개하고 발의를 추진하고 있다. 민 의원은 법안 초안에서 디지털자산을 '분산원장에 디지털 형태로 표시되는 경제적 가치를 지닌 자산으로 거래 또는 이전될 수 있는 것'으로 정의했다. 앞서 1단계 법안인 가상자산이용자보호법에서 가상자산을 '전자적으로 거래 또는 이전될 수 있는 전자적 증표'라고만 정의한 것에서 한 걸음 더 나아간 것이다.

주요국 가상자산 투자규제 현황과 미국 비트코인 현물 ETF 순유입 규모

주요국 가상자산 투자 규제 현황

구분	법인 거래 허용 여부	개인투자 허용여부	
		일반투자	현물 ETF
미국	○	○	○
EU	○	○	×
영국	○	○	×
홍콩	○	△	○
일본	○	○	×

미국 비트코인 현물 ETF 순유입 규모 단위: 억 달러

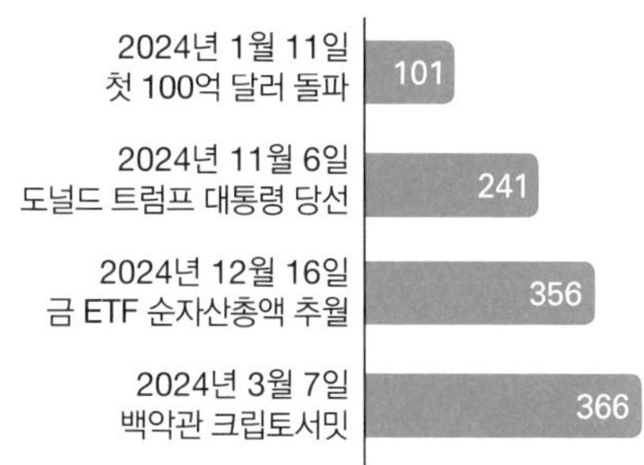

출처: 금융위원회

법안에는 가상자산 ETF 도입, 디지털자산위원회 설치, 스테이블코인 인가제로 발행 허용 등을 담는 방안을 추진 중이다.

새 정부가 가상자산에 대한 과세를 추진할지 여부도 주목된다. 가상자산 과세는 2020년 기획재정부가 내놓은 세법개정안에서 처음 도입됐다. 당시 2022년부터 과세를 시행하기로 했지만, 시행을 한 달 앞둔 2021년 12월 과세 절차 논의가 불충분하다는 이유로 2023년으로 1년 유예됐다. 2022년 시행을 한 달 앞둔 시점에 또한 번 '인프라 미비'를 이유로 2025년으로 유예됐고, 이번에도 유예가 결정됐다.

이재명 정부는 가상자산 투자 수익에 대해 5,000만 원까지 완전 비과세로 개편을 내걸었다. 현행대로라면 250만 원까지만 비과세 혜택이 있는데, 비과세 구간을 대폭 늘리겠다는 구상이다. 이에

더해 이재명 대통령은 가상자산 투자 손실에 대해서는 최대 5년간 이월공제를 허용할 방침이다. 예컨대 가상자산에 투자해 1억 원의 손실을 본 투자자가 이듬해 7,000만 원의 이익을 봤다면 앞선 1억 원의 손실에 대해 이월공제를 적용해 비과세분을 초과하는 2,000만 원의 이익도 비과세 혜택을 받을 수 있다.

그는 가상자산 투자자와 사업자가 제대로 보호받을 수 있도록 가상자산 2단계 입법도 힘을 실을 예정이다. 우리나라 가상자산(암호화폐) 기본법의 진도는 전체 2단계 중 1단계까지 나아갔다. 이용자 보호와 자금 세탁 방지에 초점을 맞춘 '가상자산 이용자 보호법'으로 규제에 방점을 둔 것이 '1단계 입법'이다. 이용자 예치금 보호, 불공정거래행위 조사·처벌 근거 마련, 금융당국의 감독·검사·제재 권한 규정 등을 담았다. 2023년 7월 제정해 2024년부터 시행 중이다. 2단계 입법은 2025년 하반기부터 이뤄진다.

2단계 입법은 '가상자산업 제도화'가 골자다. 가상자산의 법적 성격을 명확히 하고 상장과 공시, 회계 등 제도를 구체화한다. 현재 거래소 중심에서 매매, 중개, 자문 등으로 가상자산 산업을 세분화하고 인가 요건도 체계화할 방침이다. 미국처럼 일단 민간 자율에 맡기고 영역별(은행·증권·상품)로 관리하는 방식이 아닌 가상자산을 포괄적으로 관리하는 단일 체계를 만든다는 목표다. EU의 가상자산 단독 법안인 미카MiCA와 같은 '공공 규율 중심형 모델'에 가깝다.

2단계 입법은 산업 인프라 전반을 제도화하려는 시도이기도 하

이재명 대통령이 대선 후보 시절 2025년 5월 6일 충남 금산군 금산터미널 일대에서 연설하고 있다. 이날 그는 젊은 층의 투자 참여가 높은 가상자산과 관련, 가상자산 현물 ETF를 도입해 더욱 원활한 투자 환경을 조성하겠다고 밝혔다.

출처: 연합뉴스

다. 현재는 업비트, 빗썸 등 민간 거래소들이 자체 상장 심사 기준을 가지고 운영 중이지만 그간에는 기준이 투명하지 않아 논란이 돼 왔다. 한 거래소가 이미 지난해 상장 폐지한 코인을 다른 거래소는 그대로 거래 종목에 올려 두는 식이다. 2단계 입법에서는 코인 상장 심사, 상장 폐지, 투자 유의 종목 지정 기준을 법제화할 계획이다.

자본시장처럼 공시와 회계 기준도 만든다. 지금까지는 가상자산 발행자에 대한 공시나 회계 기준이 없어 투자자들은 불완전한 정보에 의존해 투자 결정을 내려야 했다. 2단계 입법에서는 토큰 발행 구조, 로드맵, 리스크 요인, 토큰 보유 현황 등 핵심 정보를 표준화된 양식에 따라 공시하도록 의무화할 예정이다. 법인 자산에 대한 회계 기준도 마련된다.

스테이블코인은 향후 2단계 입법의 핵심 타깃 중 하나다. 통화 주권 측면에서다. 스테이블코인은 국내 도입 이후 거래량이 빠르게 증가해 주요 거래소 일일 거래량의 20% 이상을 차지하고 있다. 국내 실물경제에 스테이블코인 제도가 없기 때문에 이 돈은 주로 해외 가상자산 시장 참여에 사용되고 있는 것으로 파악된다. 스테이블코인을 통한 외화 유출 속도가 빨라지고 있다는 뜻이다.

2단계 입법에서는 원화 스테이블코인의 발행 요건과 담보 관리, 회계 기록, 상시 환매 가능성 등을 명문화하고 운영 주체의 신뢰성과 내부 통제 체계까지 마련하도록 할 수 있다. 2022년 발생한 테라-루나 사태의 재발을 막기 위한 조치로, 스테이블코인을 단순한 결제 수단이 아닌 제도화된 금융 인프라로 받아들이기 위한 최소한의 조건이라는 주장이 힘을 받을 것으로 예상된다.

매경의 제언

혁신금융을 가로막는 관치금융 걷어내자

블룸버그통신 칼럼니스트 슐리 렌은 2023년 4월, 한국 정부의 시장 개입에 대해 강도 높게 비판했다. 그는 "한국 정부는 중국처럼 시장 개입을 참지 못하는 듯하다. 다양한 조치를 취했음에도 여전히 MSCI(모건스탠리캐피털인터내셔널) 선진국 지수 편입을 위한 준비가 부족하다"고 지적했다.

한국은 2008년 MSCI 선진국 지수 편입을 위한 관찰대상국에 지정됐지만, 외국인 투자자들의 요구 조건을 충족하지 못해 2014년에는 관찰대상국 명단에서도 제외됐다.

앞선 윤석열 정부는 외환시장 거래시장 연장 등 환시 선진화 방안 등을 내놨고, 해외 소재 외국 금융기관도 국내 외환시장에 참여할 수 있도록 하기도 했다. 대한민국 금융시장을 향한 외국인들의 차가운 시선을 달래려는 일종의 '구애'였다.

문제는 시장친화적이라는 말을 입에 달고 살았던 '우파 정부'마저 한국 금융시장에 뿌리 깊게 자리한 관치의 그림자를 지워내지 못했다는 데 있다. 오히려 금리 등 금융시장 가격 기능과 인사에 이전 정부보다 훨씬 더 적극적으로 개입하며 '신(新)관치'라는 비판까지 일었다.

실제 윤석열 전 대통령은 집권 기간 내내 은행업에 대한 '맹공'을 서슴지 않았다. '은행 돈 잔치', '은행 공공재', '소상공인이 은행의 종노릇한다' 등 잊을 만하면 은행을 여론의 도마에 세웠다. 이를 두고 렌 칼럼니스트는 "윤 대통령이 은행

윤석열 전 대통령이 소상공인과 택시 기사, 무주택자, 청년 등이 참가한 가운데 2023년 11월 1일 서울 마포구 신촌의 한 카페에서 열린 '제21차 비상경제민생회의'에서 참가자의 발언을 듣고 있다. 당시 윤 전 대통령은 은행권에 대해 '종노릇', '갑질' 등 강경한 발언을 쏟아냈다. 출처: 대통령실

이 공공재적 시스템이라고 말하면서 논란이 됐다"며 "대통령이 간섭할 수밖에 없다면 한국 시장이 아직 갈 길이 멀었다는 뜻"이라고 주장했다.

신용 사면을 남발하며 금융의 '심사' 기능을 무력화하기도 했다. 정부는 코로나19 대유행에 따른 피해를 줄인다는 명목으로 2021년 신용 사면을 단행했고, 윤석열 정부 들어서도 3고 위기(고물가·고금리·고환율) 등을 명목으로 올해 대규모 신용 사면을 진행했다.

관치에 따른 '정부실패'의 단면들도 금융시장에 아른거린다. 연체 이력을 보유한 서민·소상공인 대상으로 실시된 신용 사면에 따라 신용점수 인플레이션이 초래되고, 결국 이로 인해 전체 대출 문턱이 높아졌다. 신용점수 900점을 넘은 고신용자 비중이 절반 가까이 치솟으면서 신용점수가 높은 고객도 대출 승인을 거절당하는 일이 빈번하게 발생하고 있다.

김주현 전 금융위원장(오른쪽)과 이복현 금융감독원장(왼쪽)이 2023년 11월 5일 정부서울청사에서 임시 금융위원회를 마친 뒤 2024년 상반기까지 공매도를 전면 금지하겠다고 밝히고 있다. 출처: 연합뉴스

자본시장 역시 상황은 비슷하다. 개미 투자자들의 '표심'을 의식해 윤석열 정부는 2023년 11월 공매도를 전면 중단했다. 불법 공매도를 제대로 시정하지 않으면 시장의 신뢰를 쌓을 수 없다는 명분을 내세웠지만 '글로벌 스탠더드'에 역행한다는 비판이 제기되기도 했다. 국내 증시에 참여하는 외국인들은 2024년 하반기 이후 수개월째 '셀 코리아' 행렬을 이어가고 있다.

시장에서는 이재명 정부에서 이와 같은 관치금융의 그림자가 더욱 짙어질 것이라 우려한다. 이재명 대통령은 2024년 4월 한 국회토론회에 참석해 "금융이란 특정 개인, 기업, 시장에서 만들어지는 게 아니라 국가 정책의 소산"이라고 소신을 밝혔다. 금융을 국가 정책의 결과물로 보게 되면 개인과 기업, 시장은 결국 뒷전이 될 것이란 비판이 제기된다.

관치 금융 굴레를 벗어날 수 있게 은행업 규제의 틀을 바꿔야 한다는 지적도 잇

따른다. 무엇보다 금융과 비금융사 간 경계가 허물어지는 '빅블러(Big Blur) 현상 가속화' 때문에 은행의 비금융업 진출을 허용하는 방향으로 금산 분리(금융과 산업자본의 분리) 규제 완화에 속도를 내야 한다고 전문가들은 지적한다.

국내 정부 행정 기조를 보면 금융에 대해서는 강한 규제를 통한 '관치'를 실시하고 있고, 일반 산업에 대해서는 규제 완화를 통한 '서비스' 기조가 강한 편이다. 실제로는 금융업이지만, 법상 금융업이 아닌 기업은 '금융 행정'에 포섭되기를 꺼릴 수밖에 없는 구조다.

제재 방식에도 획기적인 변화가 요구된다. 미국 금융당국도 천문학적인 과징금을 부과해 이사회가 최고경영자를 해고하도록 유도하는 등 강도 높은 시장 개입을 한다. 우리와 차이점은 주된 제재 방식이 '사전적'이냐 '사후적'이냐다. 금융 선진국인 미국은 사후적 제재에 초점을 맞추고, 금융업의 개별 자율성을 가능한 한 많이 부여하는 방식을 택하고 있다. 새로운 사업은 '서비스'해 주되, 사고를 낸 회사는 그간 얻은 이익의 수십~수백 배에 해당하는 과징금을 물어내도록 하는 방식이다.

은행 생태계 역동성 제고를 위한 경쟁 체제 조성도 갈급한 과제다. 강경훈 동국대학교 경영학과 교수와 양기진 전북대학교 법학전문대학원 교수는 〈은행업 진입규제 제도 개선 방안〉 보고서에서 "금융산업 경쟁이 강화될 경우 쏠림을 억제하는 가운데 수익 다각화 압력이 커지면서 가계부채나 부동산 PF 증가세를 완화하는 데 도움이 될 수 있다"면서 "신규 플레이어들을 은행 시장에 진입하도록 하는 정책은 시스템 위험을 줄이는 데 도움이 될 수 있을 것으로 보이며 경쟁이 과열되지 않도록 당국의 면밀한 모니터링이 필요하다"고 지적했다.

금융권이 첨단산업에 대한 모험자본을 공급할 유인을 더 크게 만들어 주는 것도 긴요하다. 첨단전략산업기금 등을 통해 첨단전략산업에 장기간 인내할 수 있는 공공부문 자본을 확충하고, 공공부문의 자금이 적극적인 마중물 역할을 수행한다면 민간자금이 활발하게 유입될 수 있는 계기가 될 수 있다.

이재명 대통령이 50조 원 규모의 마중물 펀드를 조성하고, 첨단산업에 대한 모험자본 공급을 강화하겠다고 나선 것은 의미 있는 시도다. 다만 이명박 정부의 '녹색펀드', 박근혜 정부의 '통일펀드', 문재인 정부의 '소부장 펀드' 등 각종 관치 펀드의 실패를 답습하지 않으려면 '공공'이 해야할 일과 '민간'이 해야할 일에 대한 명확한 구분이 있어야 한다.

PART 3

부동산 정책:
내 집 마련
걱정 없는 부동산

1

공공주도

대규모 주택을 공급하기 위해 공공이 직접 나선다

당내 경선 및 대선 과정에서 압도적인 지지율을 보인 이재명 대통령은 유독 부동산 관련 정책에서는 말을 아꼈다. 21대 대통령 선거가 정책 선거보다는 이전 윤석열 정권을 심판하는 선거에 가깝고, 부동산 정책에 대한 관심이 이전 선거에서처럼 높지 않은 상황에서 약점으로 꼽히는 부동산 이슈를 굳이 부각시킬 이유가 없다는 판단이 작용한 것으로 보인다.

그럼에도 이재명은 부동산 관련 공약으로 '공급'을 앞세웠다. 이 대통령의 책자형 선거 공보물에는 부동산 부문이 따로 마련돼 있지는 않으나, '다양한 주택 공급 확대' 문구가 가장 앞세워져 있다. 2025년 5월 19일, 수도권 유세 현장에서도 "부동산은 중요한 문제"라며 "앞으로 안정적으로 관리하고, 수요·공급 원리에 따라서 공급이 부족하면 공급을 늘리는 방식으로 잘 관리해 나갈 생각"이라고 말했다. 그러면서 "해당 지역 주민들이 많이 기대하고 있지 않을까 생각한다"고도 덧붙였다. 이는 주택공급이 금융위기 수준으로 적을 것이란 전망이 지속적으로 나왔기 때문이다.

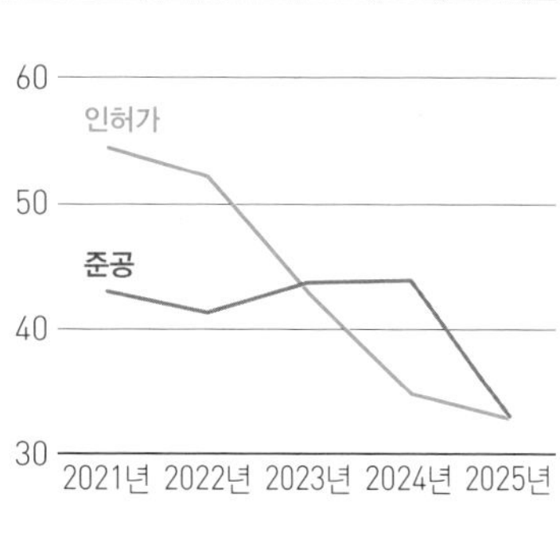

향후 2~3년간 국내 주택공급은 급격히 감소할 전망이다. 2025년 1월 주택산업연구원(주산연) 전망에 따르면 신규 주택공급의 핵심 지표인 인허가 물량이 2024년 35만 가구에서 2025년 33만 가구로 5.7% 감소할 것으로 예측된다. 이는 2021~2022년 인허가 물량이 50만 가구 이상을 기록했음을 감안하면 매우 낮은 수치다. 주산연은 "공급 관련 모든 지표가 내림세를 보이면서 2025년 말까지 전국적으로 약 50만 가구의 공급 부족이 발생할 것"이라고 경고했다. 공급 부족이 이어질 경우 중장기적으로 전세·매매 시장의 가격 불안정성이 다시 확대될 가능성이 있다.

이재명 대통령은 지난 4월 25일 개인 SNS를 통해 수도권 공약을 발표하며 공급 대책을 내놨다. 그는 "교통이 편리한 제4기 스마트 신도시 개발을 준비해 청년과 신혼부부 등 무주택자에게 쾌적하고 부담 가능한 주택을 공급하겠다"고 말했다.

20대 대통령 선거 당시에도 그는 주택정책 제1축으로 '311만 호 신규 주택공급'을 내건 바 있다. 그는 2022년 1월 "현(문재인) 정부는 206만 호가량의 공급 계획을 발표했다"며 "이재명 정부는 서울 48만 호, 경기·인천 28만 호, 타지역 29만 호 등 105만 호를 더해 총 311만 호를 공급할 것"이라고 포부를 보였다.

구체적으로는 도심 내 국공유지를 활용한 주택공급 계획을 제시했다. 김포공항 주변 부지(8만 호), 용산공원 일부 및 주변 반환 부지(10만 호), 태릉·홍릉·창동 등 국공유지(2만 호), 지하철 1호선 지하화 구간(8만 호) 등을 신규 공공택지로 개발해 주택을 공급하겠다고 공약했었다. 지난 4월에도 그는 "지역 단절로 상권을 약화시키고 소음과 분진으로 피해를 주는 철도와 고속도로는 단계적으로 지하화하겠다"고 밝힌 바 있어 철도 지하화 기조는 이어질 것으로 보인다.

공급 과정에서 공공의 역할을 더욱 키울 것으로 보인다. 이재명 대통령은 그간 윤석열 정부의 민간 중심 주택공급 정책이 '투기 수요를 자극하고, 주택 시장의 불안정을 초래할 수 있다'고 지적하기도 했다.

공공의 역할을 확대한 대표적인 공급 방식으로는 공공이 토지를 소유하고 건물만 분양하는 '토지임대부 분양' 방식이 꼽힌다. 이 방식은 토지 비용이 제외되기 때문에 분양가를 크게 낮출 수 있다. 이재명 대통령은 20대 대선에서 '반값 아파트' 정책을 언급하며 "30평형 아파트의 건축 원가는 약 3억 원 수준인데 시세는 10억 원을 넘는다"며, "공공이 건설·분양에 직접 나서면 시세의 절반 수준 아파트 공급이 가능하다"고 강조했다.

'지분적립형' 주택도 유력하게 검토되고 있는 것으로 알려졌다.

지분적립형 주택이란 초기에는 전체 주택 가격의 일부만 부담하고, 입주 후 장기간에 걸쳐 지분을 분할해 취득하는 제도다. 입주자는 최초 계약 시 일정 지분만 확보한 뒤 소득이나 자금 여건에 맞춰 지분을 점진적으로 늘릴 수 있다. 복기왕 더불어민주당 의원이 관련 법안을 발의한 바도 있어 부담 가능한 주택 공급 정책의 일환으로 고려될 수도 있다는 분석이다.

더불어민주당 민생연석회의 부동산 분과 소속인 변창흠 전 국토교통부 장관도 '개발이익 공유형 저렴주택' 개념을 제시한 바 있다. 자가 주택이면서 시세보다 저렴하고 투기가 없는 '공공자가주택'을 국가가 충분히 공급하자는 것이다. 변 전 장관은 지난 3월 더불어민주당 민생연석회의에서 "공공택지 내 분양주택에서 일정 비율을 개발이익 공유형 저렴 주택으로 공급하도록 의무화하는 입법을 해야 한다"고 주장했다. 이어 "공급 가격은 분양가 상한제 금액 이하, 주변 시세 대비 60~80% 수준으로 하고 거주 의무 기간 5년, 이익공유 기간은 20년으로 하며 수분양자가 20년 내 매각할 경우 개발이익을 환수해 이익을 공유하도록 해야 한다"고도 말했다.

이렇게 대폭 늘린 주택은 무주택 청년들에게 우선적으로 공급될 전망이다. 이재명 대통령은 20대 대선에서 부동산 공약을 발표하면서 청년과 무주택자에게 주택을 우선 공급하겠다는 의지를 명확히 밝힌 바 있다. 그는 총 311만 호의 30%를 무주택 청년에게 우선 배정하겠다고 발표하며 특히 용산공원 인근 주택은 전량 청년기본주택으로 공급하겠다는 방침을 설명하기도 했다.

재건축·재개발 규제 완화책도 제시될 것으로 보인다. 이재명 대통령은 '재개발 재건축 규제 합리화 및 지원 확대'를 선거 공보에 명시했다. 지난 4월에는 "서울의 노후 도심은 재개발·재건축 진입 장벽을 낮추고, 용적률 상향과 분담금 완화를 추진하겠다"고 밝혔고 "1기 신도시(분당, 일산, 산본, 중동, 평촌)는 노후 인프라를 전면 재정비해, 도시 기능과 주거 품질을 함께 높이겠다"고 말했다. 이어 "수원, 용인, 안산과 인천 연수·구월 등 노후 계획도시 정비도 적극 지원하겠다"고도 덧붙였다.

20대 대선에서도 이재명 대통령은 재개발·재건축과 리모델링 규제 완화로 주택 공급을 추가하겠다고 밝힌 바 있다. 구체적으로는 규제 완화로 10만 호, 노후 영구임대단지 재건축으로 10만 호를 추가 공급할 예정이라고 설명했다.

2

고밀도개발

•

교통 요지를 고밀도로, 용적률 인센티브 활용한다

한정된 수도권 내 주택공급을 늘리기 위해서는 용적률을 대폭 높여 고밀도로 용지를 개발하는 정책을 추진할 가능성이 높다. 이는 이재명 대통령과 더불어민주당에 부동산 정책 자문을 제공한 전문가들의 생각을 통해 엿볼 수 있다.

이재명 대통령이 캠프 초기 싱크탱크로 삼았던 '성장과통합' 상임공동대표이자 KDI 국제정책대학원장 출신인 유종일 대표는 지난 4월 동아일보와의 인터뷰에서 그가 추진할 가능성이 있는 부동산 공급 대책 일부를 소개하며 "주민복지센터, 문화센터 등 저층이면서 교통 요지에 있는 공공시설을 활용해 주상복합 형태의 주택 공급을 쫙 올려야 한다"고 말했다. 이어 "공급 부족으로 부동산 가격이 상승할 것이라는 우려를 불식시키기 위해 새 정부 출범과 거의 동시에 착공에 들어가려고 한다"고도 말했다.

더불어민주당 민생연석회의 부동산 분과에 참여한 전문가들 중에서도 용적률 상향을 주장하는 이들이 포진해 있다. 채상욱 커넥티드그라운드 대표는 "도시공학적으로 봤을 때 서울시가 주택이 부족한 이유는 서울의 밀도가 낮기 때문"이라며 "밀도를 높이는 데 대한 인센티브를 제공하는 시스템을 구축해 놓으면 그 안에서 민간이 알아서 공급하게 될 것"이라고 말했다.

이어 "용적률 1,000%의 오피스나 복합 시설로 이용돼야 될 땅을 1층짜리 단독주택으로 갖고 있다면 그 땅이 내야 하는 비용은 1,000% 용적률에 해당하는 재산세를 내야 한다"며 그에 수반하는 세금을 내면서 보유하거나 다층 건물로 바꿔 이를 상업적으로 해결하는 솔루션 등을 고민해야 한다고 주장했다. 그러면서 "서울시가 최저 밀도를 유지한 탓에 서울시에는 온통 오래전부터 거주해 온 이들만 살 수 있는 거고, 돈이 없는 젊은 층은 밖으로 나가 출퇴근에 시간을 다 쓰고 있는 것"이라고 비판했다.

변창흠 전 장관도 민생연석회의에서 용적률 상향에 대한 제안을 한 바 있다. 그는 "노후 저층 주거지에 다세대, 다가구 주택 공급을 확대하기 위해 반지하 다가구를 위한 용적률 특례나 건축 규제를 완화할 수 있으며, 공공임대주택을 건설할 때 용적률이나 동간 거리 등 건축 규제를 완화하는 등 도시계획상 인센티브를 부여할 수 있다"고 설명했다. 또한 재개발 사업에서도 공공임대주택 공급 비율을 높일수록 용적률이나 공공기여 등에서 인센티브를 부여할 수 있다고도 제안했다. 이재명 대통령도 과거 20대 대선 과정에서 공공 재개발을 선택한 지역은 용적률 상향 같은 추가 인센티브

2022년 1월, 20대 대선 후보였던 이재명 대통령이 서울 노원구의 한 건물 옥상에서 주변 노후 아파트 단지를 살펴보고 있다. 출처: 연합뉴스

를 줄 수 있다고 한 바 있다.

용적률 상향은 20대 대선에서도 이재명 대통령이 주택 공급안으로 내세운 공약이다. 그는 용적률을 500%로 상향 적용하는 4종 주거지역을 신설하겠다고 밝혔다. 현행 국토의 계획 및 이용에 관한 법률에 따른 일반 주거지역의 용적률은 1종(100% 이상, 200% 이하), 2종(150% 이상, 250% 이하), 3종(200% 이상, 300% 이하)으로 나뉘는데 4종이 추가되면 그만큼 많은 주택을 한정된 공간에 더할 수 있게 된다.

3

국민 제2주소제

•

1가구 2주택 중과세를 막는다

지방 소멸은 이재명 대통령이 관심을 갖고 반드시 해결하고자 하는 문제 중 하나다. 그는 20대 대선에서도 지방 소멸을 "국가의 장기적 핵심 과제"로 규정하며 국토 불균형 해소를 핵심 정책 과제로 삼아야 한다고 강조한 바 있다. 더불어민주당 차원에서도 관련 내용을 다루는 '국가균형발전특별위원회'를 발족했다. 2022년 9월에 있었던 발족식에서 그는 "지방 소멸 문제를 해결하지 못하면 국가의 미래가 없다"고 강조하면서 균형 발전을 위한 정책 추진 의지를 나타내기도 했다.

21대 대선에서도 이재명 대통령은 지역 균형 발전을 위한 '국민 제2주소제' 공약을 내세웠다. 이 제도는 한 사람이 주민등록상 주소 외 추가로 지방에 제2의 주소를 등록할 수 있도록 허용하는 것이다. 지방의 빈집 문제 해결과 지역 균형 발전을 목표로 한다.

2025년 4월 이재명 대통령의 씽크탱크 '성장과통합' 공동대표를

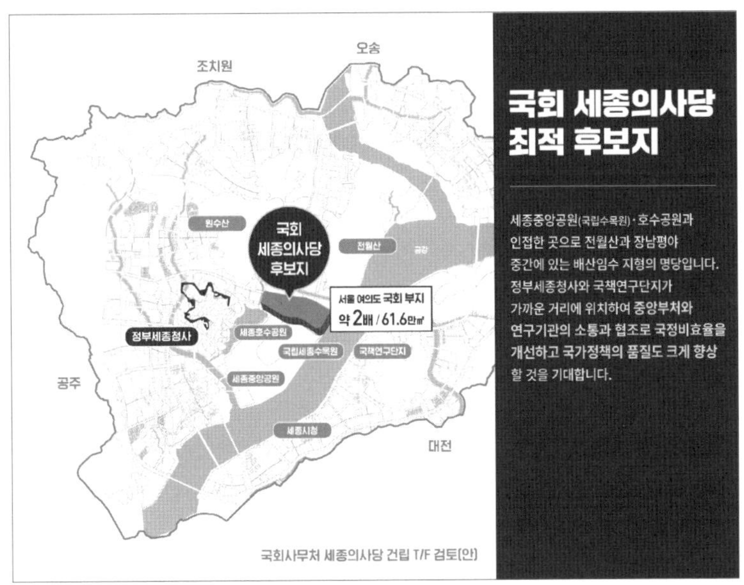

국회 세종의사당 최적 후보지. 출처: 세종특별자치시

역임한 허민 전남대학교 교수는 다수 언론과의 인터뷰에서 "1단계로 인구 감소 지역 80여 개, 2단계로 인수 소멸 위험 지역 80여 개 등으로 넓혀 전체적으로 총 160개 자치구에 1가구 1주택 특례를 적용하고자 한다"며 "지방 소멸을 막기 위해서라도 반드시 필요한 정책"이라고 설명했다.

이는 지난해 기획재정부가 발표한 '인구감소지역 부활 3종 프로젝트'보다 범위를 대폭 늘린 대책이다. 기재부는 강원 홍천·양양군 등 전국 83개 인구감소지역에서 1주택자의 신규 주택 구입 부담을 줄여주는 대책을 마련했는데 이재명 대통령 측은 여기에 더해 인구 소멸 위험 지역까지 포함시킨 것이다. 허 교수는 "세율과 적용 가능한 아파트 기준, 대도시 편입 여부, 시행 시기 등에 대한 의견을 취합해 구체적인 방안을 발표할 것"이라고 덧붙였다.

이 밖에도 이재명 대통령은 21대 대선 예비 후보 시절부터 지속적으로 지역 맞춤형 균형 발전 정책을 공개했다. 2025년 4월 17일 대전을 찾은 그는 '충청을 행정과학 수도로 만들겠다'는 공약을 발표했다. 그는 "세종을 행정수도 중심으로 완성하고 제2차 공공기관 이전을 조속히 추진하겠다"며 "국회 세종의사당과 대통령 세종 집무실을 임기 내 건립하겠다"고 약속했다. 이어 "국회 본원과 집무실 완전 이전도 사회적 합의를 거쳐 추진할 것"이라고 덧붙였다.

이재명 대통령은 후보 시절 대선에서 당선되면 세종 완전 이전을 추진할 수 있는 기구를 신설할 방침인 것으로도 알려졌다. 이재명 캠프 총괄본부장을 맡은 강훈식 더불어민주당 의원은 "완전 이전은 국민적 동의가 이뤄져야 하고 개헌과도 맞물려 있다"며 "서울·세종 집무실 역할도 나누고 완전 이전 추진단도 만들 계획"이라고 설명했다.

이재명 대통령은 충청권을 방문한 다음 날 대구를 찾아 "부울경 메가시티를 해양수도로 만들겠다"며 해양수산부의 부산 이전을 주요 공약으로 꼽기도 했다. 당시 그는 "해수부를 부산으로 이전해 조선, 물류, 북극항로 개척 등 첨단 해양산업 정책 집행력을 확보하겠다"면서 "해운·물류 공공기관 이전을 추진하고 해사전문법원도 신설할 것"이라고 했다.

대구·경북 지역에는 이차전지 산업벨트, 미래형 자동차 부품 클러스터, 바이오·백신 클러스터 조성 등 제조업 부흥을, 부산·울산·경남 지역에는 철도와 공항 건설을 통해 메가시티로 탈바꿈하겠다고 공약했다.

4

기본주택

•

주택 공급을 확대한다

이재명 대통령이 지난 20대 대선 때 적극 추진했던 '기본주택'은 이번 대선에는 자취를 감췄다. 기존 지지층보다 중도층을 포섭하는 것이 주효했던 이번 대선에서 '포퓰리즘' 정책으로 비춰질 수 있는 부동산 정책은 부각시키지 않았다는 평가가 나온다.

그러나 청년층, 신혼부부 등 '주거약자'들이 비교적 빠르게 보금자리를 마련할 수 있고 신속한 공급이 이뤄질 수 있는 정책이란 점에서 기본주택 역시 이재명 대통령 임기가 시작되면 추진될 수 있다는 분석도 제기된다.

기본주택은 무주택자라면 누구나 건설 원가 수준의 저렴한 임대료만 내고, 역세권 같은 좋은 입지의 주택에서 30년 이상 거주할 수 있도록 한 공공주택이다. 분양형과 임대형으로 나뉘는데 분양형은 토지는 제외하고 건물만 분양하는 방식으로 이뤄진다. 2024년 더불어민주당은 구체적으로 수도권에 50만 호, 지방 특화형 40

이재명 대통령이 경기도지사 시절 추진한 '기본주택' 정책 홍보관. 출처: 경기도

만 호, 어르신 복지주택 10만 호로 기본주택을 구성할 계획이라고 밝혔다.

그간의 임대주택과 이재명 대통령이 주장하는 기본주택의 가장 큰 차이는 '입지'다. 그는 2025년 3월 한 경제 유튜브 채널에 출연해 "지금 공공주택을 제일 (살기가) 어려운 데다가 짓고 분양주택을 역 근처에다 짓고 있다"며 "이런 것들을 바꿔야 한다"고 말했다. 그러면서 "경기도지사 시절 경기도시공사가 사업하는 택지 개발 지구는 역에서 제일 가까운 지역을 공공주택으로 다 배치하라고 했다"고도 덧붙였다.

기존 임대주택들과 달리 소득과 자산을 보지 않는다는 점도 특징이다. 그간 공공임대주택이 취약계층만을 대상으로 공급돼 '낙인효과'가 있었는데 기본주택에서는 조건을 폐지함으로써 '소셜믹스(분양과 임대 단지를 조화롭게 배치하는 것)'를 실현할 수 있다는 이유에서다.

기본주택은 기존 임대주택보다 면적이 넓어 자녀가 있는 가구의 선호도가 높고, 월세 부담도 줄일 수 있는 방향으로도 공급될 것으로 보인다. 그는 지난 20대 대통령 선거운동 중 "공공임대주택 하면 떠오르는 게 서민, 가난, 열악 등"이라며 "그래서 공공임대주택을 도입하려고 해도 주민들이 일단 선택을 안 하고 주택 크기도 작은 편"이라고 말했다. 그러면서 "기본주택은 33평까지 해서 네 가족이 평생, 역세권에서, 지금 금액대로 하면 월세 60여만 원 정도로, 원하면 살 수 있다"고 설명했다. 당시 역세권 30평대 아파트의 전세 가격을 기반으로 월세를 산출하면 180만 원 정도가 나오는데 그에 비해 기본주택의 월세는 훨씬 저렴할 것이란 의미다.

다만 소득이나 자산이 많은 무주택자도 역세권 임대주택에 거주할 수 있게 되면서 주거 혜택이 절실한 취약계층이 오히려 소외될 수 있다는 비판도 나온다. 그리고 현실성에 대한 의문도 제기된다. 역세권의 우수한 입지를 확보하는 것이 현실적으로 쉽지 않아, 토지 보상과 주민 반대 등으로 공급 제약이 생길 수 있다는 지적도 나온다. 임대료가 저렴한 주택이 대규모로 공급되면 주변 민간 임대 시장 가격이 왜곡돼 투자 유인이 감소하고 월세가 오히려 더 오를 수 있다는 우려도 나온다.

5

임차인 보호 강화

•

시장을 왜곡하는 10년 전세는 도입 반대

이재명 대통령은 임차인·세입자 관련하여 전세사기를 방지하고 임차인 보호를 강화하는 정책을 추진할 전망이다. 하지만 부작용이 심한 전세 10년 보장 같은 극단적인 임차인 보호 정책은 도입하지 않을 것으로 보인다.

우선 그는 서민들의 삶을 송두리째 망가뜨리고 있는 전세사기 방지에 총력을 기울일 전망이다. 2022년부터 집단적으로 발생하기 시작한 전세사기로 인한 피해자는 2024년 말 현재 2만 5,578명에 달한다. 전세사기 피해자가 사망하는 사건도 종종 발생하고 있다. 피해자 대부분이 40세 미만 청년층이라는 점에서 전세사기범에 대한 형량을 높이고 재산을 끝까지 추적해 환수해 내는 등 전 국가적 대책 마련과 시행이 필요하다.

전세사기 방지와 관련해 더불어민주당 공식기구인 민생연석회의는 2025년 3월 12일 국회에서 열린 '20대 민생의제 발표회'에서

전세사기 유형

구분	대표 사례
깡통전세로 인한 피해	- 임대업자들이 각자 자기 자본 없이 전세보증금을 받아 잔금을 치르는 방식으로 서울 소재 빌라를 다수 매입한 뒤 보증금 반환이 어렵게 되자, 모든 빌라를 서류상으로만 존재하는 법인에 매도한 뒤 잠적한 사례 - 빌라를 신축한 건축주가 브로커와 공모해 보증금을 반환할 능력이 없는 사람에게 빌라 건물을 통째로 매수하게 한 뒤, 임차인을 유인해 높은 보증금으로 전세 계약을 체결하게 하고 임대차 계약 종료 후 보증금 반환을 곤란하게 한 사례
전입신고 당일 임대인의 대출 실행	- 임차인이 전세 계약을 한 후 전입신고와 동시에 확정일자를 받았으나, 그 효력이 발생하기 전 임대인의 자산이 거의 없다시피 한 사람에게 소유권을 넘기고 그 사람이 주택담보대출을 받아 집이 경매로 넘어간 사례
신탁 부동산을 이용한 사기	- 신탁계약을 체결한 경우 사전 승낙 및 합의 없이 계약을 맺을 경우 계약 자체가 무효가 되는 문제가 발생할 수 있음에도, 동의 없이 임대차계약을 체결한 사례
중개인으로 인한 피해	- 중개보조원 등이 매도인에게 접근하여 Up계약(실제 계약 금액보다 높은 거래 금액으로 계약서를 작성하는 행위)을 유도하고, 공인중개사 등이 임차인을 유인해 매매가와 동일 금액으로 전세 계약을 체결한 후 보증금을 지급할 능력이 없는 매수인에게 당사자 직거래 형식으로 임대차 계약을 승계해 보증금 반환을 어렵게 한 사례 - 폐업한 중개사무소의 간판을 철거하지 않은 채 폐업 신고된 공인중개사의 상호 및 대표 명함을 소지하고 해당 공인중개사의 중개사무소등록증, 사업자등록증 사본 등을 게시하여 무등록 중개행위를 한 사례

출처: 법제처 찾기쉬운 생활법령정보

계약 이후 피해 유형

구분	대표 사례
허위 또는 하자 있는 계약	- 전세 계약 체결 권한이 없는 중개보조원 등이 권한이 있는 것처럼 임차인을 속여 전세 계약을 체결한 후 보증금을 송금받고 임대인에게 월 임대료인 것처럼 일부 금액만 보낸 뒤 나머지 금액은 편취한 사례 - 계약서에 신탁등기 말소 등 임대인의 의무를 특약사항으로 적었으나, 계약 후 특약사항을 실행하지 않아 경매가 진행된 사례
임차인의 대항력 상실	- 임대인의 국세 및 강제징수비, 지방자치단체 징수금 또는 임금채권 등의 우선변제로 인한 피해 사례 - 임차인과 관련 없는 제3자와 주택 임차인이 임차인 몰래 다른 곳으로 허위 전출시켜 대항력을 상실하게 하고, 해당 주택을 담보로 대출받은 사례

출처: 법제처 찾기쉬운 생활법령정보

'전세사기피해자 지원 및 주거안정에 관한 특별법' 기한 연장부터 처리해야 한다고 주장했다. 이 법의 유효 기간은 2025년 5월 31일인데 2027년 12월 31일까지 연장하는 방안이다. 관련해서 국회는 2025년 5월 1일 본회의를 열고 유효 기간을 2년 연장하는 개정안을 통과시켰다.

하지만 이재명 대통령은 민생연석회의에서 임차인 주거 안정 방안 아이디어 중 하나로 제시된 '10년 전세'에 대해서는 부정적이다. 그는 10년 전세가 임대인 재산권을 과도하게 침해하고, 10년 동안 전세가 유지되면 전세 물건이 사라져 전세대란이 일어날 수 있다는 여론의 비판을 의식한 듯 자신의 소셜미디어에 "말 그대로 의제다. 의제는 과제가 아니다"라며 "민생을 위한 논의 주제일 뿐 추진하기로 한 과제가 아니라는 점을 분명히 밝힌다"고 썼다.

특히 이재명 대통령은 "전세 계약을 10년 보장하는 임대차법 개정의 경우 논의를 거친 당 공식 입장이 아닐뿐더러 개인적으로도 바람직하지 않다는 의견을 갖고 있다"며 "현실적으로 민간 임대차 시장을 위축시켜 세입자에게 불이익이 돌아갈 수 있다는 전문가의 우려 또한 새겨들어야 한다"고 강조했다.

이재명 대통령이 임대차2법 개정에 나설지는 미지수다. 임대차2법은 2020년 7월 말부터 시행된 계약갱신청구권과 전월세상한제를 가리킨다. 전월세 계약은 기본 2년인데 임차인이 원할 경우 임대인이 2년 추가로 보장해야 하는 게 계약갱신청구권이다. 전월세상한제는 계약을 갱신할 때 전세금이나 월세를 5% 이상 올리지 못하게 하는 규정이다.

계약갱신청구권 도입 후
전국, 서울 주택 평균 전세금 변화

시기	전국	서울
2020년 7월	1억 9,600만 원	3억 6,900만 원
2020년 12월	2억 500만 원	3억 7,900만 원
2021년 12월	2억 5,500만 원	4억 8,900만 원
2022년 12월	2억 3,300만 원	4억 5,100만 원
2023년 12월	2억 2,300만 원	4억 2,400만 원
2024년 12월	2억 3,100만 원	4억 4,300만 원

출처: 한국감정원

문제는 임대차2법 시행으로 전월세 시장이 안정됐다는 증가가 없다는 점이다. 오히려 4년에 한 번씩 전월세 시장이 크게 동요하는 문제가 발생하고 있다. 실제로 2020년 7월 전국 주택의 평균 전세금은 1억 9,600만 원이었지만 2024년 12월 2억 3,100만 원으로 3년 반 만에 3,500만 원 올랐다. 서울 주택 전세금은 3억 6,900만 원에서 4억 4,300만 원으로 같은 기간 7,400만 원이 뛰었다. 임대차2법이 별 효용이 없다는 걸 통계가 증명하고 있다.

6

로또 분양 근절

투기성 공급을 막아 실수요자 보호한다

이재명 대통령은 2022년 대선 때와 마찬가지로 지금도 공공택지 로또 분양은 반드시 막겠다는 각오다. 공공택지는 보통 한국토지주택공사LH가 땅을 매입하거나 수용해 기반 시설을 깔고 건설사나 시행사에 땅을 매각한다. 그럼 이 땅을 매입한 사업자들이 아파트를 지어 분양하게 된다. 물론 전부 민간 분양을 할 수 있는 건 아니다. 공공택지는 공공분양이라고 해서 저소득층 등에 먼저 분양을 하고 그다음에 일반 시민들에게 분양해야 하는 규제가 있다.

이재명 대통령의 문제의식은 그가 경기도지사 시절이던 2021년 3월 자신의 페이스북에 올린 글에서 잘 드러난다. 그는 "망국적 로또 분양은 그만하고 국민들이 평생 편히 살도록 기본주택으로 공급해야 한다"고 주장했다.

이재명 대통령은 "온 국민을 분양 투기에 몰아넣는 로또 분양을 왜 계속하는가. 투기 광풍 속에서 아무리 분양주택을 공급해 봐야 집값 안정은커녕, 투기 자산만 늘어나고 광풍은 더 거세질 뿐"이라고 지적했다.

이재명 대통령은 "공택지상 아파트는 로또 분양해 투기 수단으로 내 줄 것이 아니라 공공이 보유하되 국민들이 평생 편히 살도록 기본주택(장기공공임대, 또는 토지임대부 환매조건 공공분양주택)으로 공급해야 한다"고 주장했다.

그는 2025년 2월 25일 〈삼프로TV〉에 출연해서도 같은 논리를 펼쳤다. 이재명 대통령은 "공공택지는 땅값, 조성원가, 건축 원가까지 합쳐서 평당 1,100~1,200만 원을 넘기 어렵다"며 "사업자는 3,000만 원을 받고 분양해서 로또고 분양받는 사람도 거의 로또에 가깝다. 이건 불합리하다"고 지적했다.

이에 따라 이재명 대통령은 우선 공공택지 주택공급 관련 제도를 대대적으로 손볼 것으로 보인다. 주택법상 '공공택지'는 공공주택지구조성사업, 도시개발사업, 혁신도시개발사업, 행정중심복합도시건설사업 등에 활용하는 대규모 토지를 가리킨다. 쉽게 말해 신도시를 하나 만든다고 할 때 해당 토지는 대부분 공공택지로 볼 수 있다. LH는 2025년 상반기 중 3기 신도시 남양주 왕숙(1만 6,000가구), 고양 창릉(7,500가구) 등에 대한 입주자 모집에 나설 예정이다.

공공택지는 LH가 자체 개발을 해서 분양, 임대하거나 땅을 팔아서 민간사업자가 분양, 임대하는 경우로 나뉜다. 이 중에서 2025년 LH의 경우 3기 신도시를 포함해 총 41개 단지 2만 3,781가구의 분양주택을 공급한다. 임대 물량은 6만 3,840가구로 임대가 분

2025년 LH 분양주택 공급 물량과 2025년 LH 임대주택 입주자 모집 물량

2025년 LH 분양주택 공급 물량(단위: 호)							
공급 유형	합계	신혼희망 타운	공공분양	소계	뉴홈		
					일반형	나눔형	선택형
공급 물량	23,781	7,032	7,180	9,569	8,215	336	1,018

2025년 LH 임대주택 입주자모집 물량(단위: 호)								
공급 유형	합계	매입 임대 주택	전세 임대 주택	소계	건설 임대 주택			통합 공공 임대
					영구	국민	행복	
공급 물량	63,840	21,504	35,725	6,611	1,074	1,226	3,230	1,081

* 지난해 LH 공공임대 공급 목표는 63,996호(실적은 68,493호)

출처: LH

양보다 3배 정도 많다. 하지만 이재명 대통령은 공공택지는 임대를 원칙으로 공급해 로또 당첨을 막아야 한다는 입장이라 앞으로 공급될 3기는 물론 4기 신도시에서도 공공택지 내 공공분양 물량은 대폭 줄어들 전망이다.

그렇다면 공공분양이 로또라는 증거는 있을까? 부동산뉴스 플랫폼 리얼캐스트에 따르면 수도권 공공분양 아파트 가격은 분양가 대비해서 4배 가까이 오른 곳도 있는 것으로 조사됐다.

국토교통부 실거래가 자료에 따르면, 광교신도시에 민간 참여 공공분양으로 공급된 '광교신도시 자연앤힐스테이트'(2012년 11월 분양) 전용 84m²는 2025년 3월에 15억 9,000만 원에 거래됐다. 이는 분양가(3억 8,000만 원) 대비 약 4배 상승한 수준이다. 다산신도시 '다산e편한세상자이(2018년 6월 입주)' 전용 84m²도 2025년에 4월 8억 6,000만 원에 거래됐다. 분양가(3억 2,000만 원) 대비 2.6배가 상승했다.

공공분양 로또 청약을 막는 것은 물론이고 이재명 대통령은 일

수도권 주요 공공분양 단지 집값 오름폭

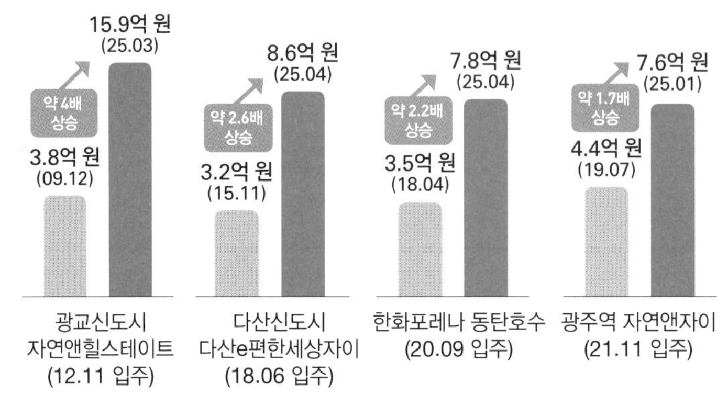

출처: 리얼캐스트

반분양을 할 때 아무나 다 세대주면 청약할 수 있는 '줍줍' 무순위 청약 제도도 손볼 것으로 보인다. 이미 국토교통부가 제도 개편을 예고한 상태이기도 하다. 국토부는 무순위 청약 신청 자격을 무주택자로 제한하고 지방자치단체장 재량으로 거주지역 조건 제한을 둘 수 있도록 무순위 청약 제도로를 바꾸기로 했다.

7

지하 개발

철도와 고속도로를 지하화해 도시공간구조를 효율화한다

이재명 대통령은 후보 시절이던 2025년 4월 25일, 자신의 소셜 미디어를 통해 부동산 공약 일부를 공개했다. 이 글에서 그는 "지역 단절로 상권을 약화시키고 소음과 분진으로 피해를 주는 철도와 고속도로는 단계적으로 지하화하겠다"고 밝혔다.

철도와 고속도로 지하화는 전임 윤석열 정부에서도 추진하던 사안이다. 철도와 고속도로를 지하에 넣고 상부는 덮개로 덮어 공원화하는 방안 등이 추진됐다. 이재명 대통령도 이 기조를 이어갈 것으로 보인다.

이재명 대통령이 더불어민주당 당대표로 대승을 거둔 2024년 22대 국회의원 총선거에서 더불어민주당은 철도, GTX, 도시철도 도심구간의 예외 없는 지하화를 공약으로 내걸기도 했다.

2024년 12월 30일 국토교통부는 '철도 지하화 통합개발 사업 시행 방안'을 발표했다. 시행 방안의 핵심은 추진 원칙, 사업 시행자,

철도 지하화 통합 개발 사업의 추진 방식

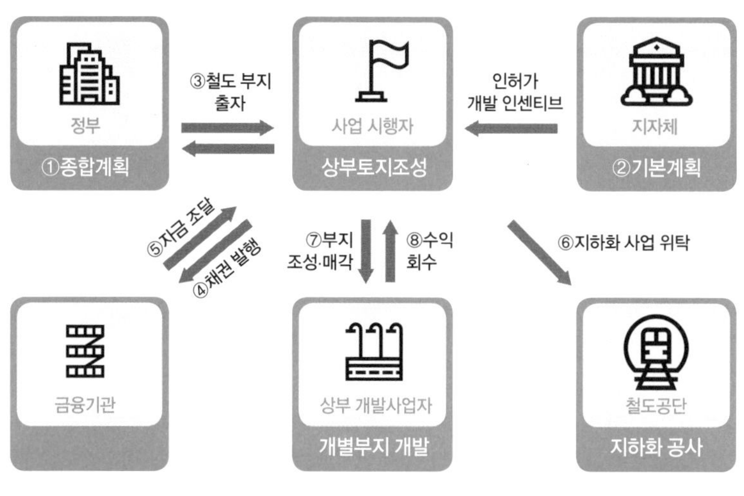

출처: 국회

통합계정, 철도 지하화 및 상부 개발 범위 확대 등이다.

추진 원칙은 상부 개발이익으로 지하화 비용을 조달 가능한 사업은 우선 추진하되, 사업성이 부족한 사업은 지방자치단체의 지원방안과 지역 파급효과 등을 고려해 추진한다는 것이다.

사업 시행자는 국가철도공단 내 자회사를 신설해 단계적으로 사업을 관리하는 전담 기관으로 활용하기로 했다. 기존 단일 기관이 수행하는 체계에서 벗어나 공공기관 및 지자체와 협업할 수 있도록 공동 사업 시행 구조를 도입하기로 했다.

국토부는 "지자체로부터 추가 사업 제안을 접수받은 후 전국적

인천~서울 경인고속도로 지하화 조감도 출처: 국토교통부

인 철도 지하화 통합개발 계획을 담은 철도 지하화 통합개발 종합계획을 2025년 12월까지 수립할 것"이라고 밝혔다.

가장 속도가 빠른 지하화 사업은 경인고속도로 지하화다. 인천~서울 지하 고속도로 건설은 경인고속도로(인천시 서구 청라동~서울시 양천구 신월IC, 15.3km) 하부에 지하 고속도로를 건설하는 사업이다. 도로용량 확대를 통해 지체·정체를 해소하는 한편, 상부 기존 도로 일부에 녹지공간을 조성하는 등 도시환경 개선을 위한 사업이다. 기획재정부는 2025년 1월 23일에 제1차 재정사업평가위원회를 열고 경인고속도로 지하화 사업에 대한 예비타당성조사안을 통과시켰다. 총사업비가 500억 원 이상이고 국가 재정이 300억 원 이상 투입되는 건설공사는 예타를 반드시 거쳐야 한다.

예타 통과로 경인고속도로 지하화 사업은 기본설계 등을 거쳐 2028년에 착공할 계획이다. 인천시에 따르면 경인고속도로 지하화를 통해 15.3km 구간에 지하 30m 깊이의 왕복 4차로 고속도로를 건설하게 된다. 총사업 비용은 1조 3,780억 원이며 전액 국가 재정이 투입된다. 극심한 혼잡으로 인해 '고속도로'라는 이름이 무색할 정도였기에, 지하화가 가장 시급한 과제로 꼽혀왔다.

관심의 초점은 서울이다. 서울에도 수많은 도심 철도 노선이 지상 구간을 지나고 있다. 이에 따라 오세훈 서울시장은 2024년 10월 서울 도심을 잇는 길이 약 68km 구간을 지하화해 상부공간 면적 122만㎡(37만 평)를 제2의 연트럴파크로 만들겠다는 '철도 지하화 통합개발 추진계획'을 발표했다.

이 안에 따르면 현재 서울 시내 철도 지상 구간은 6개 노선 약 71.6km에 달한다. 서울역과 영등포역은 대표적인 지상 구간인데 소음과 진동, 생활권 단절, 주변 지역 슬럼화 등 공통된 문제를 겪고 있다.

이에 서울시는 국토부에 제안할 서울 시내 철도 지하화 구간을 경부선 일대 34.7km, 경원선 일대 32.9km 등 총 67.6km로 정했다. 여기 포함된 역은 총 39개다.

경부선 일대는 경부선(서울역-석수역), 경인선(구로역-오류동역), 경의선(가좌역-서울역), 경원선 일부(효창공원역-서빙고역) 노선이 포함됐다. 경원선 일대는 경원선(서빙고역-도봉산역), 중앙선(청량리역-양원역), 경춘선(망우역-신내역)이다.

서울시가 검토한 지하화를 위한 총사업 비용은 25조 6,000억 원이다. 경부선 일대 15조 원, 경원선 일대 10조 6,000억 원이다. 상부 공간 개발 이익은 경부선 22조 9,000억 원, 경원선 8조 1,000억 원 등 총 31조 원에 달한다. 개발이익을 바탕으로 한 사업비 조달 비율은 121%로 별도의 예산 투입 없이도 철도 지하화가 가능하다는 계산이다.

물론 이 안은 국토부의 철도 지하화 계획에 최종 포함돼야 추진할 수 있다. 오세훈 시장이 추진한 계획이지만 서울 시민 상당수의 지지를 받는 안이기 때문에 이재명 대통령도 적극적으로 나설 것으로 보인다.

매경의 제언

취득세, 종부세, 양도세 중과세를 완화해 공급을 확대하자

이재명 대통령의 부동산 공약은 국민들의 최대 관심사 중 하나다. 동시에 이재명 대통령이 가장 많이 신경 쓰는 공약, 정책이 부동산이라고 해도 과언이 아니다. 2022년 대선에서 그가 윤석열 전 대통령에게 근소한 차이로 패했던 결정적 이유가 문재인 정부의 부동산 정책 실패 때문이라고 보는 견해가 많기 때문이다.

우선 문재인 정부 부동산 정책이 실패한 이유를 되짚어 보는 게 중요하다. 문재인 정부 부동산 정책의 핵심은 다주택자에 대한 징벌적 과세로 요약된다. 다주택자란 2주택 이상 보유한 사람을 가리킨다. 문재인 정부는 2주택 이상 보유하는 다주택자가 부동산 가격 상승과 부동산 투기의 주범이라는 인식을 저변에 깔고 모든 부동산 정책을 추진했다.

그 결과 '똘똘한 한 채'라는 새로운 용어가 생겨나면서 서울 부동산 시장을 중심으로 새 아파트 청약 광풍이 휘몰아쳤다. 새 아파트 가격 역시 천정부지로 치솟기 시작했다. 부동산 대책을 내고 가격이 더 오르면 안 된다는 인식 때문에 부동산 가격 통계를 왜곡하는 일도 발생하기도 했다. 감사원에 따르면 부동산 통계 조작은 2017년 6월부터 2021년 11월까지 4년 5개월에 걸쳐 102건 이뤄졌다.

KB부동산 통계에 따르면 문 전 대통령이 취임했던 2017년 5월부터 퇴임했던 2022년 5월까지 5년간 서울 아파트 매매가격은 평균 62.19%나 급등했다. 전국 평균 아파트 가격이 38.35% 오른 것과 비교하면 서울 아파트 가격이 2배 정도 더 올랐던 셈이다.

문재인 정부에서는 종합부동산세를 높이는 조치도 취했다. 이는 종부세를 '부자만 내는 세금'이라는 인식에 기반한 정책이었다. 그러나 서울에서 수억 원의 대출을 받아 집 한 채를 마련한 중산층까지 종부세를 내야 하는 상황이 되면서, 이들의 반발을 불러올 수밖에 없었다. 기획재정부에 따르면 2017년 33만 2,000명이던 주택분 종부세 과세 인원은 문재인 정부 말이던 2022년에는 119만 5,000명까지 급증했다. 종부세 세액도 2017년에는 4,000억 원이었지만 2022년에는 3조 3,000억 원까지 늘었다.

문재인 정부 5년간 아파트 매매가격 변동

지역	변동률(%)
전국	38.35
서울	62.19
부산	25.26
대구	24.27
세종	56.59
인천	47.3
대전	49.21
광주	28.28
울산	12.19

문재인 정부 연도별 서울아파트 매매가격 변동

연도	변동률(%)
2017	5.28
2018	13.56
2019	2.91
2020	13.06
2021	16.4
2022	-2.96

출처: KB부동산

이재명 대통령은 전임 더불어민주당 정부의 부동산 정책 문제를 답습하지 않겠다는 각오를 보이고 있다. 그는 2025년 2월 유튜브 경제 채널 〈삼프로TV〉에 출연해 "굳이 (부동산 정책에) 손대야 하겠나 싶은 생각이 든다"며 "손댈 때마다 문제가 된다"고 말했다. 그는 지난 대선 공약이었던 국토보유세와 관련해서도 "표도 떨어지고 별로 도움이 안 됐다"며 부정적인 반응을 보였다.

또한 이재명 대통령은 1주택자에 대해서는 세금 감면 혜택을 대폭 확대할 것으로 보인다. 그는 삼프로TV에서 "1가구 1주택 실거주는 제약할 필요가 없다"며 1주택자 세 부담을 완화에 대한 긍정적인 입장을 보였다. 하지만 다주택자에 대해

주택분 종부세 과세 인원과 주택분 종부세 세액

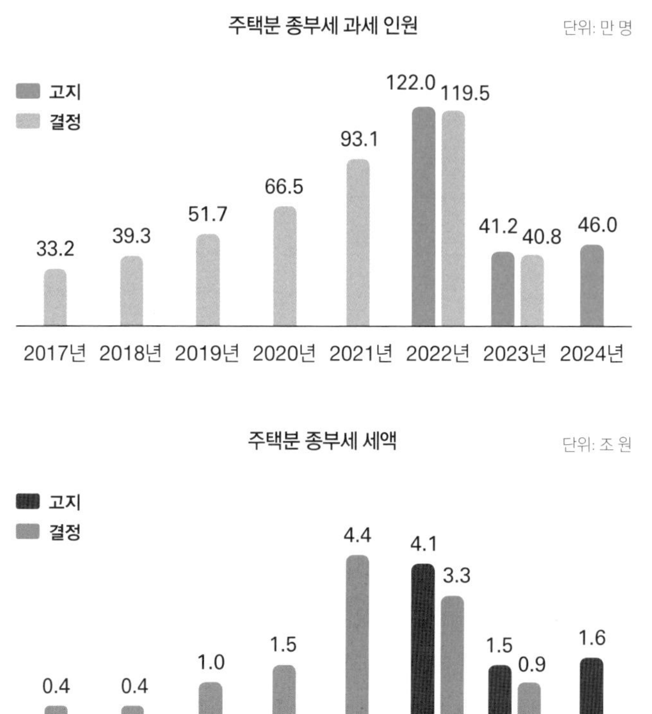

*17~23년 결정기준, 22~24년 고지기준

출처: 기획재정부

선 "세금을 열심히 내면 된다"고 밝혀 세제 완화 대상이 아님을 분명히 했다.

문제는 다주택자도 다 같은 다주택자 아니라는 점이다. 물론 갭투자로 집을 수십채 보유하면서 부동산 재벌이 되려는 다주택도 분명히 존재한다. 이들 중 일부가 전세 보증금을 돌려막다가 세입자에게 돌려주지 못하는 사고도 발생한다.

하지만 모든 다주택자를 다 똑같이 보고 취득세, 양도세, 종부세 등 부동산 관련

지방 저가주택 구입 시 취득세 중과세 배제 예시

甲씨 (2주택 보유)	적용일	충남 □□시 소재 A주택 (공시가격 2억 원 이하)	경기 ○○시 소재 B주택
	2025.1.2	2025.3.7 취득	2025.4.15 취득
현행		3주택 8%	4주택 12%
개정		중과제외 1%	3주택 8%

출처: 행정안전부

세금을 과도하게 부과하는 건 부동산 시장 전체적으로 봤을 때 바람직하지 않다는 게 중론이다. 집을 2~3채 보유한 다주택자야말로 양질의 민간임대 주택을 공급하는 선량한 임대주택 공급자 역할을 하기 때문이다. 대체로 우리나라 전체 가구 중 40%는 임대주택에 거주한다. 이 40% 중에서 20%는 공공임대에 살고 나머지 80%는 다주택자들이 세놓은 민간임대주택에서 살고 있다. 우리나라 전체 가구 수가 대략 2,200만 가구이기 때문에 계산해 보면 600~700만 가구는 민간임대주택에 거주하고 있다는 뜻이다. 민간임대주택을 공급하는 다주택자에게 징벌적 과세를 하게 되면 결국 임대 공급이 줄어들고 서민들이 피해를 입게 된다.

다행스러운 건 이재명 대통령 쪽에서 지역 소멸을 막고, 지방 부동산을 살리기 위해 지방에 저가 주택을 매입하는 건 주택 수에 포함하지 않고 각종 중과세에서 배제하겠다는 얘기가 나오고 있다는 점이다.

이재명 대통령의 싱크탱크 중 하나인 '성장과통합'에서는 2025년 4월 '1국민 2주소' 방안을 제안했다. 성장과 통합의 상임공동대표를 맡고 있던 허민 전남대학교 지구환경과학부 교수는 '국민 제2주소지제' 구상과 관련해선 "읍이나 리 단위 시골에 가면 아버님이 돌아가셔도 그 집을 매각하거나 살지 않으면 1가구 2주택 문제가 생긴다"며 "1가구 2주택에 대해 면세를 하고, (지방에) 거주할 수 있게 하

종합부동산세 주택분 과세기준액 주요 개정 연혁

구분			2006~2008년	2009~2020년	2021~2022년	2023년 이후
과세 기준액	개인	일반	6억 원			9억 원
		1세대 1주택자	6억 원	9억 원	11억 원	12억 원
	법인		6억 원		미적용	

출처: 국회

는 것"이라고 설명했다.

관련해서 취득세 중과세 적용을 제외하는 지방 저가 주택 기준을 현행 1억 원에서 2억 원으로 완화하는 지방세법 시행령 개정안이 2025년 4월 22일 국무회의를 통과했다. 이에 따라 2025년 1월 2일 이후 지방에 있는 공시가격 2억 원 이하 주택을 취득한 경우 기존 보유한 주택 수와 관계없이 중과세율을 적용하지 않고 기본세율(6억 원 이하 1%)을 적용한다. 지방의 범위는 서울, 경기, 인천 외의 지역이다.

다주택자 양도세와 종부세도 대폭 완화하거나 폐지하는 방향으로 가는 게 옳다. 세금으로 다주택 보유, 거래를 막으면 전세대란이 오거나 매매가가 폭등했기 때문이다.

다주택자 양도세 중과는 문재인 정부 때 시작됐다. 조정대상지역 주택을 파는 2주택자는 양도세율을 기본세율에 20%, 3주택자는 30% 각각 더 내도록 했다. 징벌적 과세란 지적이 나오자 윤석열 정부는 2022년 5월부터 해당 조치를 매년 유예했다. 2025년에도 소득세법 시행령을 개정해 2026년 5월 9일까지 1년 더 유예하기로 했다. 매년 시행령을 개정해 유예할 게 아니라 법을 개정해 중과세를 완화하거나 폐지하는 게 옳다.

집 한 채만 갖고 있어도 재산세를 내는데 또 종부세를 내도록 하는 건 바람직하지 않다. 윤석열 정부에서는 1주택자의 종부세 면세점을 11억 원에서 12억 원으로 올렸다. 공시가격 기준인데, 12억 원이면 대략 15억 원 아파트라고 보면 된다.

문제는 서울 웬만한 지역 국민평형(85㎡)이면 아파트 매매가가 15억 원을 훌쩍 넘는다는 점이다. 1주택자면서도 15억 원이 넘는 아파트를 보유하고 있자면 종부세 대상에 포함되는 문제가 발생한다. 많은 전문가들은 물론 대선 후보들이 종부세 폐지를 주장한 이유다.

개인의 주택 종부세 세율

과세표준	주택	
	2주택 이하	3주택 이상
3억 원 이하	0.50%	0.50%
6억 원 이하	0.70%	0.70%
12억 원 이하	1.00%	1.00%
25억 원 이하	1.30%	2.00%
50억 원 이하	1.50%	3.00%
94억 원 이하	2.00%	4.00%
94억 원 초과	2.70%	5.00%

출처: 국세청

세금 정상화와 함께 부동산 시장 안정을 위해서는 특히 서울에 부족한 아파트 공급을 늘려야 한다. 인구가 감소하기 때문에 서울에 공급을 더 늘려선 안 된다는 주장은 이론에 불과하다. 서울 집값이 강남을 중심으로 100억 원 넘는 초고가 아파트가 등장하는 이유도 결국 사람들이 살고 싶어 하는 지역에는 막상 공급이 부족하기 때문이다. 경제학의 기본 원리인 수요-공급 법칙에 따르더라도 서울 핵심 요지의 부동산은 과수요 상태이기 때문에 공급을 늘려줘야 가격을 안정시킬 수 있다.

문제는 서울에 새 아파트 공급이 갈수록 줄어들고 있다는 점이다. 부동산 정보 사이트 아실에 따르면 매년 서울에 필요한 아파트 공급 물량은 대략 4만 6,000가구 정도 된다. 하지만 2020~2024년 5년간 아파트 입주 물량은 크게 밑돌았다. 2024년의 경우 서울 아파트 입주는 우 2만 가구에도 미달했다. 2025년에는 4만 7,000가구 이상 입주할 예정이지만 2026~2029년까지 예정된 입주 물량은 2026년 4,112가구, 2027년 1만 306가구, 2028년 3,080가구, 2029년 999가구 등으로 처참한 지경이다.

이에 따라 서울에 공급을 늘리기 위해선 재건축, 재개발 조건을 더 완화하고 사업성을 놀려줄 필요가 있다. 예를 들어 재건축초과이익환수제(재초환)를 폐지하

서울 아파트 입주 예정 물량 단위: 가구 수

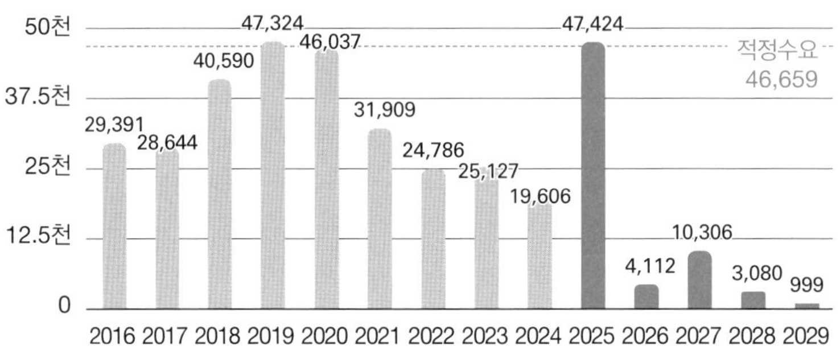

*2025~2029년 사이 입주하는 아파트는 파란 막대. 출처: 아실

면 서울에 재건축 공급을 늘릴 수 있다. 재초환은 재건축 사업에서 조합원이 얻는 초과 이익이 1인당 8,000만 원이 넘을 경우 초과분의 최대 50%까지 정부가 부담금으로 징수하도록 한다. 윤석열 정부에서는 재초환 폐지를 공식화했지만, 더불어민주당에서 반대해 국회에서 전혀 논의되지 못했다. 부동산 전문가들은 재초환만 폐지돼도 서울에 재건축 공급이 늘어나 부동산 가격이 천정부지로 치솟는 현상을 막을 수 있을 것으로 내다보고 있다.

PART 4

노동 정책: 근로자 권리를 보장하는 노동

1

정년 연장

•

계속 일할 수 있는 사회를 만든다

이재명 대통령은 후보 시절 근로자들의 권리를 보장하는 노동 공약을 내세웠다. 노사·여야 간 갈등이 첨예한 쟁점 사항에서 노동계에 힘을 실어주는 정책을 약속한 것이다. 그는 135주년 노동절인 2025년 5월 1일 오전, 자신의 페이스북에 "일하는 사람이 주인공인 나라, 노동이 존중받는 사회를 만들겠습니다"라며 노동 공약을 공개했다.

65세 인구가 20% 이상인 '초고령사회' 진입 첫해이자 '쉬었음 청년' 50만 명 시대인 2025년에 취임하는 그는 우리 사회의 '뜨거운 감자'인 계속 고용 문제를 소환했다. '세대 간 공정'이 걸린 계속 고용 문제를 놓고 그는 "정년 연장을 사회적 합의로 추진하겠다"고 밝혔다. 특히 그는 "저출산·고령사회에 대응하려면 계속 일할 수 있는 사회를 만들어야 한다"고 강조했다.

그동안 경영계와 노동계는 계속 고용 방식을 두고 갈등을 빚어

왔다. 노동계는 법정 정년을 현행 60살에서 65살로 늘려야 한다고 주장하는 반면, 경영계는 정년을 맞은 노동자를 계약직 등의 형태로 재고용해야 한다고 주장했다. 이재명 대통령은 사실상 노동계 편에서 계속 고용 공약을 발표했다.

이재명 대통령의 계속 고용에 대한 구상은 그가 페이스북에 올린 글에서도 파악할 수 있다. 그는 "법적 정년과 국민연금 수급 사이 단절은 생계의 절벽"이라며 "준비되지 않은 퇴직으로 은퇴자가 빈곤에 내몰리는 현실을 개선해야 한다"고 지적했다. 앞서 더불어민주당은 정년 연장 TF를 구성해 근로자의 법정 정년을 현 60세에서 65세로 상향하는 방안을 논의 중이었다.

실제로 이재명 대통령의 말대로 법적 정년과 국민연금 수급 개시 연령에는 간극이 있어서 '소득 절벽' 문제가 불거졌다. 현재 법적 정년은 60세지만 국민연금을 받기 시작하는 나이는 63세로, 3년 정도의 간극이 있다. 이 간극은 8년 뒤 5년으로 더 늘어난다. 국민연금 수급 시기는 2033년에는 더 늦어져 65세부터 연금을 받을 수 있다.

출생 연도별 국민연금 수급 개시 연령

출생 연도	1953~56년	1957~60년	1961~64년	1965~68년	1969년 이후
노령연금 개시 연령	61세	62세	63세	64세	65세
조기노령연금 개시 연령	56세	57세	58세	59세	60세

*조기노령연금 수령 시 연 6%씩 감액. 예: 5년 조기 수령 시 총 30% 감액

출처: OECD, 한국경제연구원

한국은 경제협력개발기구OECD 국가 중 유일하게 국민연금 수급 개시 연령과 법정 정년이 일치하지 않는다. 2020년 기준 OECD 평균 정년은 64.1세이고, EU 27개국의 평균은 64.5세로 조사됐다. 네덜란드(67세), 독일(66세), 프랑스(62세)의 경우 연금 수급 개시 연령과 정년은 일치한다. 여기에 더해 OECD 회원국 중 노인빈곤율 1위라는 오명까지 쓰고 있는 상황에 법정 정년 연장 목소리는 더욱 커지고 있다.

65세 이상의 공적이전소득 비중과 65세 이상 노인빈곤율

단위: %

65세 이상의 공적이전소득(연금소득)비중		65세 이상 노인빈곤율
30.0	한국	40.4
32.8	호주	22.6
39.3	미국	22.8
41.1	스위스	18.8
50.1	일본	20
68.0	독일	11
41.9	영국	13.1
37.6	캐나다	12.1
75.6	이탈리아	10.3
71.9	스페인	11.3
78.1	프랑스	4.4
44.8	덴마크	4.3
42.7	네덜란드	6.5
57.3	OECD평균	14.2

출처: OECD

반면 경영계는 일률적인 법정 정년 연장에 대해 반대 목소리를 내고 있다. 한국경영자총협회(이하 경총)는 이재명 대통령이 정년 연장 공약을 발표한 날 〈고령 인력 활용 확대를 위한 노동시장 과제〉라는 제목의 보고서를 통해 경고음을 울렸다. 지난 2013년 '정년 60세' 법제화는 고령자의 고용 안정성을 높이기보다는 우리 노동시장의 부작용을 오히려 심화시켰다며 이같이 주장했다. 보고서에 따르면 법정 정년 연장의 부작용으로 임금피크제 관련 소송 급증, 정년퇴직자보다 더 많은 조기 퇴직자, 인사 적체로 조직 활력 저하 등이 있다.

우선 2017년 정년 60세 전면 시행으로 기업들이 부담을 완화하기 위해 선택한 임금피크제가 소송 리스크로 돌아오고 있다고 비판했다. 임금피크제 관련 소송 건수는 지난 2017년 연 55건에서 꾸준히 증가해 지난해 292건에 달했다.

또한 보고서에는 임금체계 개편 없이 임금피크제 등 일부 임금 조정만을 수반한 정년 연장이, 오히려 정년퇴직보다 명예퇴직을 유발하고 있다고 지적했다. 연공급 임금체계에서는 재직 기간이 길수록 임금이 급격히 오르는 경향이 있어, 이는 사업주가 명예퇴직을 유도하게 만드는 요인으로 작용할 수 있다는 설명이다. 실제로 정년 60세 법제화 이후(2013~2024년) 정년퇴직자는 69.1% 증가했지만, 명예퇴직, 권고사직, 경영상 해고를 이유로 주된 일자리에서 이탈한 조기퇴직자는 87.3% 증가했다고 집계했다.

청년들은 정년 연장으로 인한 고용 감소를 주장하며 '세대 갈등 문제'로 비화하고 있는 양상이다. 청년 노조인 청년유니온의 김설 위원장은 경제사회노동위원회 주최로 열린 '정년 연장 토론회'에서 "지금의 노동시장에서 법정 정년을 연장하는 것은 구조적 불평등을 외면하는 것"이라며 "오래 일을 했다는 이유로 임금이 오르는 게 맞냐"고 반문했다. 김 위원장은 "호봉제와 정년이 보장되는 사업장은 한정적"이라며 "그 결과 청년들이 절실히 바라는 괜찮은 일자리가 줄어들었다"고 목소리를 높였다.

2

근로시간 단축

주 4.5일제 도입 기업에 지원방안을 만든다

이재명 대통령은 20대에 이어 21대 대선에서도 '주 4일 근무제'를 공약으로 내걸며 한국 사회에 근로시간 단축 논의에 불을 붙였다. 주 4.5일제를 도입하는 기업에 대해 확실한 지원방안을 만든 뒤 장기적으로는 주 4일제로 나아가겠다는 구상이다.

이재명 대통령은 우리나라의 평균 노동시간을 2030년까지 OECD 평균 이하로 단축하는 것을 목표로 한다. 근로시간을 줄임으로써 노동자의 삶의 질을 향상하고 노동생산성도 끌어올릴 수 있다는 판단 때문이다.

특히 일하는 시간이 길수록 성공이 보장되던 시대는 이미 지나갔다는 게 이재명 대통령의 생각이다. 그는 "인공지능의 등장으로 단순하고 반복적인 업무는 기계가 맡을 것이고 사람은 창의성과 부가가치를 창출하는 일에 더욱 집중하게 될 것이기 때문에 새로운 시대에 '사람'의 가치를 높이기 위해서는 무엇보다 충분한 휴식

4월 30일 오후 서울 구로구의 한 스튜디오에서 열린 '슬기로운 퇴근생활' 직장인 간담회에서 이재명 대통령(당시 더불어민주당 대선 후보)이 퇴근길 직장인들과 만나 이야기를 나누고 있다. '근로자의 날'을 하루 앞둔 이날 이재명 대통령은 "주 4.5일제를 거쳐 장기적으로 주 4일제를 추진해 노동 시간을 단축하겠다"고 밝혔다.

출처: 사진공동취재단

연평균 근로시간 비교

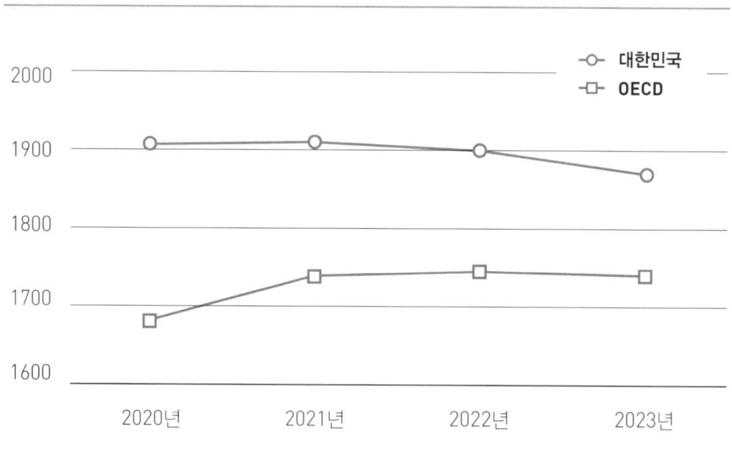

출처: OECD

과 재충전이 필수"라고 설명했다.

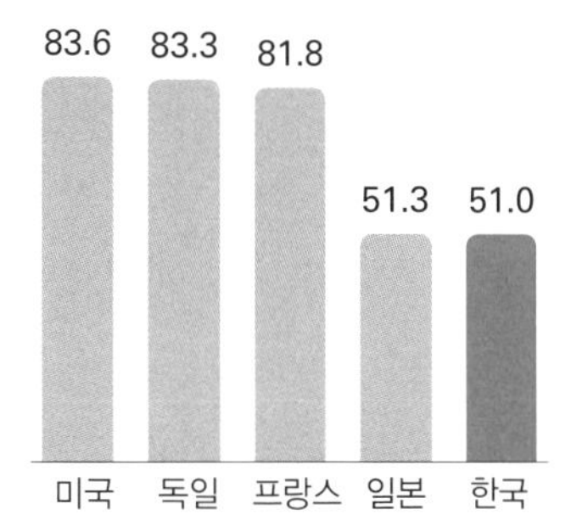

이를 위해 그는 장시간 노동과 '공짜 노동'의 원인으로 지목되어 온 포괄임금제를 근본적으로 검토하기로 했다. 이 과정에서 기존의 임금 등 근로조건이 나빠지지 않도록 철저하게 보완하고 사용자에게는 근로자의 실제 근로시간을 측정·기록하도록 의무화한다는 방침이다.

휴가제도를 획기적으로 개선한다는 공약도 내세웠다. 연차유급휴가 취득 요건을 완화하고, 사용하지 못한 휴가는 연차휴가 저축제도를 통해 3년 안에 사용할 수 있도록 하는 등 편의성을 높이겠다는 계획이다. 이러한 정책은 연차휴가 일수와 소진율이 선진국 수준으로 확대될 것으로 보인다.

이미 전 세계에선 주 4일제 논의가 활발하다. 국회도서관이 발간한 〈Data+〉 7호에 따르면 국제적으로는 벨기에가 2022년 10월에 EU 최초로 주 4일제를 법제화했다. 다만 주당 근로시간 단축이 아닌 기존 시간을 나눠 4일에 근무하는 방식이다. 일본은 공무원 대상 플렉스 타임(주간 근로시간 범위에서 근로시간 배분)을 확대해 평일 하루 휴무가 가능하도록 했다. 파나소닉, 히타치 등 대기업들도 동

참하고 있다. 아이슬란드, 스페인, 프랑스, 영국, 미국 등에서도 주 4일제 실험이 이어지고 있다.

물론 한국에서도 주 4일제 혹은 주 4.5일제 기업이 등장했지만 대부분 실패로 끝났다. 카카오는 지난 2022년 6개월간 시행한 '격주 놀금제도'도 폐지하는 등 대대적인 근로제 개편을 했다. 지난 2023년 에듀윌은 부서별로 주말을 제외한 요일 중 하루를 휴일로 운영하는 '드림데이' 폐지를 직원들에게 공지했다. 2019년 6월부터 임금 삭감 없는 주 4일 근무제를 도입해 운영했지만, 결국 경영 악화로 실패로 돌아간 것이다. 지난해 말에는 포스코그룹 지주사인 포스코홀딩스가 임원들의 격주 주 4일제 근무를 주 5일제로 전환했다. 실적이 악화하자 뒤늦게 고삐를 죄기 시작한 것이다.

국내 근로자들은 주 4.5일제 도입을 반기고 있다. 노동·시민사회 단체 '주 4일제 네트워크'와 국회 환경노동위원회 박홍배 더불어민주당 의원은 지난 2월 여론조사기관 글로벌리서치에 의뢰해 직장인 1,000명을 대상으로 진행한 '주 4일제 도입 및 노동시간 단축 인식 조사' 결과를 발표했다. 조사 결과에 따르면 주 4일제 도입 필요성에 대해 '필요하다'는 응답은 58.1%로 절반이 넘었다. 여성(61.5%)이 남성(55.3%)보다 필요하다는 응답이 많았고, 20대(64.6%)와 30대(74.6%)가 50대(46.1%)보다 필요성에 공감했다.

주 4일제로 생긴 하루의 추가 휴식을 어떻게 활용할지 물었더니, '평소 부족한 잠을 자거나 휴식 등 쉼에 할애할 것'이란 의견이 31.8%로 가장 많았다. '운동, 레저, 취미생활'(18.7%), '가족·육아·돌

봄’(11.5%), ‘여행’(11.1%) 등이 뒤를 이었다.

그러나 경영계의 반발은 거셀 것으로 보인다. 주 4.5일제가 일자리 창출이나 기업의 생산성 향상으로 이어지기 어렵다는 비판도 제기된다. 한국경영자총협회(경총)의 ‘제22대 국회에 바라는 고용노동 입법 설문조사’에서 가장 많은 34.3%가 입법이 추진될 경우 노동시장과 노사관계에 악영향을 줄 것으로 우려되는 입법으로 주 4일제를 꼽았다.

근로시간 축소를 두고 업종 간, 정규 · 비정규직 간 격차가 불가피하다는 관측도 있다. 일부 전문가들은 “IT, 금융 업종이나 공공기관, 전문직 등 근로시간에 구애되지 않는 업무나 직종에서는 자연스럽게 근로시간 단축이 이뤄질 수 있지만 양극화가 더 커질 수 있다”고 지적했다.

3

최저임금

최저임금 결정 구조를 개편한다

이재명 대통령은 후보 시절 임금 격차 해소와 공정한 보상 체계 구축의 필요성에 공감하면서, 더불어민주당이 제안한 최저임금위원회를 '국가임금위원회'로 격상하는 것에 대해 논의 테이블에 올려놓겠다고 말했다. 다만 "이건 집행할 과제가 아니라 논의해야 할 의제다"라며 구체적 이행 계획보다는 향후 사회적 논의를 위한 의제로 다뤄져야 한다는 입장을 드러냈다.

앞서 더불어민주당은 3월 '20대 민생의제'를 통해 최저임금위원회를 대통령 직속 기구인 '국가임금위원회'로 격상하자는 방안을 제시했다. 이 위원회는 단순한 최저임금 결정뿐만 아니라 업종·직종별 표준임금 체계 수립, 임금 공시, 비정형 노동시장에 대한 임금 제도화 등 다양한 역할을 수행하는 기구로 구성되었다.

국가임금위원회는 대통령 직속 기구로서, 법정 최저임금 결정은 물론 업종·직종별 표준임금 체계 및 가이드라인 수립, 임금 공시, 특정 임금 협약의 일반적 효력 확장 등 다양한 기능을 수행하게 된다. 특히 특수고용직, 플랫폼 노동자, 프리랜서 등 비표준 노동시장에 대한 임금 제도화를 주요 과제로 설정했다.

이 대통령은 최저임금 확대 적용에 무게를 싣고 있는 것으로 파악된다.

지난 5월 민주노총과 한국노총이 보낸 최저임금 관련 질의서에 이 대통령 측은 "사용자의 지휘 및 감독을 받는 모든 노동자에게 근로자성을 부여해 최저임금을 적용받을 수 있도록 추진할 계획"이라며 "지휘·감독을 받지 않는 특수고용, 플랫폼 노동자, 프리랜서 등은 '최저보수제' 등의 한국적 적용을 위한 심도있는 검토를 집권 이후 추진할 것"이라고 답했다.

최저보수제는 사용자의 지휘·감독을 받지 않는 노동자들에 대해 최저임금 수준의 보수를 보장하는 제도이다. 미국 뉴욕시가 우버 기사와 배달 노동자 등 앱을 통해 일감을 받는 노동자의 최저임금을 보장하고 있는 게 대표적이다.

현행 최저임금위원회는 1986년 최저임금법에 따라 설치된 법정 기구로, 근로자·사용자·공익위원 각 9명씩 총 27명으로 구성되어 있다. 하지만 매년 반복되는 협상 지연과 노사 간 갈등으로 인해 '파행 운영'이라는 비판을 받아왔다. 양측의 극명한 입장차로 사회적 합의 기능이 사실상 무력화됐다는 지적도 지속적으로 제기되고 있다.

실제 합의에 의한 최저임금 결정은 2000년대 들어 2008년과

2021년 3월 경기도청 상황실에서 이재명 경기도지사, 강순희 근로복지공단 이사장, 이선규 민주노총 전국서비스연맹 부위원장, 박정훈 라이더유니온 위원장, 최 로지올 대표이사, 제윤경 경기도일자리재단 대표이사, 이석훈 경기도주식회사 대표이사 등이 참석한 가운데 배달노동자 산재보험료 지원 사업 업무협약식이 열렸다.
출처: 경기도

2009년 단 두 차례에 불과하다. 이재명 대통령은 이 같은 구조적 한계를 인식하고, 임금체계 전반을 아우르는 제도 개편이 불가피하다고 판단한 것으로 보인다.

그는 기존 노동법의 보호를 받지 못하는 다수의 저임금·비정형 노동자들을 제도권 안으로 포섭해야 한다는 입장을 견지해 왔다. 이러한 인식은 2021년 경기도지사 재임 당시, 전국 최초로 배달노동자 산재보험 지원 사업을 추진한 사례에서도 확인된다.

최저임금위원회를 대통령 직속 기구로 격상하려는 배경에는 윤석열 정부의 상생임금위원회 운영 실패도 작용한 것으로 보인다. 2023년 경제사회노동위원회 산하에 출범한 상생임금위원회는 대기업과 중소기업 간 임금 격차 해소를 목표로 했지만, 권고 수준에 그쳐 실효성이 없는 채 종료됐다.

자문·권고 중심의 논의 구조로는 이중구조나 저임금 문제 해결에 역부족이라는 비판이 이어졌다. 이에 더불어민주당은 법적 권한과 실행력을 갖춘 국가 임금위원회를 통해 구조적 해결을 꾀하겠다는 구상이다.

한편, 이재명 대통령은 문재인 정부와는 달리 최저임금 인상 속도에 대해 보다 신중한 조절에 나설 것으로 보인다.

문재인 정부는 5년간 최저임금을 41.5% 인상해, 소상공인과 자영업자들로부터 과도한 부담이라는 이유로 많은 비판을 받았다. 문재인 정부 집권 초기인 2017년 최저임금위는 2018년도 최저임금을 전년도보다 16.4%(1,060원)를 올렸다. 이처럼 급격한 최저임금 인상 결과 2017년 6,470원이었던 최저임금은 2022년 9,160원으로 5년간 41.5%가 올랐다.

그러나 문재인 정부도 대선 공약인 임기 내 최저임금 1만 원을 달성하지는 못했다. 급격한 최저임금 인상에 따른 소상공인 자영업자들의 경영난 등 부작용이 컸기 때문이다.

이재명 대통령은 공식적으로 최저임금에 대한 입장을 내놓은 적은 없지만 지난 4월 소상공인

시간당 최저임금 추이

연도	최저임금(원)	전년대비 인상률(%)
2017년	6,470	7.3
2018년	7,530	16.4
2019년	8,350	10.9
2020년	8,590	2.9
2021년	8,720	1.5
2022년	9,160	5.1
2023년	9,620	5
2024년	9,860	2.5
2025년	10,030	1.7

출처: 최저임금위원회

연합회와 간담회에서 "주휴수당 폐지 등보다는 인상률에 집중하는 게 낫다"는 취지의 입장을 밝힌 걸로 전해졌다. 간담회 참석자 등에 따르면 이 후보는 간담회에서 "주휴수당 폐지 등은 논쟁적인 주제"라며 "차라리 인상률에 집중하는 게 소상공인에 도움이 된다"는 식으로 말한 걸로 전해졌다.

이재명 대통령의 경제 멘토이자 '잘사니즘' 설계자로 알려진 이한주 민주연구원장은 지난해 언론 인터뷰에서 "임금을 높이는 게 성장의 한 방식이 될 수 있다는 것은 사실이다. 다만 소득주도성장이라는 명칭은 마치 임금을 올리는 것만이 유일한 성장 요인이라는 오해를 불러왔다"고 말했다.

특히 최저임금 인상 속도에 대해 "과속한 측면이 있었다"고 지적하며 정책 추진에 있어서는 "어두운 밤길을 조심스레 걷듯 신중해야한다"고 덧붙였다.

4

비정규직

비정규직 차별 개선 정책을 시행한다

이재명 대통령의 노동정책 핵심 중 하나는 비정규직 차별 해소다. 그는 정규직과 비정규직 간 임금 격차를 단순한 수치가 아닌 구조적 차별로 인식하며, '동일노동·동일임금' 원칙을 법과 제도 속에 확고히 자리 잡게 하겠다는 입장을 유지했다.

이 대통령은 2025년 5월 1일 노동절을 맞아 자신의 SNS를 통해 "특수고용직, 프리랜서, 플랫폼 노동자, 자영업자 등 고용 형태나 계약 명칭과 관계없이 일하는 모든 사람의 권리를 보호할 수 있도록 법과 제도를 개선하겠다"며 "공정한 보상, 안전하고 건강한 노동환경, 고용·산재보험 등 사회보장, 차별과 괴롭힘으로부터의 보호 등 반드시 지켜져야 할 권리들을 보장하겠다"고 밝혔다.

구체적인 방안은 민주당이 지난 3월 '20대 민생의제' 발표회에서 제시한 내용을 통해 짐작할 수 있다. 민주당은 임금투명성 조치를 강화하고, 노동위원회·인권위원회 등 전문 기구의 권한을 확대

이재명 대통령(당시 더불어민주당 대표)과 양경수 전국민주노동조합총연맹 위원장이 2월 21일 서울 중구 민주노총 사무실에서 열린 민주당-민주노총 간담회에서 악수하고 있다. 출처: 연합뉴스

해 실질적인 권리 구제가 가능하게 하겠다고 강조했다. 또한 과징금과 징벌적 손해배상 제도를 도입해 실효성이 낮은 기존 근로감독 제도의 한계를 보완하고, 차별 행위에 대한 강력한 억지 효과를 기대하고 있다.

이재명 대통령은 경기도지사 재임 시절에도 비정규직 처우 개선을 위한 실험적 정책을 추진한 바 있다. 대표적인 사례가 바로 '공정임금론'이다. 이 제도는 2021년부터 도입됐으며 근무 기간이 짧을수록 더 높은 비율의 추가 수당을 지급하는 구조로 되어 있다.

예를 들어 2개월 이하로 근무한 기간제 노동자에게는 기본급의 10%, 4개월 이하는 9%, 12개월은 5%를 추가로 지급하는 방식이다. 고용 불안정에 따른 불이익을 제도적으로 보상하기 위한 조치라고 할 수 있다.

이러한 접근은 단순한 행정 실험에 그치지 않았다. 그는 제20대 대통령 선거 후보 시절에도 민간까지 확대해 비정규직 임금을 정규직 수준 이상으로 끌어올리는 정책을 공약으로 내걸었다. 당시 이재명 대통령은 경기 부천시에서 가진 노동 공약 발표식에서 "우리나라 비정규직 보수는 정규직 대비 60% 정도라 장기적으로는 최하 같은 수준 또는 (비정규직 임금이 정규직 임금보다) 그 이상으로 늘려가야 한다"고 말했다.

2025년 2월에도 이재명 대통령은 양경수 민주노총 위원장과 만나 "불안정하고 일시적으로 고용되는 사람은 그 대가가 안정적인 사람보다 많아야 한다"며 고용 불안정에 대한 사회적 보상 원칙의 뜻을 분명히 밝혔다.

그의 발언은 '임금 총액'이 아닌 '시간당 임금'을 염두에 둔 것으로 해석된다. 통상적으로 정규직과 비정규직 간에는 총임금 수준에서 큰 차이가 존재한다. 특히 동일한 업무를 수행하더라도 고용 형태가 비정규직이라는 이유만으로 상대적으로 낮은 임금을 받는 현실은 국내 노동시장에서 오랜 시간 지적돼 온 구조적 문제다.

임금 문제에 그치지 않고, 복리후생이나 조직 문화 등 다양한 측면에서도 비정규직 근로자들은 차별을 겪고 있다는 주장도 있다. 이에 대해 이재명 대통령은 "같은 공간에서, 같은 업무 환경 속에서, 같은 가치를 창출하고 있음에도 불구하고 안정적 고용이 보장되지 않는 비정규직이 정규직의 60% 수준의 보수를 받는다는 건

납득하기 어렵고 부당한 일"이라고 강조했다.

비정규직 근로자의 시급 상대 수준

연도	비정규직 시급
2018년	68.30%
2019년	69.70%
2020년	72.40%
2021년	72.90%
2022년	70.60%
2023년	70.90%
2024년	66.40%

*정규직 근로자의 시급을 100으로 할 때 상대적 시급

민주당의 '20대 민생의제' 자료집에 따르면 대기업과 공정거래위원회 지정 사업체들은 다수의 비정규직 노동자를 고용하고 있다. 2023년 기준 고용 형태 공시제를 보면 300인 이상 대기업 3,887개 사업장에서 일하는 전체 노동자 약 557만 7,000명 가운데 비정규직 비율은 40.5%로, 약 226만 명에 달한다.

고용노동부가 발표한 자료에 따르면, 비정규직 근로자의 시간당 임금은 정규직의 66.4% 수준에 불과한 것으로 나타났다. 지난 4월 공개된 '2024년 6월 고용 형태별 근로실태조사'에 따르면, 전체 근로자의 시간당 평균 임금은 2만 5,156원으로 집계돼 전년보다 10.0% 상승했다.

정규직 근로자의 시간당 임금은 2만 7,703원으로 11.7% 증가했지만, 비정규직은 1만 8,404원으로 4.7% 오르는 데 그쳤다. 이에 따라 비정규직의 시간당 임금은 정규직 대비 66.4%로 줄었으며, 이는 지난해 70.9%에서 4.5%포인트 하락한 수치다.

이재명 대통령은 정규직이 누리는 기본적 권리들을 비정규직자에게도 동일하게 보장해야 한다는 철학이 강하게 자리 잡고 있다. 나아가 이재명 대통령은 '동일가치노동 동일임금 원칙'의 법제화

도 추진할 것으로 보인다. 더불어민주당은 고용상 차별 해소가 필요한 모든 영역에 이 원칙이 적용되도록 법률에 명시해 비정규직 사용 사유를 제한하는 법 개정, 기간제 및 파견법 개정을 통해 비정규직 사용 범위를 축소하는 방식으로 정규직 전환을 유도한다는 계획이다.

이는 단순한 시혜성 정책이 아닌, 노동시장 구조 자체를 바꾸려는 시도다. 정규직과 비정규직이라는 고용 형태의 경계가 임금과 복지의 차별로 이어지지 않도록 법과 제도 전반의 근본적 개편이 예고된 셈이다.

5

고용보험

고용보험 사각지대를 줄여 노동약자를 보호한다

산업 형태와 노동환경이 급변하면서 급증하고 있는 특수고용직과 플랫폼 노동자들이다. 이들은 근로자로 분류되지 않는다. 이재명 대통령은 "근로자의 날을 '노동절'로 개칭해 노동 존중 가치를 바로 세우겠다"고 밝혔다. 기존 근로기준법 틀 안에서 보호할 수 없었던 '노동약자'들을 울타리 안에 넣겠다는 그의 구상이 근로자의 날 개칭을 통해 짙게 드러난 셈이다.

근로기준법 제2조 1항 1호는 "'근로자'란 임금을 목적으로 근로를 제공하는 사람을 말한다"고 규정한다. 근로기준법 제2조 1항 5호는 "'임금'이란 사용자가 근로의 대가로 근로자에게 지급하는 모든 금품을 말한다"고 규정한다. 이처럼 근로자가 되기 위해선 임금을 받아야 하고, 임금을 받기 위해선 근로자여야 한다. 이에 따라 특수고용직과 프리랜서·플랫폼 노동자들은 근로기준법 적용을 받지 않는다.

이재명 대통령은 21대 대선 후보 시절이던 2025년 5월 1일, 종로구의 한 포장마차에서 열린 비정형 노동자 간담회를 마친 뒤 언론의 질문에 답하고 있다. 출처: 연합뉴스

이재명 대통령은 특수고용직과 프리랜서·플랫폼 노동자·자영업자 등 '노동법 보호 밖' 노동자들을 보호할 수 있는 법 제도를 개선하겠다고 약속했다. 그는 "공정한 보상, 안전하고 건강한 노동환경, 고용·산재보험 등 사회보장, 차별과 괴롭힘을 받지 않을 권리 등을 반드시 보장하겠다"고 말했다.

이재명 대통령은 노동약자 보호에 힘을 싣고 있다. 그는 선거대책위원회 출범 이후 배달·택배 노동자를 만나 애로사항을 청취하기도 했다. 황정아 더불어민주당 대변인은 일정 브리핑을 열고 이재명 대통령(당시 대선 후보)은 두 번째 민생 시리즈로 '당신의 하루를 만드는, 보이지 않는 영웅들-비(非)전형 노동자 간담회'를 진행한다"고 설명했다.

이재명 대통령은 서울 종로의 한 포장마차에서 택배기사, 배달

비임금 노동자 추이

단위: 만 명

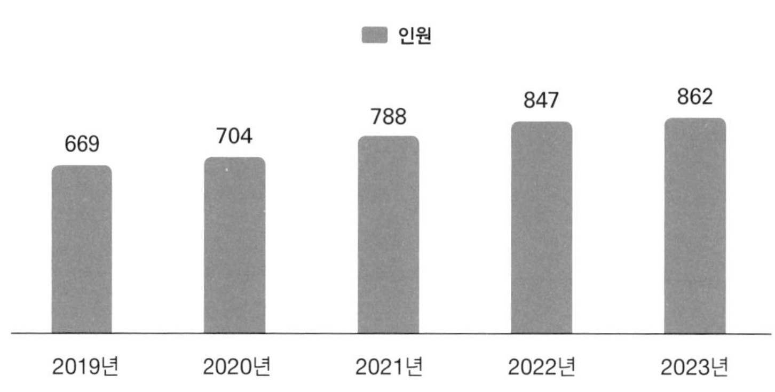

출처: 차규근 의원실

라이더, 보험설계사 등 비전형 노동자들과 만났다. 그는 "어떤 형태의 일을 하든 대한민국 사회에서 이 정도의 보수는 주어져야 한다는 논의가 필요하다"며 '최소 보수제' 도입에 대한 사회적 논의 필요성을 거론했다. 또한 "사회적 약자들이 맨투맨으로 각개격파 당하고 있다"며 노동조합·동업자조합 결성의 중요성도 강조했다.

디지털 기술 등의 발달로 종사자 수는 꾸준히 늘어날 전망이다. 이미 비임금 노동자는 2023년 기준으로 862만 명에 달했다. 차규근 조국혁신당 의원이 국세청으로부터 제출받은 자료를 보면 비임금 노동자는 2019년 669만 명, 2020년 704만 명, 2021년 789만 명, 2022년 847만 명, 2023년 862만 명으로 연평균 약 48만 명씩 늘었다.

이 추세대로라면 2030년 이후에는 정규직 임금노동자(1,369만 명)

규모를 넘어설 수 있다. 연령대별로 보면 비임금 노동자 중 20대 이하 청년이 202만 명으로 4명 중 1명(23.5%)꼴을 차지해 가장 많았다. 이어 50대(181만 명), 40대(180만 명), 30대(153만 명), 60세 이상(145만 명) 순이었다.

전체 비임금 노동자의 1인당 연평균 소득(지급 금액)은 1,695만 원이었다. 비임금 노동자 중 연 소득이 가장 많은 연령대는 50대로 평균 2,283만 원이었다. 50대 중에 '풀타임' 비임금 노동자가 많기 때문으로 해석된다. 이어 40대(2,224만 원), 60대(1,764만 원), 30대(1,557만 원), 20대 이하(763만 원) 순으로 연 소득이 많았다.

윤석열 전 대통령도 노동약자 보호를 노동 개혁 중요 의제로 선정하고 추진한 바 있다. 그는 2024년 5월 열린 민생토론회에서 직접 '노동약자'를 보호할 수 있는 법을 제정할 것을 지시한 바 있다. 윤석열 전 대통령 지시에 고용부는 '미조직근로자지원과'를 신설했고 국민의힘 노동전환특별위원회와 함께 노동약자보호법을 추진하기 시작했다.

그러나 정부와 국민의힘이 함께 추진 중이었던 '노동약자 지원과 보호를 위한 법률(노동약자보호법)'은 윤석열 전 대통령이 계엄령을 선포한 이후 동력을 잃어버렸다는 평가를 받는다. 노동약자보호법은 2024년 12월 31일 국회 환경노동위원회에 발의돼 아직도 계류 중이다.

당시 윤석열 정부는 해당 법을 통해 노동약자들에게 표준계약서, 분쟁조정위원회, 공제회 설치 등을 지원하겠다는 방침을 세웠다. 당장 근로기준법을 개정하는 것은 어렵다는 판단하에 별도의 법을 두어 보호 체계를 마련하겠다는 셈이다. 반면 더불어민주당은 노동약자보호법이 아닌 '일하는 사람 기본법'을 제정해야 한다는 입장이었다. 노무를 제공하고 보수를 받는 이들을 모두 '일하는 사람'으로 규정해 보호하는 것이 골자다.

6

공무원 정치 기본권

공무원과 교원의 근무 외 정치 표현의 자유를 보장한다

더불어민주당의 오랜 과제인 '공무원과 교원의 정치적 기본권 보장'에 대해 이재명 대통령 역시 같은 입장을 취하고 있다. 직무와 직접 관련된 정치적 중립은 지키되, 사회 구성원으로서의 시민권은 온전히 보장받아야 한다는 것이 그의 생각이다. 이는 공무원과 교원이 단순한 행정 수행자나 교육자로서의 정체성을 넘어, 민주사회에서 자신의 목소리를 낼 수 있는 시민의 자격을 회복해야 한다는 인식에서 비롯된다.

이 대통령은 지난 15일 스승의 날을 맞아 자신의 페이스북에 "근무시간 외에는 직무와 무관한 정치 활동의 자유를 보장해, 헌법이 보장한 권리를 회복하겠다"며 "선생님도 민주사회 구성원으로서 정당하게 존중받을 수 있게 하겠다"고 밝혔다.

현행 헌법은 공무원의 신분과 정치적 중립(제7조), 교육의 자주성과 전문성, 정치적 중립(제31조)을 규정하고 있다. 국가공무원법 제

65조는 공무원의 정치 운동을 전면 금지하고 있으며, 이에 따라 공무원은 정당 가입은 물론 선거 운동과 정치적 표현 등 모든 관련 행위가 제한된다. 심지어 SNS에서 '좋아요'를 누른 것만으로도 징계를 받는 사례도 있다.

이러한 규제는 표현의 자유를 보장한 헌법 제21조와 충돌하며, 헌법적 가치 간의 균형 조정이 필요하다는 지적이 제기된다.

이 대통령의 문제의식은 대부분의 OECD 국가가 공무원과 교원의 정치 활동을 폭넓게 허용하고 있는 현실과, 이를 철저히 제한하는 한국의 제도적 환경 사이의 괴리에서 비롯된다.

독일은 공무원의 정치 참여를 허용하되, 직무 중에는 중립성을 유지하도록 하고 있으며, 미국 역시 공무원의 정당 가입과 개인적 정치 표현을 폭넓게 인정하고 있다. 반면 한국은 직무 외 영역에서도 정당 가입은 물론 정치적 표현, 심지어 SNS상의 활동까지 엄격히 규제하고 있다. 이는 세계적인 민주주의 지표에 비춰볼 때 과도한 제한이라는 평가를 받는다.

공무원과 교원의 정치 기본권 논의는 문재인 정부 시절에도 제기된 바 있다. 문재인 대통령은 2017년 국정과제 100대 항목에 공직자의 정치 참여 확대를 포함시켰으며, 국가인권위원회도 2019년 관련 권고를 낸 바 있다. 당시 문 대통령은 개헌을 통해 정치적 중립의 범위를 '직무 수행 시'로 한정하고, 그 외의 시간에는 정치 기본권을 보장하려 했지만, 개헌 논의가 본격화되지 못하면서 제도화로 이어지지는 못했다.

정치적 중립성과 표현의 자유 간의 균형 문제는 헌법재판소와 대법원에서도 반복적으로 다뤄져 온 쟁점이다. 2004년 노무현 정부 시절, 헌법재판소는 초·중·고 교사의 정당 가입과 선거운동을 금지한 조항에 대해 합헌 결정을 내리며 "교육의 정치적 중립을 보장하는 공익이 교원의 기본권보다 우선한다"고 밝혔다.

그러나 2012년 이명박 정부 당시, 시국선언을 주도한 교사에게 유죄가 확정되었지만, 대법관 5명은 반대 의견을 통해 "정책 비판과 개선 요구는 헌법이 보장하는 표현의 자유"라고 언급하며 견해 차이를 보이기도 했다.

지난 5월에는 교사노동조합연맹, 새로운학교네트워크, 실천교육교사모임, 전국교직원노동조합, 좋은교사운동 등 진보 성향의 5개 교원단체가 제21대 대통령 선거를 앞두고 교원의 정치 기본권 보장을 요구하기도 했다. 해당 교원단체가 지난해 실시한 설문조사에 따르면, 응답자의 99.1%가 "일과 시간 이후, 학교 밖에서의 정치 활동은 보장되어야 한다"고 답했다. 또한 응답자의 98.2%('매우 그렇다' 88.8%, '그렇다' 9.4%)는 교사들의 요구가 제대로 반영되지 않는 가장 큰 원인으로 정치 기본권이 보장되지 않는 점을 꼽았다. 이는 '교육권 보장'과 '공교육 정상화'를 위한 정책적 소통과 반영의 한계를 보여주는 지표로 풀이된다.

전교조는 "교원의 정치적 표현과 정책 비판의 자유를 보장하기 위해 공무원법 개정을 통해 정치적 중립 개념을 명확히 하고, 그 제한도 완화해야 한다"며 "교사에게 시민으로서의 정당 가입과 정

2024년 7월 16일 전국교직원노동조합, 교사노동조합연맹 등 5개 교원단체 회원들이 서울 영등포구 국회 앞에서 기자회견을 열어 교원의 정당 가입 등 정치 기본권 보장을 촉구하고 있다. 출처: 교사노조

치 활동, 선거운동 등 정치 기본권을 전면적으로 허용하기 위해 정당법과 공직선거법 등을 개정해야 한다"고 요구했다.

이재명 대통령의 구상은 이러한 흐름과 맞닿아 있다. 그는 공직사회의 정치적 다양성과 표현의 자유가 보장될 때, 오히려 정책 결정이 현실에 밀착되고 국민의 삶과 동떨어지지 않은 행정이 가능하다고 본다. 즉, 무조건적인 중립 강요가 아니라 책임 있는 참여를 유도함으로써 민주주의의 질을 높이자는 접근이다. 이는 단순한 제도 변경을 넘어, 공공부문 문화의 전환까지 포함하는 과제라고 할 수 있다.

7

노란봉투법

노동자의 쟁의권을 보장한다

이재명 대통령의 노동 공약 중 '노란봉투법'은 가장 뜨거운 논란을 불러일으킬 것으로 예상된다. 전직 대통령이 두 번이나 거부권을 행사할 정도로 격한 찬반 논쟁이 이어져 왔기 때문이다.

노란봉투법은 노동조합법 2·3조에 대한 개정안으로, '사용자' 범위를 넓혀 하청 노동자에 대한 원청 책임을 강화하고, 노조와 노동자를 대상으로 한 사용자의 손해배상 청구를 제한하는 등의 내용이다. 즉, 원청의 사용자 개념을 확대(2조)하고, 사용자가 위법한 쟁의행위를 이유로 노조나 노동자에게 손해배상 청구 소송을 낼 때 노조·노동자 배상 책임 범위를 개별적으로 정하도록 한 점(3조)을 골자로 한다. 윤석열 전 대통령은 이 법에 대해 2023년과 2024년 두 차례 거부권을 행사했다. 국회에선 재의결을 했지만 모두 부결됐다.

노란봉투법에 대해 이 대통령은 선관위에 제출한 10대 공약집

국민의힘 김문수(왼쪽부터), 민주노동당 권영국, 개혁신당 이준석, 더불어민주당 이재명 대선 후보가 18일 서울 마포구 SBS프리즘타워에서 열린 중앙선거방송토론위원회 주관 제21대 대통령 선거 후보자 토론회에 참석해 선전을 다짐하고 있다. 출처: 국회사진기자단

에서 "노동이 존중받고 모든 사람의 권리가 보장되는 사회를 만들겠다"며 "노동조합법 2·3조 개정으로 하도급 노동자 등의 교섭권을 보장하겠다"고 밝혔다.

중앙선거방송토론위원회가 5월 18일 주관한 대선 1차 토론회에서 이재명 당시 더불어민주당 후보와 김문수 국민의힘 후보는 노란봉투법 도입 여부를 두고 격론을 벌이기도 했다. 김문수 후보는 먼저 이재명 후보를 향해 "그동안 정부는 노란봉투법에 두 번이나 거부권을 행사했다. 이 후보가 대통령이 되면 노란봉투법을 또 밀어붙일 것인가"라고 선공을 날렸다.

이 대통령은 "대법원 판례가 이미 (필요성을) 인정하는 법안"이라며 "국제노동기구(ILO)도 다 인정하고 있다. 당연히 해야 한다"고

노란봉투법 위헌성 논란

쟁점	세부 내용	위헌 가능성
사용자 개념 확대	'근로조건의 실질적·구체적 지배·결정'에 대한 판단 기준이 불명확	죄형법정주의 원칙 위배
노동쟁의 범위 확대	확정된 근로조건에 관한 권리분쟁도 노동쟁의 대상에 포함	기본권·재산권 침해
사용자의 손해배상청구 제한	'그 밖의 노동조합의 활동'에 대한 판단 기준 모호	명확성 원칙 위배
불법 파업 등에 손해배상책임 개별화	노조 불법행위에 연대책임 예외 인정하는 특혜 부여	평등권 침해

답했다. 이에 김 후보는 "노란봉투법은 사실 헌법에도 안 맞고, 민법에도 안 맞는다. 무리하게 밀어붙이면 우리나라에서 기업을 할 수가 없다"며 "쟁의 요구가 계속 벌어질 수 있다. 그런 점에서 반드시 재고해야 하는 법안"이라고 재반박했다.

법조계에선 노란봉투법이 위헌 소지가 있다고 격하게 반대하고 있다. 한국경제인협회는 차진아 고려대 법학전문대학원 교수에게 의뢰한 〈노조법 개정안의 위헌성 검토〉 보고서를 통해 노란봉투법의 사용자 개념이 불명확해 죄형법정주의(법적 안정성·예측 가능성 확보를 위해 형벌 구성 요건 등을 명확히 규정해야 한다는 원칙)에 위배된다고 밝혔다.

노란봉투법은 사용자 개념을 '근로계약 체결 당사자'를 넘어 '근로자의 근로 조건에 대해 실질적·구체적으로 지배·결정할 수 있는 자'로 정의하고 있다. 그렇기 때문에 차 교수는 사전에 특정할 수 없는 다수의 사용자가 노란봉투법 위반으로 형사 처분 대상이 될 수 있다고 주장했다. 이에 따라 산업 현장 혼란이 가중될 것이며, 원청 사용자와 하청 노조 간 단체교섭이 가능해지면서 하청 사용자의 독립성과 경영권이 침해될 것이라고 했다.

또한 노란봉투법이 확대 정의한 노동쟁의 개념도 문제점으로 언급된다. 차 교수는 확대된 노동쟁의 개념에 따라 해고자 복직, 단체협약 미이행, 체불 임금 청산 등 이미 확정된 근로 조건의 해석·적용 등을 둘러싼 분쟁(권리 분쟁)도 쟁의 대상에 포함될 수 있다고 분석했다. 즉, 사용자 경영권의 본질에 속하는 사항에 대해서도 쟁의 행위가 가능해져 사용자의 직업의 자유, 재산권 등 기본권이 침해될 수 있다는 의미다.

노란봉투법이 사용자의 손해배상 청구를 지나치게 제한하는 문제도 지적됐다. 노란봉투법은 손해배상 책임 산정 시 손해에 대한 개별 조합원의 기여도에 따라 각각 책임 범위를 산정하고 있다. 개별 책임 소재가 불분명한 불법 행위는 연대 책임이 인정되는데, 노란봉투법은 노조의 불법 행위를 예외 적용한다. 이에 따라 헌법상 사용자의 재산권, 평등권이 침해된다는 주장이다.

경영계는 결사반대에 나섰다. 한국중견기업연합회(중견련)가 지난해 중견기업 124곳을 대상으로 진행한 설문조사에 따르면, 응답 기업의 73.4%가 노조법 개정안이 기업 경쟁력에 미치는 영향에 대해 부정적이라고 답했다. 구체적으로 '부정적'이라고 답한 비율은 45.2%, '매우 부정적'은 28.2%였으며, '긍정적'(16.1%), '매우 긍정적'(2.4%) 등 긍정 답변은 18.5%로 나타났다.

노조법 개정안이 '일자리 창출 및 국가 경제에 미치는 영향'에 대한 설문에서도 응답 기업의 73.4%가 부정적(부정적 50.8%·매우 부정적 22.6%)이라고 답했다.

노조법 개정안이 사용자 개념을 '근로 조건에 대한 실질·구체적인 지배·결정력이 있는 자'로 확대한 데 대해서는 77.4%가 '반대' 입장을 밝혔다.

사용자 개념 확대 시 예상되는 문제점에 대한 질문(복수 응답 허용)에는 가장 많은 79.0%가 '하청 노조와의 소모적 분쟁으로 인한 경영 손실'을 언급했다. 이어 '무분별한 교섭 요구 및 쟁의 행위 증가'(78.2%), '교섭 창구 단일화가 어려워 노사 혼란 및 노노 갈등 발생'(52.4%) 등이 뒤를 이었다.

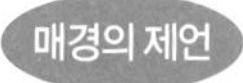

노동시장의 유연화로 세대 간 일자리 전쟁을 막자

노동시장의 경직된 구조를 수술하지 않고서 청년 실업을 해소하겠다는 발상은 공염불에 가깝다. 청년 고용의 부진 원인은 경직적인 노동시장 구조, 노동시장 미스 매치(고학력화 임금 격차 등으로 인력수급 불일치, 산업 수요를 따라오지 못하는 대학 교육), 한국 경제의 고용창출력 저하가 복합적으로 작용한 결과이기 때문이다. 여기에 더해 정년 연장 문제까지 대두되면서 일자리를 놓고 세대 전쟁까지 벌어지고 있다.

청년 실업에 가장 큰 영향을 미치는 요인으로는 경직된 노동시장 구조와 연공형 임금체계를 꼽는 분석이 많다. 연공형 임금체계가 지배적인 상황에서 임금 연공성(근속 1년 미만 대비 근속 30년 이상 임금 수준)은 한국 3.03배, 일본 2.40배, 독일 1.80배, 프랑스 1.65배, 영국 1.51배 수준으로 주요국보다 크게 높다. 여기에 정년 60세 의무화까지 시행되면서 청년 고용이 부진할 수밖에 없는 구조다.

또한 대기업의 높은 대졸 초임 수준으로 인해 고학력 청년층은 대기업이나 공기업 취업에 몰리고, 중소기업은 만성적인 인력 부족에 시달리면서 인력 수요와 공급의 미스매치가 심화되고 있다. 한국경영자총협회(경총)에 따르면 2023년 기준 우리나라 300인 이상 사업체 대졸 초임은 평균 5,001만 원을 기록했다. 기업 규모별로 임금 격차는 더욱 커지고 있다. 2023년 기준 30~299인 사업체 대졸 초임은 3,595만 원으로, 300인 이상 사업체의 약 71.9% 수준이었다. 5~29인 사업체는 3,070만 원, 5인 미만 사업체는 2,731만 원으로 각각 300인 이상 사업체의 61.4%, 54.6% 수준에 그쳤다. 중소기업 취업자가 느낄 상대적 박탈감이 얼마나 클지 쉽게 짐작할 수 있다.

대학의 '교육 거품'도 문제점으로 거론된다. 2000년 이후 고등학교 졸업생 약 70%가 대학에 진학할 정도로 청년층의 고학력화가 두드러지고 있지만, 대학 교육은 경제 환경 변화에 부응하지 못해 고학력 청년층의 직무능력이 상대적으로 취약하다. 빅데이터와 인공지능 등 최첨단 산업 수요가 급격히 늘어도 국내 대학 다수는 관련 학과 정원조차 늘리지 못하고 있다. 전공과 직업의 미스 매치는 50%에 달해 주요 경쟁국보다 크게 높은 수준이다.

이에 따라 아버지는 재취업 전쟁에 뛰어들고 자녀는 구직을 포기하는 '거꾸로 간 고용시장'까지 나타나고 있다. 청년층 선호 일자리가 크게 줄고, 구직기간이 장기화하자 아예 구직을 단념한 '쉬었음' 청년이 늘어났다. 경제활동인구 조사에서 "그냥 쉰다"고 답한 청년은 1년 전보다 2만 1,000명 늘어나 2024년 42만 1,000명을 기록했다. 42만 명이 넘는 청년이 구직시장을 이탈한 것이다. 관련 통계를 시작한 2003년 이후 코로나19가 기승을 부리던 2020년에 이어 역대 두 번째로 많은 수치다.

1,000만 명에 달하는 베이비부머가 은퇴 후 재취업 시장에 뛰어들면서, 고령자 고용 시장은 말 그대로 전쟁터가 됐다. 올해부터는 954만 명 규모의 2차 베이비붐 세대(1964~1974년생)까지 은퇴 연령대에 접어들었다. 100세 시대가 도래했지만, 평균 퇴직 연령은 여전히 52세에 머물고 있어 재취업은 절실한 과제가 되고 있다.

한국노동패널 자료에 따르면 45세 이후 퇴직을 경험한 근로자는 재취업까지 평균 15.6개월 소요된다. 청년들의 노동시장 진입 시간보다 오래 걸리는 셈이다. 한국고용정보원에 따르면 중고령자 가운데 10년 이상 근속자가 재취업을 하면 이전 직장 대비 임금수준은 약 70%에 불과한 것으로 나타났다.

이와 같은 문제를 개선하려면 정규직에 대한 과도한 보호 완화와 노동 관련 법제도를 손질해 원할 때 어디서든 일할 수 있는 노동시장 구조를 구축해야 한다. 또한 산업현장에 불필요한 규제를 없애고, 규제 1개 신설 시 기존 규제 2개를 폐지하는 규제 패러다임의 전환, 연공형 임금체계를 직무 성과 중심으로 개편, 과도하게 높은 대기업 대졸 초임의 안정화, 대학 교육·훈련 체계 정비, 직업 정보시스템 강화 등이 동반돼야 한다.

특히 노동시장의 이중구조를 타개할 개혁이 시급하다. 대기업이 강성 노조에 밀려 과도하게 임금을 올리는 관행을 차단하고 중소기업도 좋은 인재를 유치할 수 있도록 지원을 강화해야 한다. 예산이 한정된 만큼 선택과 집중이 필요하다.

무엇보다 청년들이 원하는 직장을 더 많이 만드는 노력도 병행해야 한다. 이런 점에서 글로벌 기업으로 성장하고 있는 히든 챔피언과 유니콘 기업을 발굴해 육성하는 것은 최고의 일자리 정책이 될 수 있다. 이제는 취업난과 구인난이 동시에 심해지는 악순환에서 벗어나야 한다. 반도체 인력이 부족한데도 전공자조차 원하는 일자리를 찾지 못하는 모순에 이재명 정부는 답해야 한다.

PART 5

복지 정책: 국가 책임을 강화한 복지

1

통합돌봄

병원이 아닌 일상에서부터 돌봄이 이루어진다

초고령사회로의 전환이 가속화되는 가운데, 이재명 대통령은 '어르신 돌봄 국가책임제'를 시행해 노후를 국가가 책임지는 사회로 만들겠다고 약속했다. 그는 지난 4월 페이스북을 통해 "의료·요양·돌봄이 유기적으로 연결되는 시스템을 마련하겠다"며, 내년 시행 예정인 돌봄통합지원법을 토대로 '지역사회 중시 통합돌봄 체계'를 완성하겠다고 밝혔다.

이 계획은 2026년 3월 본격 시행되는 '돌봄통합지원법'을 바당으로 한다. 해당 법은 고령, 장애, 만성질환 등으로 일상생활에 어려움을 겪는 국민들에게 지역사회 기반 통합 돌봄 서비스를 제공하기 위해 제정됐다.

법 시행을 앞두고 정부와 지자체는 서비스 제공 기관 간 유기적 협력과 역할 분담을 강화하는 데 주력하고 있다. 그러나 현장에서는 여전히 기관 간 소통 부족과 역할의 불명확성 등 풀어야 할 과제가 적지 않다는 목소리가 나온다. 이 대통령이 통합돌봄에 대한 강력한 의지를 드러낸 만큼, 정부가 키를 잡고 법 시행의 난점들을 해결할 것으로 예상된다.

이 대통령은 '돌봄에 대한 국가 책임'에 대해 강한 의지를 보여왔다. 지난 4월 20일 장애인의 날을 맞아 "발달장애인과 정신장애인 돌봄 국가책임제를 실시하겠다"고 밝히기도 했다. 이 같은 정책은 장애인 당사자 및 가족, 관련 단체들의 오랜 숙원이다.

이 대통령의 장애인 공약은 다음과 같다.

- 장애인이 당연하게 권리를 누릴 수 있게 개인별 맞춤형 서비스를 강화
- 장애인 이동권 보장을 강화
- 장애인의 지역사회 자립 기반 확립
- 장애인의 통합교육
- 장애인 돌봄 국가책임제

그는 정책 발표문을 통해 "장애인 당사자가 정당한 권리를 떳떳하게 요구할 수 있도록 권리의 중심에 서야 한다. 동등한 권리자로 우리 모두의 시선과 인식을 드높일 시점의 대전환이 필요하다"라며 이제 장애인이 권리의 주체가 돼야 한다고 강조했다.

이 대통령은 작년 말 여야 합의로 통과된 '모두를 위한 통합교육 촉구 결의안'을 예로 들며, "모든 장애 학생이 차별 없이 함께 배우고 성장할 수 있는 교육 환경을 만들도록 노력하겠다", "AI·디지털 기술 등을 활용한 맞춤형 장애인 지원 체계도 먼 미래의 이야기가 아닐 것"이라고 말했다.

지난 20대 대권 주자 시절에 이재명 대통령이 30일 서울 송파구 송파노인요양센터에서 '5대 돌봄 국가책임제' 정책 공약을 발표하고 있다. 출처: 연합뉴스

이 대통령은 영유아 돌봄에 대한 강한 의지를 드러냈다. 공약집에서는 '온 사회가 함께 돌보는 돌봄기본사회' 실현을 약속했다. 우선 유아와 초등교육에 대한 국가 책임을 강화하고, 유아교육·보육비 지원을 5세부터 단계적으로 확대하겠다고 밝혔다. 또한 '온동네 초등돌봄'을 통해 질 높은 돌봄교육을 제공하고, 지속 가능한 지역사회 통합 돌봄체계도 구축할 계획이다.

과거 이 대통령은 2022년 제20대 대통령 선거에서도 영유아, 아동, 간병, 장애인, 어르신을 포괄하는 '5대 돌봄 국가책임제'를 공약한 바 있다. 구체적으로 노인 부문에서는 공공노인요양시설을 확충해 안정적 일자리를 제공하고 가족요양 인정시간 확대를 통해 가족 요양보호사의 실질 소득 개선을 약속했다. 또한 돌봄 노동의 경험과 업무 숙련을 정당하게 보상하기 위한 제도 개선 추진도 강조했다.

장애인 정책은 유형과 정도에 따른 맞춤형 서비스를 제공하는 것을 기본으로, 가족이나 시설 의존 없이 독립적인 삶을 지원하겠다는 목표다. 이 대통령은 "장애 유무, 연령, 성별, 언어 등의 제약 없이 모두가 안전하고 편리하게 생활할 수 있도록 유니버설 디자인(보편적 설계)을 도입해야 한다"고 강조한 바 있다. 이에 따라 유니버설 디자인 법제화 및 인증제 시행을 추진하고, 의료·법률 등 전문 분야 수어통역 교육과정을 신설해 관공서에 전문수어통역사를 배치하는 등의 구체적인 계획을 내놓았다.

이 대통령은 "모두가 당연한 권리를 누리는 나라, 진짜 대한민

발달장애인 가족 설문조사

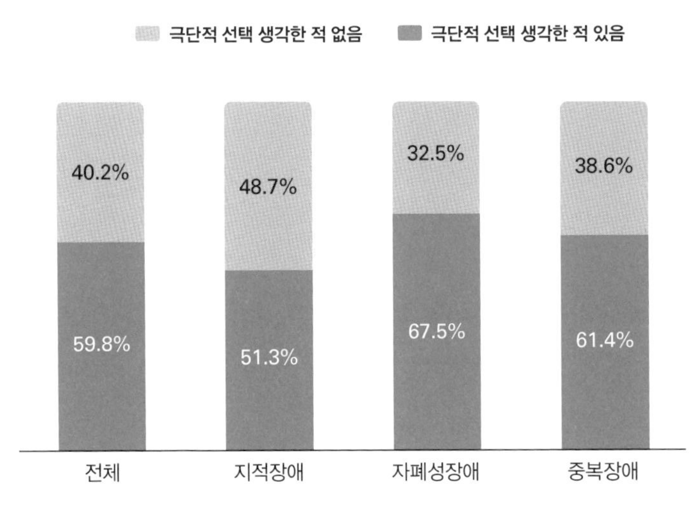

출처: 강선우 더불어민주당 의원실

국을 시작하겠다"며 발달장애인·정신장애인 돌봄 국가책임제 실현 의지를 거듭 밝혔다. 장애를 갖고 태어났거나, 사고로 장애를 입었다는 이유로 일상의 것들을 누리지 못하는 이들에 대해서 "이제는 가족이 생업을 포기하거나 절망 끝에 극단적 선택을 고민하는 비극을 막아야 한다"고 강조했다.

실제로 강선우 더불어민주당 의원실이 2022년 발달장애인 가족 4,333명을 대상으로 실시한 설문조사에 따르면, 가족의 59.8%가 '극단적 선택을 생각한 적이 있다'고 응답했다. 주요 이유로는 평생 지속해야 할 돌봄 부담(56.3%)과 신체적·정신적 어려움(31.1%) 등이 꼽혔다.

이 대통령의 통합돌봄 구상은 단순히 의료 서비스 제공을 넘어, 지역사회 기반의 지속 가능한 돌봄 체계를 통해 국민 누구나 일상으로 복귀할 수 있도록 하겠다는 포부를 담고 있다. 향후 정부와 지자체, 서비스 기관 간의 유기적 협력 체계 구축이 통합돌봄의 성패를 가를 핵심 과제로 주목받고 있다.

2

아동수당 확대

•

아이 낳고 기르기 좋은 나라로 만든다

더불어민주당은 2025년 3월 13일, 기본사회 실현을 위한 기본사회위원회를 출범시켰다. 이날 이재명 대통령은 박주민 기본사회위원회 수석부위원장이 대독한 서면 축사를 통해 다음과 같은 메시지를 전했다.

"양극화 문제는 경제적 불평등을 넘어 사회, 문화, 교육, 정보 등 많은 분야에서 심화되고 있습니다. 위기를 기회로 삼아 미래에 대한 불안을 줄이고 국민의 기본권을 든든히 하여 안정된 삶을 만들어 가야 합니다."

이재명 대통령은 대선 당시 '기본소득'이라는 표현을 강조하기보다는 무당층 유권자들을 의식해 분배보다 성장에 더욱 방점을 찍었다. 캠프 일각에서는 '조세 상황이 좋지 않아 기본소득을 논할 수 없다'는 언급도 나왔지만, 이 대통령은 현재 만 8세 미만의 아동에게 월 10만 원씩 지급되고 있는 아동수당을 18세 미만까지로 확대하는 '아동수당'을 지급하겠다고 공약했다.

2025년 5월 5일 어린이날에는 개인 소셜미디어 계정을 통해 "아동수당 지급 연령을 18세 미만까지 단계적으로 확대해, 부모의 양육 부담을 줄이겠다"고 말했다. 이어 "가족 돌봄을 책임지고 있는 영케어러(돌봄아동), 수용자 자녀, 경계선지능인 등 소외된 아이들의 실태를 파악해 빈틈없는 지원방안을 모색하겠다"고도 덧붙였다.

출생기본소득은 20대 대선에서도 이 대통령이 주요 공약으로 제시한 바 있다. 당시 이 대통령은 "현재 8세까지 지급되는 아동수당을 8세부터 17세가 끝날 때까지 확대하고 자녀 1인당 월 20만 원씩을 지급하겠다"고 밝혔다. 현재 기존 아동수당은 월 10만 원씩 지급되고 있다.

이와 함께 그는 0세부터 18세까지의 국민에게 매월 10만 원씩을 펀드 계좌로 지급해 1억 원 규모의 '기본자산'을 형성할 수 있는 정책을 제안했다. 해당 정책은 향후 결혼 시 10년 만기 1억 원 기본 대출 보장, 출산 시 자녀 수에 따른 원리금 순차 감면 등의 결혼 및 출산 지원책과 연계해 설계했다.

관련된 입법 절차도 본격화되고 있다. 2024년 6월 더불어민주당은 아동수당 수령 나이를 18세로 확대하고 지급액을 20만 원으로 늘리는 내용을 담은 '출생기본소득 3법'을 발의했다.

우선 입법을 통해 '우리아이 자립펀드'를 도입한다. 아이가 태어나서부터 고등학교를 졸업하는 18세까지 국가가 월 10만 원을 지급하면 보호자도 월 10만 원을 함께 내 펀드를 운영하는 방식이다.

출생기본소득 3법 주요 내용

우리아이 자립펀드	아동수당 수령 연령 조정	아동수당 지급액 조정
• 0~18세까지 매월 국가가 10만 원+보호자가 10만 원 적립 • 학자금, 창업자금, 결혼자금 등 목돈으로만 사용 가능 • 발생하는 이자소득, 배당소득 및 금융투자소득에 소득세 비과세 • 보호자 적립금은 증여세 비과세	아동수당 수령 연령 현행 8세 미만 → 18세 미만으로 확대	아동수당 지급액 월 10만 원 → 20만 원으로 증액

자료: 더불어민주당

적립된 펀드는 가입자가 18세가 되기까지 꺼내 쓸 수 없고 학자금이나 창업자금, 결혼자금과 같이 목돈이 필요한 청년기에 쓰도록 했다. 발생하는 이자소득, 배당소득 및 금융투자소득에 대해서는 소득세를 부과하지 않으며, 보호자적립금에 대해서는 증여세를 부과하지 않는 등 비과세 혜택도 받도록 했다.

아울러 아동수당 수령 연령도 현행 8세 미만에서 18세 미만으로 확대하는 방안도 법안에 담았다. 지급액도 월 10만 원에서 20만 원으로 두 배 증액하도록 했다.

이에 대해 임광현 더불어민주당 의원은 당시 재원 마련 방안에 대한 물음에 "기투입 저출생 예산이 380조 원임에도 불구하고 지금 출산율이 0.7명대로 하락했다"며 "기투입 예산 중 위급하지 않은 부분에 대해 재조정이 필요해 보이고 그 외 실질적으로 부족한 예산은 더 확대해야 할 필요가 있다"고 말했다. 정태호 더불어민주

국회 기획재정위원회와 보건복지위원회 소속 더불어민주당 의원들이 2024년 6월 17일 오전 서울 여의도 국회 소통관에서 출생기본소득 3법 발의 기자회견을 하고 있다. 출처: 연합뉴스

당 의원도 "재정 조달 방안을 준비하고 있고 준비하는 대로 (발표) 할 것"이라고 했다.

3

간병비 건강보험

가족의 돌봄 부담을 줄인다

이재명 대통령은 지난 대선에 이어 이번에도 '간병비 건강보험 적용'에 대해 강한 정책적 의지를 드러냈다. 이 대통령은 5월 8일 어버이날을 맞아 자신의 페이스북에 '어르신 돌봄 정책'을 발표하며 "간병비 부담을 개인이 아닌 사회가 함께 나누겠다. 공공이 부담을 나눠 간병 파산의 걱정을 덜어드리겠다"고 강조했다.

건강보험 재원을 활용해 간병비를 지원하고, 부양가족의 경제적 부담을 줄이겠다는 것이 이 대통령의 구상이다. 이 대통령은 공약집에도 간병비 부담 완화와 간병비를 건강보험에 적용한다는 내용을 포함했다. 그는 제20대 대선 당시, 2023년 서울 구로구 '더세인트 요양병원'에서 열린 현장 간담회에서도 "가족 내 간병 수요가 급증하면서 '간병 파산', '간병 살인'이라는 말까지 나올 정도로 심각한 사회 문제"라고 지적한 바 있다. 이어 "간병비를 전면 급여화하는 것은 재정 부담이 큰 만큼, 우선 요양병원부터 단계적으로 시

이재명 대통령이 21대 대선 후보 시절인 지난 5월 6일 전북 장수군 오옥마을을 찾아 주민 어르신들과 인사를 나눴다.
출처: 연합뉴스

작해 점차 확대해 나가겠다"고 말했다.

또한 그는 "현재는 개인이 간병인을 고용하는 구조라 간병인이 24시간 한 환자만 전담해야 하는 비효율이 있다"며 "제도화가 이루어지면 한 명의 간병인이 여러 환자를 돌볼 수 있어 인력 활용도를 높이고 개인 부담도 크게 줄일 수 있다"고 설명했다.

더불어민주당도 정책 차원에서 간병비 급여화 정책을 뒷받침해 왔다. 당시 이개호 정책위의장은 "간병비는 집계 기준에 따라 다르지만, 월평균 450만 원 이상이 드는 실정"이라며 "고액 연봉자가 아니고서는 한 명조차 제대로 돌보기 어려운 현실"이라고 밝혔다.

이어 "건강보험법과 의료법 개정을 통해 간병비 급여화를 실현하겠다"며 "내년 예산에 우선 80억 원 규모의 10개소 시범사업 예산을 반영하겠다"고 추진 의지를 밝혔다.

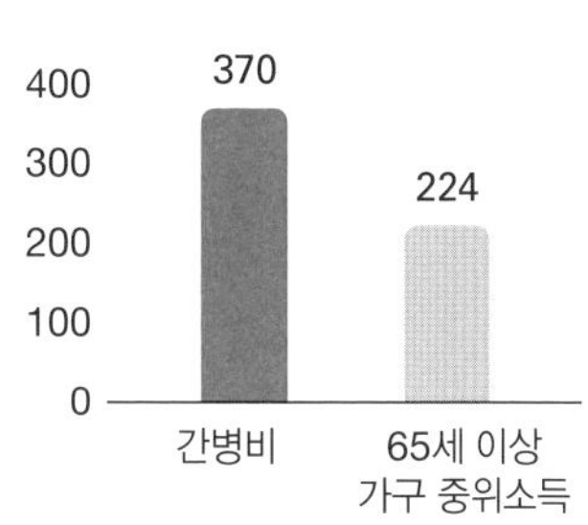

*주: 보건복지부가 발표(23.12.21)한 일평균 간병비(12.2만 원)를 월 기준으로 환산

출처: 한국은행

특히 '노인장기요양보험법' 제26조에는 간병비 지급의 근거가 명시돼 있어, 법 개정 없이도 정부의 정책적 결단만으로 추진할 수 있다는 것이 더불어민주당의 입장이다.

실제 현장에서의 간병비 부담은 상당히 크다. 한국은행이 지난해 발표한 '돌봄서비스 인력난 및 비용 부담 완화 방안' 보고서에 따르면, 요양병원에서 간병인을 고용할 경우 월평균 비용은 약 370만 원에 이른다. 이는 65세 이상 고령 가구의 중위소득(224만 원)의 1.7배 수준이다. 40·50대 자녀 세대의 중위소득(각 588만 원)과 비교해도 60%가 넘는 비중으로, 세대 간 경제적 부담이 누적될 수밖에 없다.

또한 보건의료노조가 2023년에 실시한 설문조사에서도, 간병을 경험한 국민의 96%가 간병비를 '부담스럽다'고 응답했다. 이는 간병비의 건강보험 적용, 즉 급여화에 대해 여야를 막론하고 초당적 공감대가 형성돼 있음을 보여준다. 윤석열 전 대통령 역시 대선 후보 시절, '요양병원 간병비의 건강보험 적용'을 주요 공약으로 내세운 바 있다.

병원비 외 별도 간병비에 대한 부담 수준

n=1,000, 단위: %

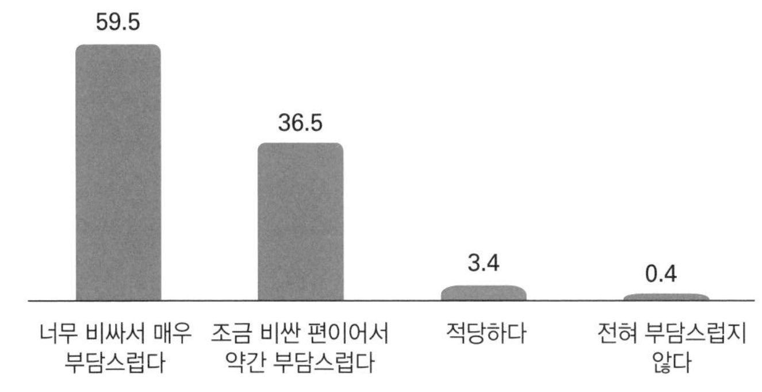

*주: 병원비 외 별도 간병비에 대한 부담 수준으로 '너무 비싸서 부담스럽다'가 59.9%로 가장 높게 나타났다. 다음으로, '조금 비싼 편이어서 약간 부담스럽다(36.5%)', '적당하다(3.4%)', '전혀 부담스럽지 않다(0.6%)' 순으로 나타났다.

출처: 보건의료노조

이 대통령이 과거 간병비 급여화를 발표했을 당시, 여당이었던 국민의힘도 환영 입장을 밝혔다. 당시 유의동 국민의힘 정책위의장은 "윤석열 정부의 국정 과제이자 우리 당의 공약"이라며 "매우 환영할 만한 일"이라고 언급했다. 그러나 해당 정책은 윤석열 정부 임기 내 별다른 진전 없이 사실상 유보된 채 마무리됐다. 오히려 2023년에는 요양병원 간병비 예산이 삭감되기도 했다.

이에 대해 이 대통령은 "급증한 간병비로 많은 국민이 큰 고통을 겪고 있다"며 정책의 실효성 부족을 지적했다. 이어 "'요양 간병 부담 없는 나라'는 제 약속이기도 하지만, 윤석열 대통령이 국민께 한 공약이기도 하다"며 "'말 따로, 행동 따로'의 행보를 반복하지 말고, 국민의 고통을 줄이는 데 정부가 보다 진지하게 임해야 한다"

고 비판했다.

다만 간병비 급여화는 막대한 예산이 수반되는 사안인 만큼, 보건복지부와 국민건강보험공단은 신중한 입장을 보일 수밖에 없다. 복지부는 과거 국민건강보험법 개정안 검토 보고서에서 "의료비 부담 완화의 필요성에는 공감하지만, 실태조사와 시범사업을 통해 타당성과 실행 가능성을 충분히 검토해야 하며, 건강보험 재정 활용에 대한 사회적 합의가 선행돼야 한다"고 밝혔다.

국민건강보험공단 역시 "제도의 도입 취지에는 동의하지만, 재정 부담을 고려할 때 급여 우선순위와 재원 조달 방안에 대한 공감대 형성이 필수적"이라며 "유사 제도와의 중복 여부, 각 제도의 관계 정립도 병행돼야 한다"는 입장을 내놓은 바 있다.

또한, 이 대통령은 간병비 외에 임플란트의 건강보험 적용 확대를 공약으로 내놨다. 치아 임플란트 건강보험 적용 연령을 낮추고, 개수는 늘리겠다는 뜻도 밝혔다. 이 대통령은 지난 대선에선 임플란트에 대한 건강보험 적용 대상과 범위를 '65세 이상 2개'에서 '65세 이상 4개'로 확대하고, 임플란트 2개에 대한 건강보험 적용을 60세 이상까지 단계적으로 낮추겠다고 밝힌 바 있다. 이번엔 구체적인 수치를 공개하진 않았다.

여야를 막론하고 대선 후보들의 주요 공약이었던 간병비 급여화 정책은, 결국 재정 여건과 사회적 논의라는 두 가지 현실의 벽을 마주하고 있다. 고령화 사회로의 진입이 가속화되는 지금, 향후 정책 논의가 본격화될 수 있을지 주목되는 시점이다.

4

공공의대 설립

•

지역의사선발전형으로 지역 의사를 양성한다

이재명 대통령은 2025년 4월 22일 의료 정책 공약을 발표하며 "공공의대를 설립해 공공·필수·지역 의료 인력을 양성하겠다"고 밝혔다. "의료 대란은 모두에게 고통을 남겼다"며 "모든 이해당사자가 참여하는 사회적 합의에서 다시 출발해야 한다"고 말한 그는 "공공의료를 강화하겠다. 지역 간 의료 격차를 줄이고, 지방의료원에 대한 지원을 확대해 공공의료 거점 기관으로 육성하겠다"고도 덧붙였다.

공약의 핵심은 보건복지부 산하 의료 인력 수급 추계위원회 심의 결과에 따라 의대 정원을 결정하고, 그 증가분 일부를 공공의대가 흡수하는 방식이다. 이렇게 양성된 인력은 공공·필수·지역의료 분야 인력으로 활동하게 된다. 공공의대는 국가가 설립하며, 학생에게 교육비 전액을 지원하고 졸업한 뒤에는 일정 기간 지역 공공병원이나 보훈병원, 군 병원 등에서 의무 복무하도록 할 것으로 보인다.

이 정책은 앞서 윤석열 정부가 추진했던 '의대 2,000명 증원' 정책과 차별되며, 이전 정부의 정책에 비해 의료계의 반발이 적을 것으로 보고 있다. 증원으로 인해 민간 의료시장에서 경쟁이 과열되지 않을 것으로 보이기 때문이다.

그동안 의료계는 의대 정원 증가를 '의사 수가 늘더라도 피부과, 안과, 성형외과 등으로 대표되는 비필수 의료 분야로만 몰릴 것'이라는 이유로 반대해 왔다. 이에 따라 공공의료 분야에 특화된 인력을 안정적으로 확보할 수 있도록 제도화하겠다는 취지다.

이 대통령이 발표한 공공의대 정책은 더불어민주당이 2023년 7월 당론으로 발의한 '공공보건의료대학 설립·운영에 관한 법률안'을 기반으로 한다. 이 법안은 다음과 같은 내용을 담고 있다.

- 의사 양성 과정의 모든 비용을 국가가 부담한다.
- 졸업생들은 의사 면허 취득 후 일정 기간 동안 공공의료원, 보훈병원, 군 병원, 보건소 등 공공 부문에서 의무적으로 근무해야 한다.
- 의무 복무 기간은 10년이 유력하다.
- 복무 중인 의사들은 공무원 또는 준공무원 신분을 가질 것으로 예상된다.

공공의대 설립 지역은 아직 결정되지 않았지만, 당내에서는 전북 남원이 적합하다는 의견이 제기되고 있다. 2017년 폐교된 서남대 의대의 정원 49명이 인근 다른 학교로 분산 배치됐는데, 이 정원을 재활용해 공공의대를 설립하자는 방안이다.

공공의대 정원 규모 역시 아직 확정되지 않았다. 의료 인력 수급 추계위가 2027학년도부터 공공의료 분야 의사 부족에 대한 과학적인 추계를 통해 적정 정원을 발표하면 이를 토대로 정원을 결정할 것으로 보인다.

윤석열 정부에 이어 이 대통령도 적극적으로 의대 정원 확대 정책을 제시하였는데, 이 배경에는 고령화로 인해 의료 인력 수요가 급격히 증가할 것으로 보이기 때문이다. 2025년 현재 한국은 지난해 65세 이상 인구 비중이 20% 이상인 초고령사회에 진입했다. 이에 따라 만성질환, 응급의료, 노인성 질환 등의 의료 수요도 급증할 것으로 보인다.

한국보건사회연구원은 2019년까지 의사 1인당 업무량 수준이 유지된다면 2035년에는 전체적으로 최대 2만 5,300명의 의사가 부족할 것으로 추계했고, KDI는 2050년까지 약 2만 2,000명의 의사가 추가로 필요하다고 분석한 바 있다.

특히 신경과, 신경외과, 외과, 흉부외과 등 특정 진료 과목의 수요가 증가할 것으로 예상된다. 민주당 내부에서도 공공의대만으론 필요한 의료 인력을 충족할 수 없을 것이라는 우려가 제기되고 있

의사 인력 수급 추계

구분	전체	내과계	외과계	지원계	일반의	예방의학과
2025년	5,165명	2,059명	1,831명	1,035명	382명	141명
2030년	13,208명	5,467명	4,272명	2,894명	732명	157명
2035년	25,300명	10,757명	7,688명	5,916명	1,112명	174명

출처: 한국보건사회연구원

다. 따라서 당내에서는 공공의대에 더해 보조적 수단으로 '지역의사제'도 함께 추진해야 한다는 목소리도 나오고 있다. 지역의사제란 지역 의대 모집 정원의 일부를 별도 전형으로 뽑고 이들에게는 교육비를 지원하는 대신, 졸업 후 일정 기간 해당 지역 내에서 의료 활동을 하도록 하는 제도다.

다만, 과거 문재인 정부에서도 유사한 정책이 추진됐으나 의료계의 거센 반발로 무산된 적이 있어, 의료계를 설득할 수 있는 보다 세심한 정책이 필요하다는 지적도 나온다. 2020년 코로나19 유행으로 공공분야 의사가 크게 부족해지자 문 전 대통령은 연간 400명 규모 의대 증원과 함께 공공의대 정책을 추진한 바 있다. 당시 의료계는 '의사들이 필수 의료 분야나 지역에서 근무할 유인은 늘리지 않고, 의무 복무할 인력만 공공의대를 통해 배출하면 의료 불균형 문제를 근본적으로 해결할 수 없다'며 반대했다. 공공의대가 설립되면 '추천 입학'이 가능해져 의사 선발 과정의 공정성이 떨어질 수 있다는 시민단체의 반발도 거셌다.

5

상병수당 확대

아파서 쉬어도 일정 소득을 보장한다

이재명 대통령은 2025년 5월 22일, 개인 SNS를 통해 "'아프면 쉴 권리'인 상병수당 시범사업을 단계적으로 확대해 모두에게 더 두터운 사회적 안전망을 제공하겠다"고 밝혔다. 상병수당은 근로자가 업무와 무관한 부상이나 질병으로 경제활동을 이어가기 어려울 때, 치료에 전념할 수 있도록 소득을 보전해 주는 제도다.

이 대통령은 20대 대선에서도 상병수당 도입을 공약한 바 있다. 당시 그는 "아파도 서럽지 않도록, 마음 편히 쉴 권리를 보장하겠다"며 "모든 경제활동인구를 대상으로 보편적 상병수당을 도입하겠다"고 약속했다.

또한 그는 "건강보험법상 상병수당 지급의 법적 근거는 이미 마련돼 있으며, 코로나19 시기 약 50만 명이 상병수당과 유사한 성격의 자가격리자 지원금을 받으며 제도의 효과를 체감했다"고 설명했다. 이어 "정부가 내년(2021년)부터 시범사업을 실시하는데, 그 결

아픈 근로자도 소득 걱정 없이 쉬세요
상병수당 시범사업이 함께합니다

상병수당이란?
취업자가 업무와 관련 없는 질병 또는 부상으로 일을 하지 못할 때
치료에 집중할 수 있도록 소득을 지원하는 제도입니다.

어떤 지원을 받게 되나요?
질병 또는 부상으로 인해 일을 하지 못한 기간 동안 하루에 47,560원을 지급합니다.
※ 공단의 심사에 따라 기간이 결정되며, 대기기간 및 회사로부터 보수를 받은 날 등은 제외됩니다.

법적 근거는 무엇인가요?
「국민건강보험법」 제50조에 부가급여로 상병수당이 명시되어 있습니다.
"국민건강보험공단은 이 법에서 정한 요양급여 외에 대통령령으로 정하는 바에 따라
임신·출산 진료비, 장제비, 상병수당, 그 밖의 급여를 실시할 수 있다."

국민건강보험공단에서 배포한 상병수당 시범사업 안내 이미지 출처: 국민건강보험공단

과를 토대로 조기에 본격 시행하겠다"고 덧붙였다.

과거 윤석열 정부는 2022년 7월 4일부터 서울 종로구 등 10개 지역을 대상으로 상병수당 시범사업을 시작했다. 2024년 7월 기준, 이 사업은 14개 지역으로 확대되어 운영되고 있다. 보건복지부에 따르면, 2022년 7월부터 약 2년간 총 1만 3,105건의 상병수당이 지급됐으며, 1인당 평균 18.7일간, 86만 2,574원이 지급된 것으로 나타났다.

이재명 대통령은 상병수당 제도의 적용 지역을 더욱 확대할 것으로 보인다. 상병수당 대상자 기준을 완화할 가능성도 점쳐진다. 현재 정부는 시범사업 3단계를 진행 중이며, 앞선 1·2단계 운영 과

한국형 상병수당 시범사업 운영안

구분	1단계(2022년 하반기~)			2단계			3단계(2024년 7월~)
				2023년 7월 ~2024년 9월		2024년 10월~	
지역	부천, 포항	종로, 천안	순천, 창원	안양, 달서	용인, 익산	안양, 달서, 용인, 익산	충주, 홍성, 전주, 원주
소득 기준	소득무관(보편형)			소득 하위 50%(선별형)			
유형	근로활동 불가	근로활동 불가	의료이용 일수	근로활동 불가	의료이용 일수	근로활동 불가	근로활동 불가
대기 기간	7일	14일	3일	7일	3일	7일	7일
보장 기간	120일	150일	120일	120일	90일	150일	150일

출처: 보건복지부

정에서 현장 의견과 건의 사항을 반영해 제도를 일부 개선한바 있다. 대표적인 보완 내용으로는 '취업자 기준 완화', '재산 기준 폐지', '최대 보장일수 확대' 등이 있다. 모두 상병수당의 문턱을 낮추는 조치들이다.

특히 더불어민주당은 윤석열 정부의 상병수당 추진 속도가 지나치게 더디다고 비판해 왔으며, 이 때문에 이재명 정부는 확대 정책에 더 속도를 낼 가능성이 크다. 서영석 더불어민주당 의원은 2024년 10월, 보건복지부가 상병수당 제도를 축소·왜곡하려 한다고 강하게 지적했다.

서 의원은 "보건복지부의 2023년 시범사업 집행 내역을 분석한 결과, 정부는 4차 시범사업에서 적용 지역 수를 늘리는 대신 1차 시범사업 지역을 제외했고, 기존 예산의 75.3%를 삭감해 약 36억 원만을 배정했다"고 밝혔다. 또한 "정률제인 상병수당의 효과를 의도적으로 축소하고, 정부가 선호하는 정액제 모델로 되돌리려 한 것"이라고 비판했다.

그는 이어 "정부는 2025년도 예산안에서 예산을 4분의 1 수준으로 대폭 삭감했고, 4차 시범사업 모델에서는 상병수당 일당 지급액 상한선을 6만 7,200원으로 설정했다"며, "이는 최저임금의 약 60%를 기준으로 한 기존 정액 모델에서 최저임금의 80% 수준으로 약간 높인 것에 불과하다"고 덧붙였다.

더불어민주당은 이미 관련 입법 절차도 진행 중이다. 이수진 더불어민주당 의원은 2023년 7월 '아프면 쉴 권리 보장 3법'(국민건강보험법 개정안·근로기준법 개정안·산업재해보상보험법 개정안)을 발의했다. 이 중 국민건강보험법 개정안은 건강보험 가입자나 피부양자가 질병이나 부상으로 인해 소득 손실이 있을 경우, 상병 급여를 지급하고 그 지급액을 최저임금 이상으로 보장하도록 명시했다.

산업재해보상보험법 개정안은 업무상 재해 인정 및 산재 요양급여 결정 이전에도, 국민건강보험법상 상병급여를 우선 지급받을 수 있도록 하는 내용을 담고 있다.

이 의원은 "많은 나라들이 상병수당과 유급병가 등 공적 제도를 통해 아프면 쉴 권리를 보장하고 있다"며, "우리나라는 OECD 회원국 가운데 상병수당과 유급병가 제도를 모두 갖추지 못한 유일한 나라"라고 지적했다. 그러면서 세 법안의 조속한 입법을 추진하겠다고 밝혔다.

6

국민연금

국고 투입으로 재정을 안정화한다

2025년 3월, 22대 국회는 18년 만에 국민연금 개혁안을 통과시켰다. 보험료율은 9%에서 13%로, 소득대체율은 40%에서 43%로 인상됐다. 보험료율을 올린 것은 27년 만의 일이다.

보험료율과 소득대체율을 조정하는, 이른바 '모수 개혁' 이후 국회에는 연금개혁특별위원회(연금특위)가 만들어졌다. 국민의힘과 더불어민주당 모두 '구조개혁'이 필요하다는 여야 공감대가 형성되었기 때문이다.

각 정당이 우선적으로 논의하고자 하는 안건은 다르지만 자동조정장치 도입, 국민연금기금 재정투입, 기초연금 수급 범위·수준 조정, 퇴직연금 기금화·의무화, 개인연금 세제혜택 확대 등이 잠재적인 의제로 꼽힌다.

이재명 대표가 가장 먼저 손대겠다고 선언한 것은 기초연금이다. 그는 5월 8일 개인 SNS를 통해 '어르신 정책'을 발표하면서 "기

우원식 국회의장, 국민의힘 권성동 원내대표(왼쪽), 더불어민주당 박찬대 원내대표(오른쪽)가 2025년 3월 20일 서울 여의도 국회의장실에서 국민연금 개혁안에 합의했다. 출처: 연합뉴스

초연금 부부 감액을 단계적으로 줄여 어르신 부부가 좀 더 여유롭게 지내시도록 돕겠다"고 밝혔다. 지금은 부부가 모두 65살 이상이라 기초연금을 수급하는 경우, 남편과 부인 각각의 기초연금액이 20% 줄어든다. 또한 "일하는 어르신의 국민연금 감액도 개선하겠다"고 공약했다.

국민연금 크레디트 확대를 통해 청년층의 연금 가입 기간을 늘리겠다는 공약도 내세웠다. 이 후보는 5월 6일 개인 SNS를 통해 "청년의 국민연금 생애 첫 보험료는 국가가 지원하고, 군복무 크레디트는 복무 기간 전체로 확대하겠다"고 말했다. 지난 3월 모수 개혁안 처리 당시 군 복무 크레디트 기간은 6개월에서 12개월로 늘었는데, 이를 당초 더불어민주당이 추진한 대로 전체 군복무 기간으로 늘릴 것으로 보인다.

이 때문에 국민연금에 국고가 더 빠르게 투입될 가능성도 제기된다. 더불어민주당은 국민연금의 재정 안정성을 위해 국고를 조속히 투입해야 한다고 주장한다. 2025년 4월 8일에 열린 연금특위 첫 회의에서는 여러 더불어민주당 의원들이 국고 투입을 주장했다.

국회 보건복지위원회 간사이자 특위 위원인 강선우 의원은 "현재 국민연금기금에 투입되는 정부 재정지원 규모는 공단 운영비 명목의 110억 정도가 전부"라며 "국민연금 재정안정과 국민 노후 보장을 위해서는 국고 투입이 반드시 필요하다"고 주장했다. 특위 간사인 오기형 의원도 "국민연금에 대한 국고 투입 논의를 구체적으로 해야 될 때가 됐다고 본다"고 말했다.

더불어민주당 내 3040 의원들도 역시 이에 앞서 국고를 투입해 연금 고갈을 막아야 한다는 의견을 내놨는데, 더불어민주당의 이소영, 장철민, 전용기 의원은 2025년 4월 1일 국회의원회관에서 '연금개혁 긴급토론회'를 열고 위와 같은 주장을 했다. 특히 장철민 의원은 "연 10조 원 이하 정도로 재정 투입을 하면서 대한민국의 미래를 지킬 수 있다면 할 수 있을 정도가 아닌가 생각한다"면서 "(재정 투입 규모는) GDP 1%(약 22조 원)로 해볼 수도 있고, 10조 원 정도로 해볼 수도 있고 다양한 시뮬레이션이 가능하다"고 덧붙였다.

일부 전문가들도 국민연금 재정안정성을 위해서는 국고 투입밖에 해결책이 없다고 주장한다. 김우창 카이스트 교수는 한 언론사와의 인터뷰에서 "어떻게 계산해 봐도 암묵적 부채(국민연금이 지급하기로 약속한 돈에서 국민연금이 적립된 기금을 뺀 액수)를 해결할 방법은 정부 재정뿐"이라며 "매년 GDP의 1% 규모의 재정을 연금에 투입해야 한다. 재정 투입은 더 이상 옵션(선택)이 아니다"라고 말했다.

'국민연금 사각지대 해소'도 주요 공약으로 제시한 만큼 자영업자나 특수고용직, 프리랜서 중 국민연금 '사각지대'에 있는 이들을 제도 안으로 끌어올 수 있는 지원책도 추진될 것으로 보인다.

오기형 의원은 연금특위 첫 회의에서 "다양한 크레딧 제도를 함께 논의할 필요가 있다"고 말했으며 강선우 의원도 "국민연금의 경계선 안으로 가입자 간의 형평성을 제고하고 밖으로는 사각지대에 놓인 국민을 제도 안으로 포섭하는 노력이 있어야 한다"고 주장했다.

반면, 이 대통령이 임기 동안 국민연금에 대해서는 의미 있는 정책을 내놓지 않을 가능성도 있다는 전망도 나온다. 이번 3차 연금개혁으로 국민연금 기금소진 시점을 2056년에서 2064년으로 8년 늦추며 정치적 부담을 줄였다고 볼 수 있기 때문이다. 특히 모수개혁에서 소득대체율 40%에서 43%로 올린 데 대해 청년층의 반응이 부정적이기 때문에 가급적 국민연금에 대한 언급을 자제할 수 있다는 분석도 나온다.

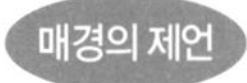

복지 확충이 필요하지만 나라 곳간 사정도 감안하자

이재명 대통령은 대대적인 복지 확대를 핵심 공약으로 내세우며 당선됐다. 그가 지향하는 복지국가의 모습은 '기본사회'로, 국가가 촘촘하고 두터운 사회안전망을 깔아주는 구조다. 이 대통령은 2025년 발표한 기본사회 구상에서 "주거, 의료, 돌봄, 교육, 공공서비스 등 삶의 모든 영역에서 헌법이 보장한 국민의 권리를 최대한 실현하고, 국가와 사회가 함께 책임지는 '기본사회'를 열겠다"고 밝혔다.

하지만 아동수당 확대, 간병비 급여화, 농어민 기본소득, 기초연금 감액 폐지, 국민연금 감액 폐지 등 주요 복지 공약을 실현하려면 천문학적인 재정 투입이 불가피하다. 즉, 재원 마련 없이는 공약 실현이 어렵다는 이야기다.

이 가운데 가장 많은 국고 지원이 필요한 정책은 '요양병원 간병비 급여화'다. 현재는 요양병원에 부모 등을 모시는 경우, 간병비 전액을 자녀 등 보호자가 부담해야 한다. 하루 12만~15만 원, 한 달이면 약 400만 원이 소요된다.

국회입법조사처에 따르면 2025년 환자와 보호자가 사적으로 지출할 간병비 규모는 10조 원을 넘길 것으로 전망된다. 민간이 지나치게 큰 부담을 지고 있는 만큼, 일부라도 정부 지원이 필요하다는 목소리가 높아지고 있다. 특히 인건비 상승으로 간병비 부담은 앞으로도 계속 늘어날 것으로 보인다.

문제는 결국 재원이다. 간병비를 건강보험 재정으로 전액 지원할 경우, 최소 10조 원이 필요하다. 보건복지부는 이보다 더 많은 15조 원이 들 것으로 추산하고 있다.

하지만 건강보험 재정은 갈수록 악화되고 있다. 건강보험료 수입에서 보험급여 지출을 단순히 뺀 '건강보험 수지'는 2020년에는 적자를 기록했지만, 2021년부터 2024년까지 3년 연속 흑자를 이어갔다.

건강보험 보험료 수지 및 정부 재정지원, 재정수지

단위: 억 원

연도	보험료수지	재정지원	재정수지 (재정지원 제외)
2020	-3,531	92,283	-95,814
2021	28,229	95,270	-67,041
2022	36,291	104,992	-68,701
2023	41,276	109,702	-68,426
2024	17,244	121,658	-104,414
2025		126,093	

출처: 국회예산정책처

그러나 이 흑자는 겉으로 드러나는 것만큼 견고한 것이 아니다. 정부의 국고 지원 덕분에 간신히 흑자 기조를 유지한 것이다.

실제로 국회예산정책처에 따르면, 정부는 매년 건강보험 재정의 안정을 위해 약 10조 원 안팎의 예산을 투입하고 있다. 연도별로 보면 2020년 9조 2,000억 원, 2021년 9조 5,000억 원, 2022년 10조 5,000억 원, 2023년 10조 9,700억 원, 2024년 12조 1,700억 원, 그리고 2025년에는 12조 6,000억 원에 달할 전망이다.

이처럼 정부의 지원이 빠지면 상황은 정반대가 된다. 예를 들어 2024년의 경우, 표면상 건강보험 수지는 1조 7,200억 원 흑자지만, 국고 지원을 제외하면 실제로는 10조 4,400억 원 적자에 해당한다.

현재 0~7세 아동에게 월 10만 원씩 지급되는 아동수당을 0~17세까지 확대하겠다는 복지 공약을 실현하려면, 수조 원 규모의 추가 재정이 필요하다. 2025년 기준, 0~7세에게 지급되는 아동수당 예산은 약 2조 원이다. 이를 17세까지 확대할 경우, 연간 약 5조 6,000억 원의 재원이 더 들어간다. 5년간 누적하면 28조 원에 달하는 수준이다.

기초연금 관련 공약도 마찬가지다. 국회예산정책처에 따르면, 현재 부부가 동시에 기초연금을 수령할 경우 20%를 감액하는 제도를 폐지하려면 연간 약 3조 원의 재정이 추가로 소요될 것으로 보인다.

이재명 대통령 복지공약 및 필요재원

공약	현재	추가 재정 소요
아동수당 확대 (0~7세→0~17세)	1조 9,588억 원 (0~7세 아동 1명당 월 10만 원)	연 5.6조 원 (5년간 28조 원)
국민연금 군복무 크레딧 확대 (6개월→실제 복무 기간)	현재 예산지원 없음	연 3,000~8,000억 원
농어민 기본소득 (18세 이상 농어민 260만 명)	현재 예산지원 없음	연 5조 원 안밖 (5년간 약 25~30조 원)
부부가 기초연금 수령시 20% 감액 폐지	제도없음	연 3조 원 (5년간 15조 원)
일하는 고령층 국민연금 감액폐지	제도없음	연 4,600억 원 (5년간 2.3조 원)
요양병원 간병비 건보적용 (급여화)		연 15조 원

출처: 국회예산정책, 언론보도 종합

복지 확대는 분명 국민의 삶의 질을 높이는 데 필요하지만, 국가 재정 여건을 무시할 수는 없다. 한 번 도입된 복지 제도는 되돌리기 어렵다는 점에서, 대규모 예산이 수반되는 복지 정책은 보다 신중하게 접근할 필요가 있다. 재정 여력을 고려하지 않은 무리한 복지 확대는 결국 국가 부채 증가로 이어지고, 국고채 발행이 늘어나면서 이자 상환 부담도 함께 커진다. 이로 인해 정부가 꼭 필요한 분야에 투입해야 할 예산을 줄이거나 포기해야 하는 상황이 올 수 있다.

2025년 5월, 국제신용평가사 무디스가 미국의 국가신용등급을 하향 조정한 배경에도 이런 재정 문제들이 있다. 만성적인 재정 적자와 천문학적인 국가 부채가 원인이었다. 미국 역시 세수 부족으로 국채를 발행해 재정을 보전하고 있지만, 이자 상환만으로도 2025년 회계연도 기준 연방 예산의 16%인 6,840억 달러가 소요되고 있다.

우리나라의 국가재정 상황도 절대 녹록지 않다. 2016년부터 2025년까지 관리재정수지 누적 적자는 이미 700조 원을 넘어섰다. 부족한 예산을 메우기 위해

국가채무 규모 및 GDP 대비 비율 전망

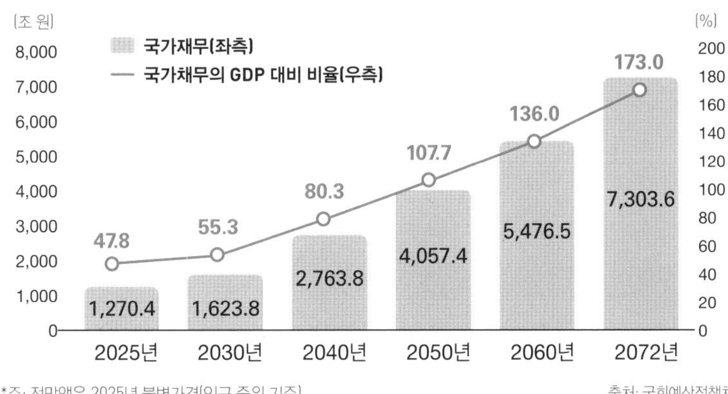

*주: 전망액은 2025년 불변가격(인구 중위 기준)

출처: 국회예산정책처

국고채 발행을 늘려 재정을 충당하고 있다. 그 결과 국가채무비율은 계속해서 상승하고 있다. 현재는 GDP 대비 약 50% 수준이지만, 국회예산정책처에 따르면 2072년에는 이 비율이 173%까지 치솟을 것으로 전망된다.

PART 6

산업 혁신 정책: 위기에 강한 선도형 산업구조 구축

1

국민펀드

K-엔비디아 같은 미래기업 육성한다

이재명 대통령은 국민참여형 펀드를 조성해 '한국판(K) 엔비디아'를 육성하겠다는 청사진을 제시했다. 그는 2025년 3월 한 대담에서 "앞으로 도래할 인공지능 사회에 엄청난 생산성 중 일부를 공공영역이 갖고 있으면서 국민 모두가 그것을 나누는 시대도 가능하다"고 밝혔다. 그는 "엔비디아 같은 회사가 생겼다면 민간이 지분을 70% 갖고 30%는 국민 모두가 갖도록 나누면 굳이 세금에 의존하지 않아도 된다"며 'K-엔비디아' 아이디어를 내놨다.

더불어민주당과 이 대통령은 국민참여형 펀드를 최소 50조 원 규모로 조성하겠다고 밝혔다. 국내 첨단 전략산업의 글로벌 경쟁력을 강화하기 위해 대규모 펀드를 활용한다는 것이다. 펀드는 국민, 기업, 정부, 연기금 등 모든 경제주체를 대상으로 한다. 펀드가 조성되면 그 자금은 국내 첨단 전략산업 기업이 발행하는 주식, 채권 등에 집중 투자된다.

이재명 대통령(오른쪽)이 2025년 3월 20일 서울 강남구에서 열린 현장 간담회에서 이재용 삼성전자 회장을 만나 악수하고 있다. 출처: 연합뉴스

국민이 투자해 첨단 기업을 키우고, 해당 기업의 성장 이익을 분배받도록 하자는 게 국민참여형 펀드의 취지다. 특히 일반 국민이 투자하는 금액에 대해서는 소득공제, 비과세 같은 세제 혜택을 제공하고, 정부 정책금융과 연기금은 중·후순위로 출자해 리스크를 분담하도록 설계한다.

이 대통령은 대만 TSMC의 초기 정부 투자 지분이 48%였다는 점을 예시로 들어 정부가 대규모 자금을 조성해 적극적으로 첨단산업을 육성해야 한다고 강조했다. 그는 2025년 3월 최고위원회의에서 "미래첨단산업 분야는 과거와 달리 엄청난 대규모 투자가 필요하다"고 거듭 주장했다.

이 대통령이 생각하는 집중 투자가 필요한 대표적인 첨단산업 분야는 무엇일까? 이 대통령은 3월 삼성전자를 방문해 이재용 회

이재명 대통령(가운데)이 2025년 2월 3일 국회에서 '행복하고 정의로운 대한민국, 반도체특별법 노동시간법 적용제외 어떻게?'란 주제로 열린 정책 토론회에서 발언하고 있다. 출처: 매일경제

장을 만난 데 이어 대선 후보로 확정된 직후에는 SK하이닉스를 찾았다. 반도체 업계 현장 행보를 통해 첨단산업에 지원하겠다는 의지를 드러낸 것이다.

이 대통령은 더불어민주당 대선 후보로 선출된 후 발표한 첫 번째 공약으로 반도체 산업 지원계획을 내세웠다. 국민펀드 조성뿐만 아니라 다양한 지원책으로 반도체 산업을 육성하겠다는 계획이다.

우선 국회에 계류 중인 반도체특별법을 제정하고 세제 혜택을 제공하겠다고 밝혔다. 현재 반도체특별법은 '화이트이그젬션'(전문직 근로시간 규율 적용 제외) 조항을 두고 더불어민주당과 국민의힘이 대립하며 통과되지 못하고 있는 상황이다. 더불어민주당은 화이트이그젬션 조항을 반도체특별법에 넣을 수 없다는 입장이지만 국민의힘은 해당 조항이 특별법에 반드시 들어가야 한다는 의견이다. 더불어민주당은 해당 조항을 제외하고 의견이 모아진 내용만으로라도 특별법을 우선 통과시켜야 한다고 주장하고 있다.

반도체특별법은 반도체 기업들에게 직접 보조금을 지급하는 근거를 규정하고 5년 단위로 반도체산업 경쟁력 강화를 위한 기본계획을 수립하도록 했다. 또한 대통령 직속 '반도체경쟁력강화특별위원회'를 설치하고 국가가 반도체산업에 세제지원을 할 수 있도록 했다.

이 대통령은 이밖에 국내에서 생산·판매되는 반도체에 최대 10%의 생산세액 공제를 적용하고 반도체 기업의 국내 유턴을 지원하겠다고 발표했다. 삼성전자, SK하이닉스 등 반도체 기업들이 지난 바이든 미국 행정부의 보조금 지원책에 미국 공장 설립을 추진했던 만큼 국내에도 공장을 세울 수 있는 유인을 마련하겠다는 의미다.

궁극적으로 경기도에 반도체 메가 클러스터를 구축하겠다는 목표다. 이 대통령은 2025년 4월 "성남, 수원, 용인, 화성, 평택, 안성에 조성되는 반도체 메가 클러스터는 연구개발부터 설계, 테스트, 생산까지 아우르는 완결형 생태계가 될 것"이라며 "이에 필요한 투자 인센티브를 제공하고 전력, 용수 공급 등 지원을 강화해 조속히 완성하겠다"고 약속했다.

현재 구축되고 있는 대표적인 대규모 반도체 산업단지는 용인 반도체 클러스터다. 지난 정부가 이미 한차례 용인 반도체 클러스터 구축을 위한 지원책을 꺼내든 만큼 이 대통령은 어떤 추가 지원책을 내놓을지도 관심이다.

지난 정부는 용인·평택 반도체 클러스터 송전선로 지중화 비용 분담에 1조 원 이상을 투입한다고 밝혔다. 원래 기업이 1조 8,000억 원을 내야 하지만 이 중 70%인 1조 2,600억 원을 국고에서 지원하기로 한 것이다. 100조 원 이상 대규모 투자가 이뤄지는 국가첨단전략산업 특화단지에 대한 전력, 용수 등 인프라 국비 지원 한도도 기존 최대 500억 원에서 1,000억 원으로 2배 상향하기로 했다. 첨단 특화단지 인프라 구축 비용에 대한 국비 지원 한도도 규모와 지역에 따라 15~30%였던 것을 30~50%까지 대폭 확대하기로 했다. 전임 정부에서 이 같은 재정 지원책을 대폭 발표한 만큼 현 정부가 어떤 구체적인 투자 인센티브를 제공할지도 주목된다.

이 대통령은 반도체 업계에게 절실한 전력망 확충 문제도 꺼내들었다. 실제로 현재 전력망 포화로 인해 동해안에서 생산되는 전력이 수도권에 충분하게 공급되지 못하고 있는 상황이다. 수도권에서는 반도체 공장 등이 집중되면서 전력난을 겪고 있지만 제주와 호남 지역에서는 전력이 과잉 생산돼 출력 제어가 빈발하고 있다. 전력이 과잉 생산되는 지역에서 수도권에 전력을 공급하려고 해도 송배전망이 부족한 실태다. 송배전망 구축도 지방자치단체(지자체) 주민들의 반발에 부딪혀 제대로 진행되지 않고 있다. 향후 용인 반도체 클러스터 등이 구축되면 아주 많은 양의 전력 공급이 필요한 만큼 전력 문제를 현실적으로 어떻게 풀어갈지도 관건이다.

이 대통령은 2030년까지 서해안 에너지 고속도로를 완공해 반도체 기업들이 RE100을 달성하도록 지원하겠다고 했다.

이밖에 시스템반도체와 파운드리 경쟁력 제고를 위해 반도체 인재 양성 육성책을 펼치겠다고 강조했다. R&D 지원 및 반도체 대학원 등 고급인력 양성 인프라를 조기에 구축하겠다는 계획이다.

이 대통령은 "반도체의 전설로 꼽히는 앤디 그로브 전 인텔 최고경영자는 '위기가 닥쳤을 때 나쁜 기업은 망하고 좋은 기업은 살아남지만, 위대한 기업은 더욱 발전한다'고 했다"며 "반도체 경쟁력을 확대하려면 국가 차원의 투자가 필수"라고 강조했다.

2

AI 분야 100조 투자

대한민국을 디지털 강국으로 만들다

이재명 대통령은 미래 첨단산업 중에서도 특히 AI 분야와 관련해 다수의 지원책을 발표했다. 이 대통령이 대선 출마를 선언한 뒤 처음 찾은 곳도 AI 반도체 설계 스타트업인 퓨리오사였다.

퓨리오사는 페이스북의 모회사인 메타로부터 인수 제안을 받을 만큼 기술력을 인정받은 국내 AI 기업이다. 이 대통령은 퓨리오사 방문 당시 "국민들이 한국이 AI 분야에서 계속 뒤처지고 있다는 걱정을 많이 하고 있는데 퓨리오사가 그렇지 않다는 새로운 희망을 보여주고 있다"며 "국가 공동체가 어떤 역할을 통해 AI 사회에 대비해 나갈지 살펴봐야 한다"고 말했다.

실제로 한국의 AI 투자 규모는 다른 주요국 대비 뒤처져있는 상황이다. 전임 정부는 2027년까지 약 3조 원 규모의 AI 스타트업 투자 펀드를 조성하겠다고 발표한 바 있다. 반면, 프랑스는 AI 분야에 약 163조 원, 중국은행도 향후 5년간 AI 산업계에 약 200조 원

이재명 대통령이 대선 예비 후보 시절인 2025년 4월 14일 서울 강남구 퓨리오사 본사에서 백준호 대표 등 회사 임직원들과 간담회를 하고 있다.
출처: 연합뉴스

의 자금 지원을 제공하기로 했다. 미국은 AI에 약 725조 원을 투자하는 스타게이트 프로젝트를 추진하고 있다. 세계 주요국이 100조 원을 훌쩍 뛰어넘는 규모의 AI 투자를 단행하고 있지만 한국의 투자 규모는 그 10분의 1에도 미치지 못하는 수준이다.

한국의 AI 기술 성숙도가 상위 5개국에도 들지 못한다는 분석도 있다. BCG가 73개국을 대상으로 평가한 〈AI 성숙도 매트릭스〉 보고서에 따르면, 한국은 AI 성숙도 측면에서 2군으로 분류됐다. 보고서에 캐나다, 중국, 싱가포르, 영국, 미국이 AI 선도국가로 분류된 것과 대비된다. 한국은 다음 단계인 AI 안정적 경쟁 국가에 호주, 핀란드, 프랑스, 독일, 일본 등과 같이 이름을 올렸다. 이 같은 상황에서 AI 투자도 주요국 대비 미진하다면 한국이 뒤처질 수밖에 없다는 게 전문가들의 진단이다.

전문가들은 획기적인 규모의 AI 투자가 필요하다고 조언한다. 미국, 중국 등이 국가적 차원에서 AI 산업을 적극 육성하는 만큼 한국도 여기에 대응해야 한다는 것이다. 산업연구원은 〈미·중 AI 경쟁에 따른 중국의 AI 혁신전략과 우리 산업의 대응〉 보고서를 통해 한국이 AI 생태계 구축을 위한 투자에 적극적으로 나서야 한다고 제언했다. 민간 자본이 대규모로 유입될 수 있는 플랫폼을 만들고 정부와 민간이 공동으로 AI 빅펀드를 조성해야 한다는 얘기다.

이재명 정부는 AI 투자 100조 원 시대를 열고 AI 세계 3대 강국으로 발돋움하겠다는 비전을 제시했다. 이 대통령은 2025년 4월 소셜미디어를 통해 "AI는 세계 경제의 판도를 바꿀 게임 체인저"라며 "정부가 민간 투자의 마중물이 돼 선진국을 넘는 수준까지 AI 관련 예산을 증액하고자 한다"고 밝혔다.

이재명 정부는 우선 대통령 직속 기구인 '국가인공지능위원회'를 내실 있게 강화한다는 방침이다. 국가인공지능위원회를 AI 중심 기구로 재편해 기술자, 연구자, 투자기업과 정부의 협력을 대통령이 직접 살피도록 하겠다는 의도다.

과학기술계에서도 AI 정책을 주도할 거버넌스 체계가 필요하다고 주장하고 있다. 바른 과학기술사회 실현을 위한 국민연합은 AI 전환과 규제 혁파를 주도할 디지털혁신부를 신설해 장관에게 국가의 AI 정책을 주도할 권한을 줘야 한다고 제언했다.

이 대통령은 국가 AI 데이터 집적 클러스터를 조성하겠다는 계획도 밝혔다. 그래픽처리장치GPU를 최소 5만 개 확보하고 AI 전용

신경망처리장치NPU 개발과 실증을 적극 지원할 예정이다. GPU 확보의 경우 윤석열 정부에서 제시했던 목표치보다 규모를 훨씬 끌어올렸다. 전임 정부는 AI R&D 지원을 위해 이르면 2026년까지 GPU 3만 개를 확보하겠다고 발표했다. 이 역시 애초 2030년까지였던 목표를 앞당긴 것이지만 이 대통령은 더 공격적인 목표치를 제시한 것이다.

이 대통령은 또 글로벌 AI 이니셔티브를 주도해 AI 관련 국제 협력을 강화하겠다고 발표했다. 글로벌 AI 공동투자기금을 조성해 협력국 간 공용 기술을 개발하겠다는 목표다.

반도체와 마찬가지로 AI 분야 인재 양성에도 힘쓰겠다고 강조했다. 이를 위해 우선 AI를 위한 과학·기술·공학·수학STEM 교육을 강화하고, 지역별 거점대학에는 AI 단과대학 설립을 추진한다. AI 분야 우수 인재의 병역특례를 확대하는 한편 해외 인재를 과감히 유치한다는 방침이다. 제조업, 방위산업 등 다양한 산업과 연계된 AI 융복합 인재 육성에도 나선다.

이 대통령은 AI 규제 합리화와 '모두의 AI' 프로젝트도 중요한 과제로 내세웠다. 이 대통령은 "우리 기업이 기술을 개발하고 제대로 투자받기도 전에 불합리한 AI 규제로 위축된 바는 없는지 상세히 점검해야 한다"며 "기업이 불필요한 규제에 시달리지 않고 온전히 기술 개발에 몰두할 수 있도록 AI 관련 규제를 합리화하겠다"고 강조했다. 특허법, 출입국관리법 등 규제 특례가 적용될 AI 특구도 확대해 가겠다는 계획이다.

2025년 3월, 당대표 시절 이재명 대통령이 《사피엔스》의 저자인 유발 하라리 전 히브리대 역사학과 교수와 AI를 주제로 대담하고 있는 모습. 출처: 연합뉴스

'모두의 AI' 프로젝트는 국민 모두가 선진국 수준의 AI를 무료로 활용할 수 있도록 하는 프로젝트다. '한국형 챗GPT'를 전 국민에게 보급해 데이터를 쌓자는 취지다. 쌓인 데이터가 결국에는 생산성 혁신과 신산업 창출로 이어질 수 있다는 게 이 대통령의 생각이다.

모두의 AI 프로젝트는 전 국민이 AI를 활용할 수 있도록 기본권을 보장해 주자는 아이디어를 담았다. 이 대통령은 2025년 3월 유발 하라리 전 히브리대 역사학과 교수와의 대담 이후 기자들의 질의응답에서 "AI에 접근하지 못해 소외된 사람들이 많지 않을까"라며 "국가 차원에서 국어, 문자를 가르치고 초보적인 산수를 가르치는 것처럼 AI 사용법도 가르쳐야 한다"고 말했다.

3

지역별 제조업 특화

•

영호남 지역을 첨단 제조업의 중심지로 만든다

이재명 대통령은 영호남 지역의 제조업을 고도화하고, 이와 함께 지역별로 특화된 산업단지를 조성하겠다는 계획을 발표했다. 지역의 산업 특성과 자원을 기반으로 자생적으로 성장할 수 있도록 하여 지방 균형 발전을 실현하겠다는 구상이다.

우선 영남 지역에는 이차전지 산업벨트와 미래형 자동차 부품 클러스터를 구축하겠다고 했다. 대구, 구미, 포항을 글로벌 이차전지 공급망의 핵심 거점으로 육성한다. 그리고 이 지역의 기존 산업 기반을 활용해 차세대 전고체 배터리 및 재활용 R&D 역량을 키울 방침이다. 또한 지역 내 위치한 2,000여 개 자동차부품 기업이 첨단부품 산업으로 전환할 수 있도록, 자동차부품 R&D 센터를 설립하고 스마트 생산설비 도입을 지원한다.

포항에는 수소·철강·신소재 특화 지구를 조성한다. 그린수소의 생산부터 저장, 활용까지 전주기 산업 인프라를 구축하겠다는 목

2024년 12월, 경북 포항시 죽도시장에서 시민들과 인사를 나누는 이재명 대통령의 모습. 출처: 연합뉴스

표다. 포항의 기존 철강 산업과 연계해 수소환원제철 및 수전해 수소생산설비 산업을 전략적으로 육성한다.

수소환원제철은 탄소를 배출하지 않는 미래 친환경 기술로 각광받고 있다. 철광석과 코크스를 고로에 투입하는 대신 가루 형태의 분철광석과 수소 환원제를 유동환원로에 투입해 수차례 흘려보내는 방식이다.

기존에는 고로에 철광석과 코크스를 넣어 열로 녹이며 철강을 만들었다. 이때 철광석에서 산소를 떼어내는 환원 과정에서 이산화탄소가 대량 발생했다. 반면, 수소환원제철은 철광석에 코크스와 같은 화석연료 대신 수소를 넣어 산소를 떼어내 이산화탄소 발생이 거의 없다.

포스코는 수소환원제철 기술인 '하이렉스HyREX'를 2030년까지 상용화할 계획이다. 지난 윤석열 정부도 한국형 수소환원제철 실증기술개발 사업 지원을 계획했다. 이 사업은 세계 최초로 30만 톤 규모의 수소 유동 환원로 기반 수소환원제철을 실증하는 사업이다. 이재명 정부에서는 이 정책을 더욱 확대할 것으로 전망된다.

이 대통령은 울산의 자동차, 석유화학, 조선 산업을 글로벌 친환경 미래산업으로 육성하겠다고 밝혔다. 경남 지역을 우주, 항공, 방위 산업과 스마트 조선 산업의 중심지로 만든다. 그중 특히 조선 산업의 경우 고부가가치, 특수선박의 설계와 건조 역량 강화에 중점을 둔다.

이 대통령은 "산업화의 신화인 대구, 경북에는 제조업과 첨단산업의 잠재력이 무궁무진하다"며 "대구경북이 미래산업의 중심지로 거듭나면 대한민국 산업화의 요람이라는 옛 명성도 다시 살아

글로벌 석유화학 공급과잉 규모 전망

단위: t

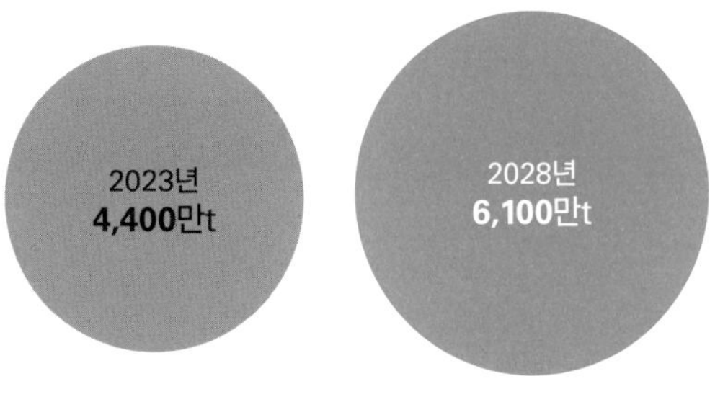

출처: 매일경제

날 것"이라고 말했다.

호남 지역에는 미래 첨단산업 클러스터를 유치하고, 전통 제조업의 구조 개편을 단행한다. 여수의 주력 산업인 석유화학은 친환경·고부가가치 화학산업으로 탈바꿈시킨다. 여수 석유화학 산업단지는 최근 중국산 저가 공세와 글로벌 공급과잉으로 인해 큰 어려움을 겪고 있다.

지난해 4,400만 톤이었던 글로벌 석유화학 제품 공급과잉 규모는 2028년 6,100만 톤까지 늘어날 것으로 보인다. 이에 따라 여수시는 전임 정부에서 산업위기선제대응지역으로 지정되기도 했다. 이재명 정부에서 기존 석유화학산업을 고부가가치 산업으로 개편하기 위해 연속성 있는 지원책을 어떻게 제시할지 주목된다.

현재, 여수시는 산업위기지역으로 지정되면서 긴급경영안정자금, 지방투자촉진보조금 등에서 우대를 받고 있다. 지방투자촉진보조금은 기업의 입지와 설비투자에 대해 투자액의 일정 금액을 보조해 주는 제도다. 중소기업에 대해서는 설비 24%, 입지 50%의 지원 비율이 책정된다. 전임 정부가 향후 연구개발, 경영자문, 고용안정 등 각종 지원사업에 대해서도 내년 이후 예산에 적극 반영하겠다고 밝혔던 만큼 '이재명 정부표 석유화학 육성책'에도 관심이 쏠린다.

이재명 대통령은 군산은 조선소 재도약을 목표로 키우고, 목포는 전기선박 산업 중심지로 육성할 계획이다. 새만금 이차전지 특화단지를 성공적인 국가첨단전략산업 단지로 조성하기 위한 기업

유치도 적극 지원한다.

새만금 이차전지 특화단지는 전임 윤석열 정부 시절 특화단지로 지정됐다. 전문가들은 이 특화단지가 성공할 경우 전북 경제에 상당한 부가가치를 창출할 것이라고 보고 있다. 한국은행 전북본부의 연구용역 결과 보고서에 따르면 새만금 이차전지 특화단지에 10조 2,000억 원이 투자되면 12조 7,000억 원의 경제 생산이 유발될 것으로 분석된다. 또한 3조 9,000억 원의 부가가치 효과와 4만 3,000명의 고용이 창출될 것으로 예상된다. 이차전지 입주기업들은 비 이차전지 입주기업보다 매출액이 최소 9.6%, 최대 24.6%까지 증가할 것으로 전망된다.

조상섭 호서대 교수와 김강훈 원광보건대 교수는 보고서에서 "새만금 특화단지에서 계획된 민간기업의 투자가 순조롭게 이뤄지도록 노력해야 한다"고 제언했다. 그리고 정부와 지자체도 중장기적인 사업 발전 전략과 지원 체계를 구축해야 한다고 지적했다.

이 대통령은 또한 호남에서 고부가가치 산업 전환을 지원하겠다고 약속했다. 특히 호남의 중심인 광주를 AI 선도 도시로 만들겠다고 했다. AI 집적단지와 미래 모빌리티 부품 클러스터를 조성해 첨단산업 생태계를 구축할 계획이다. 전주에는 자산운용 특화 금융 생태계를 조성한다. 이를 통해 전주를 서울, 부산에 이은 제3의 금융 중심지로 발돋움시킨다는 목표다.

이 대통령은 소셜미디어를 통해 "호남이 대한민국 산업화 과정 속에서 소외돼 온 만큼 AI로 대표되는 첨단시대를 맞아 신성장동

이재명 대통령이 대선 경선 후보 시절이던 2025년 4월 26일 광주 서구 김대중컨벤션센터에서 열린 호남권 합동연설회에서 연설하고 있다. 출처: 연합뉴스

력 산업이 호남에 안착할 수 있도록 만들겠다"며 "해상과 육상 교통의 연결점이면서 풍력과 태양광 등 재생에너지의 산실인 호남권을 발전시킨다면 물류부터 에너지 독립까지 지속 가능한 지역균형 발전의 마침표가 될 것"이라고 전했다.

4

과학기술 연구생태계 복원

•

초격차의 압도적 기술로 세계를 주도한다

이재명 정부는 과학기술 연구생태계를 복원하고 과학기술을 국정 중심에 두겠다고 제시했다. 윤석열 정부 시절 단행된 과학기술 R&D 예산의 대규모 삭감 사태를 반복하지 않겠다는 의지를 표현했다.

이 대통령은 윤석열 정부의 R&D 예산 삭감 조치를 꾸준히 비판해 왔다. 2024년 4월 총선 당시에는 한국과학기술원KAIST 재학생들과 함께 사전 투표를 진행하며 "R&D 영역의 낭비가 많다는 이유로 예산을 삭감하는 건 정말로 무지한 이유"라며 "외국에서 한국의 젊은 과학도들과 연구자들을 유치하기 위한 경쟁이 현실화할 경우 한국의 미래는 정말 암울해질 것"이라고 지적했다.

윤석열 정부는 2023년, 이른바 'R&D 카르텔 척결'을 명분으로 대대적인 R&D 예산 삭감을 단행했다. 과학기술계가 '나눠 먹기식'으로 R&D 예산을 따내 비효율이 컸다는 게 이유였다. 당시 기획

이재명 대통령이 더불어민주당 당대표 시절이던 2024년 4월 5일 제22대 국회의원선거 사전 투표를 위해 카이스트 학생들과 함께 사전 투표소에 입장하고 있다. 출처: 연합뉴스

재정부는 2024년도 R&D 예산을 전년 대비 16.6% 감축한 예산안을 발표했고, 이는 정부 부처 12대 분야의 예산 중 가장 큰 감축폭이었다.

이에 대해 과학기술계는 크게 반발했다. 전국공공연구노동조합, 전국과학기술노동조합, 기초과학학회협의체, 4대 과학기술원(KAIST, UNIST, GIST, DGIST)은 당시 정부의 R&D 예산 삭감 기조에 일제히 반대 성명을 냈다. 이후 윤석열 정부는 1년 만에 R&D 예산을 다시 증액하며 복구했지만, 이재명 정부는 한발 더 나아가 R&D 예산을 더욱 늘리겠다는 방침이다.

이 대통령은 2025년 4월 21일 '과학의날'에 과학기술 R&D 예산을 대폭 확대하겠다고 밝혔다. 그는 소셜미디어를 통해 "첨단 과학기술이야말로 세계를 주도하는 진짜 대한민국의 근간이고 K-이니셔티브의 핵심 자산"이라며 "과감한 투자와 초격차의 압도적 기술만이 세계를 주도할 수 있다"고 강조했다.

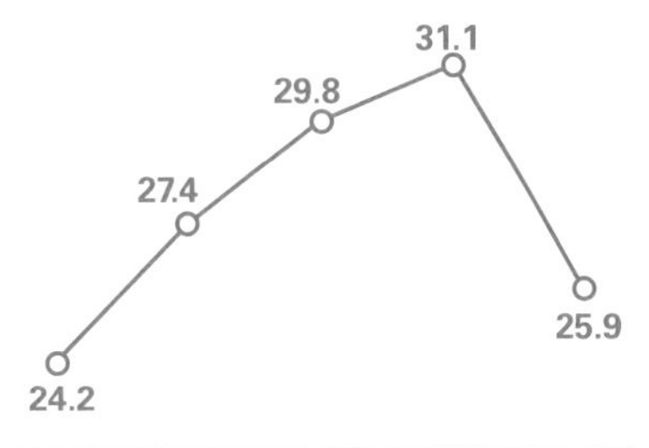

지난해 총 정부지출 대비 R&D 예산 비중은 4%대로 이스라엘에 이어 세계 2위 수준이지만 여전히 부족하다는 게 이 대통령의 생각이다. R&D 예산을 늘려 연구 생태계를 되살리고, 이를 통해 첨단산업 육성까지 이어가겠다는 포부다.

이재명 정부는 R&D 예산을 AI, 반도체, 이차전지, 바이오, 수소, 미래차 등 국가전략기술 미래 분야를 육성하는 데 투입하겠다고 했다. 아울러 '지역 자율 R&D'도 추진하겠다고 강조했다. 지방자치단체가 자율성을 바탕으로 R&D 투자의 방향을 설정할 수 있도록 하겠다는 취지다.

이 대통령은 단순히 R&D 예산만 늘리는 것이 아니라 과학기술인들의 연구 환경을 제대로 조성하겠다고 밝혔다. 과학기술인들이

경쟁력 확보를 위해 우선순위를 두어야 할 국정과제

단위: %

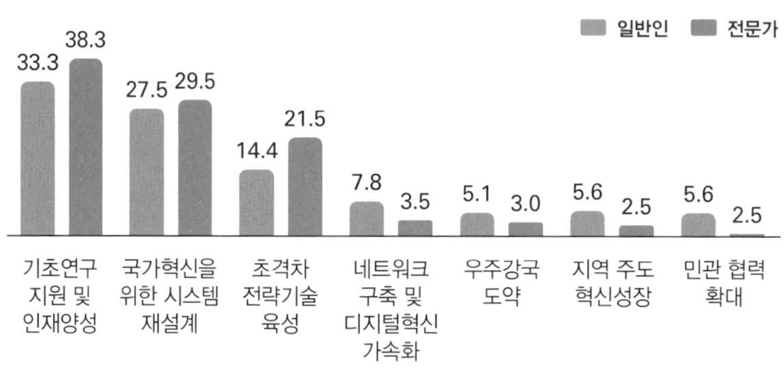

* 과학기술정책연구원이 발간한 《STEPI 아웃룩 2025》에서 조사에 참여한 전문가 중 38%는 국가 경쟁력 확보를 위해 기초연구 지원 및 인재 양성에 우선순위를 둬야 한다고 답변했다.

출처: 과학기술정책연구원

긴 호흡으로 연구에 매진해 장기적인 성과를 낼 수 있도록 하겠다는 의지다. 이 대통령은 "연구자의 자율성을 기반으로 도전적, 창의적, 장기적 연구 수행이 가능한 환경을 만들겠다"며 "R&D 정책 수립과 기획, 평가에 현장 연구자들의 목소리를 대폭 반영하겠다"고 강조했다.

이재명 정부는 과학기술인에 대한 처우 개선도 약속했다. 이공계 학생과 박사 후 연구원의 처우를 개선하고 이공계 핵심 인재 양성을 전폭 지원하겠다는 방침이다.

실제로 한국의 이공계 기피 현상은 꾸준히 문제로 제기돼왔다. 전문가들은 이공계 기피 현상을 극복하기 위한 정책이 필요하며 과학기술 인재를 급선무로 양성해야 한다고 주장하고 있다. 과학기술정책연구원STEPI이 실시한 대국민 인식 조사에서 전문가의 38%는 2025년 국가 경쟁력 확보를 위한 최우선 과제로 과학기술 인재 양성을 꼽았다. 박기범 STEPI 선임연구위원은 인재의 중요성이 갈수록 커져 가지만 이공계 대학이 심각한 질적·양적 위기에 직면했다고 지적했다. 인구 감소 대응, 지역 격차 해소까지 고려한 과감한 개혁이 절실하다고 주장했다.

이재명 대통령은 인재 양성을 위해 지방거점국립대가 세계 수준의 연구중심대학이 될 수 있도록 집중 투자하겠다고 밝혔다. 지역거점 국립대, 지역 과학기술원, 세계 유수 대학이 협력할 수 있는 글로벌 공동연구 허브를 구축하겠다는 계획도 제시했다.

이재명 정부는 또한 충청권을 명실상부한 과학 수도로 조성하겠다고 했다. 대전을 세계적 과학도시로 만들고 대전에 있는 대덕연구특구를 글로벌 과학기술 혁신클러스터로 전환하겠다는 것이다. 이 클러스터에서는 글로벌 융합연구 네트워크를 강화하고 인재 양성 인프라를 확충할 계획이다.

5

공급망 고도화

•

미·중 무역전쟁에도 흔들리지 않는다

이재명 대통령은 '먹사니즘(먹고사는 문제 해결)'을 넘어 '잘사니즘(다 함께 잘 사는 세상)'을 앞세우며, 최근 국제 무역 상황을 주시하고 있다. 특히 미국의 일방적인 관세 인상과 보호무역주의가 수출 중심의 한국 경제에 위기를 초래할 수 있다는 이유에서다.

대선 당시, 이 대통령이 김현종 전 통상교섭본부장을 '통상 책사(더불어민주당 통상 안보 태스크포스 단장)'로 임명한 것도 이런 배경에서다. 김 단장은 노무현 정부 당시 통상교섭본부장으로 한·미 자유무역협정FTA 협상을 주도했고, 문재인 정부에서도 통상교섭본부장과 청와대 안보실 2차장을 지냈다.

그는 대선 과정에서 글로벌 시장과 외교, 안보, 경제 공급망 등의 분야에서 30차례 넘는 보고서를 전달하며 전략적 대응을 제시한 것으로 알려졌다. 김 단장은 결국 미국 주도와 중국 주도의 공급망으로 양분되고, 우리는 미국, 일본, 러시아와 긴밀한 협력 관계

도널드 트럼프 미국 대통령이 2025년 4월 2일 워싱턴DC 백악관 로즈가든에서 각 국가에 대한 상호 관세를 발표하고 있다. 출처: AFP

를 가져야 한다고 주장했다.

특히 김 단장이 대일 외교를 강조하는 건 산업 공급망 확보 때문이다. 김어준의 뉴스공장 인터뷰에서 김 단장은 “사쓰마번과 조슈번 사이에 맺어진 ‘삿초동맹’처럼 일본과 긴밀하게 협력해야 한다”며 “특히 K-방산 수출과 관련된 부품·소재가 일본에 많은데 그것을 일본과 협상해서 사용할 수 있는 방법이 있어서 일본과 관련을 (잘) 가져가야 한다”고 설명했다.

김 단장은 "이재명 대통령에게 외교·안보 분야에선 굶어죽지 않고, 맞아죽지 않는 기술 노하우가 있어야 하기 때문에 비대칭 재래식 무기가 중요하다는 것을 강조했다"며 “미·중 공급망 문제가 생길 건데, 해양세력인 미·일과는 긴밀한 관계를 가지고, 북극항로

2025년 4월 21일 국회에서 열린 더불어민주당 '트럼프 행정부 관세정책 대응을 위한 통상 안보 TF 1차 회의'에서 김현종 단장(가운데)이 발언하고 있다. 출처: 연합뉴스

를 개척하려는 러시아와도 긴밀히 협조해야 한다고 조언했다"고 말했다.

특히 지난 정부의 대미 협상에 대한 불만도 강하게 제기했다. 2025년 4월 2일(현지 시각) 도널드 트럼프 대통령은 한국에 25%의 상호 관세를 부과하겠다고 발표했는데, 미국과 FTA 체결국 중에서 한국이 가장 높은 관세율을 부과받았다는 이유에서다.

김 단장은 정부의 대미對美 통상 협상에 대해서는 "반대급부를 얼마만큼 받느냐가 협상의 성공과 실패를 가르는 것"이라고 지적하며 "반대급부도 상징적인 것이 아니라 가시적인 것, 즉 명분은 저쪽(미국)에 주고 우리는 실리를 챙겨야 한다"고 당부했다. 대표적인 '상징적 반대급부'로는 미국 상·하원에 가서 연설을 하거나 캠프 데이비드에서 가서 회의를 하는 것 등을 들었다.

김 단장은 2025년 4월 21일 국회에서 열린 더불어민주당 통상안보 TF 제1차 회의에서도 "국민적 공감대가 없는 상황에서 대미협상에 손대는 건 국익을 훼손할 수 있다"며 "충실한 예비 협의로 새 정부의 본격적인 협상의 길을 깔고 국회에 보고하고 협의해야 한다"고 강조했다.

이날 1차 회의 후 TF는 관세 대응팀, 통상팀, 외교·안보팀의 세 팀을 구성해 현황을 체크하고 대안을 마련하기로 했다. 김 단장은 트럼프 2기 행정부에 대응해 "통상, 안보, 기술, 에너지 공급망, 산업 등 모든 이슈를 종합적으로 검토하고 대한민국이 국익 중심의 전략 국가로 다시 도약할 수 있도록 준비하겠다"고 밝혔다.

향후 이 대통령의 외교·안보 정책은 이념보다는 실리에 맞춰질 것으로 예상된다. 실제 이런 변화는 그가 2017년 대선을 앞두고 낸 책《이재명은 합니다》에서 사드 배치를 동학농민군을 탄압한 일본군에 비유하며 미국을 비판했던 과거 발언과는 확연히 달라진 기조를 보였다.

2017년의 이 책에서 이 대통령은 박근혜 정부의 사드 체계 배치를 동학농민군을 진압한 일본군에 비유하면서 "조선의 위정자들은 거세게 일기 시작한 동학혁명의 불길을 끄기 위해 일본군을 끌어들였다 … 100년이 흐른 지금, 박근혜 정부는 북한의 핵을 방어한다며 한반도에 미국의 사드를 배치하겠다"라고 언급했다. 이어서 "미국 역시 당시의 일본과 마찬가지로 한반도에서 결코 철수하지 않을 것"이라고 주장했다. 또한 "미국은 중국을 견제하기 위해 대한민국에 사드를 배치했으니, 중국으로서는 경계하지 않을 수가 없게 된 것"이라며 사실상 중국 측 손을 들어주기도 했다.

하지만 이번 대선에 앞서 출간한 《결국 국민이 합니다》에서는 "중국과의 관계를 실리외교로 잘 풀어내되 한미동맹의 가치를 훼손해서는 안 된다"고 두루뭉술하게 넘어가면서 사드 배치에 대해선 더 언급하지 않았다.

이재명 대통령이 대선에 앞서 출간한 《결국 국민이 합니다》.

최근 대선 토론에서도 이 대통령은 '국익 중심의 실용적 외교'를 강조했다. 이 후보는 "대한민국 외교의 기본 축은 한미동맹이 맞다. 당연히 동맹을 발전시켜야 하고, 한미일 협력 관계도 중요하다"면서도 "우리는 중국, 러시아, 북한이라는 현실로 존재하는 강대국 또한 특별한 관계로 맞닿아 있다. 이들과 관계도 일방적으로 적대화할 수 없다. 적절히 관리해야 한다"고 말했다. 일방적 적대가 아닌 균형 잡힌 실용 외교가 필요하다는 뜻이다.

외교 전략과 맞물려, 이 대통령은 향후 공급망 안정을 위한 통합 컨트롤타워 구축에도 속도를 낼 예정이다. 대외의존도가 높고 국민 경제 파급효과가 큰 품목을 경제안보 핵심품목으로 지정·관리하고 등 원자재의 안정적 수급을 위한 자립화 및 수입 다변화 등 대응시스템도 구축한다는 것이다. 이를 위해 대외경제안보 전략회의를 컨트롤타워로 삼아 경제 안보 정책을 수립할 예정이다.

6

기후에너지부

•

에너지 부처 신설로 원전·재생에너지의 균형발전을 추진한다

이재명 정부는 조직개편과 에너지믹스, 산업정책, 기후재정 등 에너지정책에서 대대적인 변화를 예고하고 있다. 특히, 복수 부처에 흩어진 기후와 에너지 기능을 통합하는 '기후에너지부' 신설을 통해 에너지 정책의 청사진을 구체화해 나갈 계획이다.

기후에너지부는 산업통상자원부의 에너지 부문과 환경부의 기후 부문을 통합한 새로운 정부 조직이다. 기후-에너지 거버넌스를 하나로 묶어 정책 효율성과 실행력을 높이기 위한 개편이다. 이 대통령은 과거 더불어민주당 최고위에서도 "재생에너지 없이는 기후위기 대응도, 경제의 지속적 발전도 불가능하다"며 기후에너지부 신설의 필요성을 강조한 바 있다.

새 부처가 출범하면 국내 온실가스 배출량의 94.33%를 차지하는 에너지·산업부문의 탈탄소화 전략을 빠르게 추진할 수 있는 장점이 있다. 다만 거대 부처 신설에 대한 견제와 산업계의 반대도

산업통상자원부 분할 방안

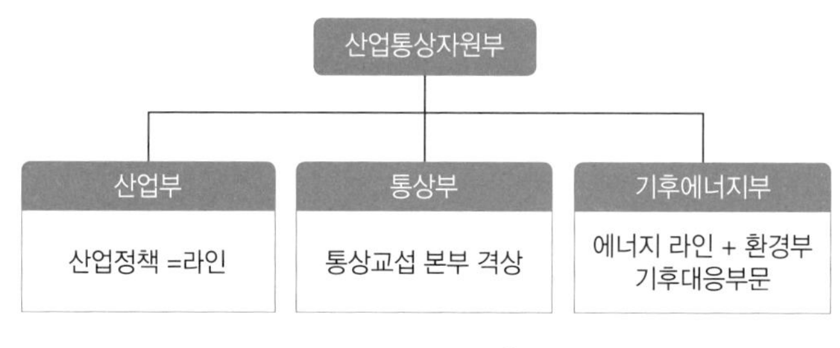

예상된다. 현재 미국, 일본, 캐나다처럼 기후와 에너지 업무를 각기 다른 부처가 담당하는 국가가 있는 반면에, 호주, 프랑스, 독일, 이탈리아, 영국 등은 두 업무를 한 부처가 통합해 관리하고 있다.

기후에너지부의 최우선 과제는 온실가스 감축 계획 수립과 이행이다. 새 정부는 임기 마지막 해인 2030년까지 2018년 기준 대비 온실가스 배출량을 40% 감축하겠다는 국가온실가스감축목표 NDC를 달성하고, 올해 안에 2035년 목표를 추가로 제시해야 한다. 또한, 2031년 이후 온실가스 감축량을 아예 설정하지 않은 것은 '헌법불합치'로 판단한 헌법재판소 결정에 따라 정부는 2026년 2월까지 '2031~2049년 감축 계획'을 수립해야 한다.

기후에너지부는 이재명 대통령의 에너지믹스 정책을 실현하는 핵심 부처가 될 것으로 예상된다. 특히 이 대통령은 과거 '탈원전' 노선에서 최근 원전과 재생에너지를 병행하는 '에너지믹스' 전략으

2025년 4월 15일, 한국원자력연구원에서 열린 간담회에는 더불어민주당 의원들이 참석해 자리를 함께 했다. 출처: 연합뉴스

로 노선을 선회했다. 이같은 변화는 지난 대선 과정에서도 두드러지게 나타났다. 안규백 이재명 후보 캠프 특보단장은 2025년 4월 18일 언론 인터뷰에서 "원전과 재생에너지를 합한 에너지믹스가 중요한 시대적 화두"라고 말했다.

이 후보의 외곽 정책 자문 그룹인 '성장과통합' 유종일 상임공동대표는 4월 16일 출범식에서 "신재생에너지 확대 등으로 합리적 에너지믹스 정책이 필요하다"며 "과거 산업 정책과는 기본적으로 다른 접근 방식이 요구된다"고 밝혔다. 더불어민주당 이언주 최고위원도 4월 15일 대전 한국원자력연구원에서 열린 간담회를 통해 "우리나라도 소형모듈원전SMR, 핵융합 등 미래에너지 기술이 이미 상당 수준에 도달했다"며 "제대로 된 원자력 생태계를 구축해야 한다"고 강조했다.

이 대통령은 더불어민주당 공약에 기반한 '한국판 IRA(탄소중립산업법)' 제정과 기후 재정 체계 정비도 본격 추진할 것으로 예상된다. 민주당은 재생에너지 기술을 국가전략 기술로 지정하고, 투자 세액공제를 확대하는 방안을 지난 총선 공약에 포함했다. 기업의 친환경 투자 참여를 늘려 미국의 인플레이션 감축법IRA이나 EU의 그린딜 정책과도 발맞추는 것이다.

이와 관련해 국회 이차전지 포럼 대표인 신영대 더불어민주당 의원은 최근 "이재명 후보의 대선공약에 이차전지 산업 육성 정책이 중점적으로 포함될 예정이며, 한국판 IRA에 해당하는 '직접환급제'도 추진될 것"이라고 언급했다. 신 의원이 발의한 조세특례제한법(조특법) 개정안은 영업이익이 나지 않아도 기업이 세액공제액만큼 현금으로 환급받는 내용을 담고 있다.

기후 재정 부문에서도 많은 변화가 예상된다. 지난 총선에서 그는 2027년까지 기후 위기 대응 기금 7조 원을 확보하고, 이를 단계적으로 확대하겠다는 계획을 발표했다. 캠프 관계자 등에 따르면,

국가별 배터리 보조금 비교

한국	미국	중국	동유럽
영업흑자 시 법인세에서 투자금의 15% 세액공제	영업흑자 여부 관계없이 30% 투자보조금 현금 지급, 모듈에 kWh당 45달러 생산보조금 지급	30% 투자보조금 현금 지급, 각종 금융·토지 지원	30~50% 투자보조금 현금 지급

기후 금융 공사를 신설해 녹색 전환GX에 필요한 마중물 역할을 맡기고 이에 필요한 재원은 일본의 GX 컨소시엄처럼 국채를 발행해 충당하는 방안도 검토 중인 것으로 알려졌다.

국회가 이 대통령의 정책에 추진력을 더하고 있다. 국회 기후위기특별위원회(기후특위)는 2025년 3월 13일, 제22대 국회 본회의에서 구성안이 만장일치로 통과되며 권한이 대폭 확대됐다. 이로써 기후특위는 탄소중립기본법과 온실가스 배출권거래법 등 핵심 기후 입법을 직접 심사·처리할 수 있는 입법권을 확보했다.

더불어민주당 기후 행동 의원 모임 '비상非常'도 이 후보의 정책을 뒷받침한다. 2024년 6월 5일 출범한 '비상'은 기후 위기를 인류의 '비상' 상황으로 규정하고, 의정 활동의 최우선 과제로 삼겠다는 목표 아래 구성됐다. 이소영 의원이 대표를 맡고 있으며 박지혜, 한정애, 김성환, 김정호, 위성곤 의원 등이 참여하고 있다. 이들은 탄소 예산 제도 도입, 탈화석연료 로드맵 마련, 기후 예산 심사 등의 다양한 정책 과제를 추진 중이다.

'비상'의 한 관계자는 "이재명 대통령의 기후 어젠다는 탈탄소를 달성하는 동시에 산업 경쟁력을 높이겠다는 '투트랙 전략'으로 요약된다"며 "이번 조기 대선은 단순한 정권교체를 넘어 한국의 기후 정책 패러다임 전환을 이끌 분기점이 될 것"이라고 말했다.

7

에너지 정책

•

U자형 에너지고속도로를 구축한다

곳곳에서 전력망 난이 심화되는 가운데, 이재명 정부는 '에너지 고속도로'를 구축해 지역 균형 발전을 이루겠다는 목표를 제시했다. 현재 10%대에 머물고 있는 재생에너지 비율을 확대하고, 영호남 전력망을 연결하겠다는 방안이다.

이 대통령은 석탄발전을 점진적으로 폐쇄하고, 그 대신 최하위 수준에 머물고 있는 재생에너지 발전 비중을 끌어올리겠다고 밝혔다. 기존 2050년으로 계획돼 있던 석탄 발전 폐쇄 시점을 2040년으로 10년 앞당기고, 전남·전북 지역의 풍력과 태양광으로 석탄 발전을 대체하겠다고 내세웠다.

산업통상자원부가 발표한 '2024년 에너지 수급 동향'에 따르면, 지난해 원자력 발전 비중은 전체의 31.7%를 차지했다. 가스와 석탄 발전은 각각 28.1%였으며, 신재생에너지는 10.6%를 기록하며 사상 처음으로 두 자릿수에 진입했다.

신재생에너지 비중이 늘어난 것은 분명 의미 있는 변화지만, 석탄 발전 비중을 0%대로 낮추고 이를 신재생에너지로 대체하기 위해서는 상당한 시간과 비용이 들 것으로 전망된다. 전문가들은 전력망 확충 없이 신재생에너지의 급격한 확대는 어렵다고 본다.

이재명 정부는 전력망 확충을 위해 2030년까지 서해안 에너지고속도로를 건설하겠다는 계획을 내놓았다. 현재 전력망이 포화 상태에 이르러 재생에너지의 신규 보급이 어렵다는 현실을 반영한 조치다.

이를 통해 20기가와트(GW) 규모의 남서해안 해상풍력 전력을 해상 전력망을 통해 주요 산업지대로 송전하겠다는 구상이다.

또한, 호남과 영남의 전력망을 잇는 U자형 한반도 에너지고속도로를 2040년까지 완공하겠다고 밝혔다. 영남과 호남을 거쳐 동해안 해상풍력까지 연결함으로써, 한반도 전역을 아우

발전 부문 에너지원별 발전 비중 변화

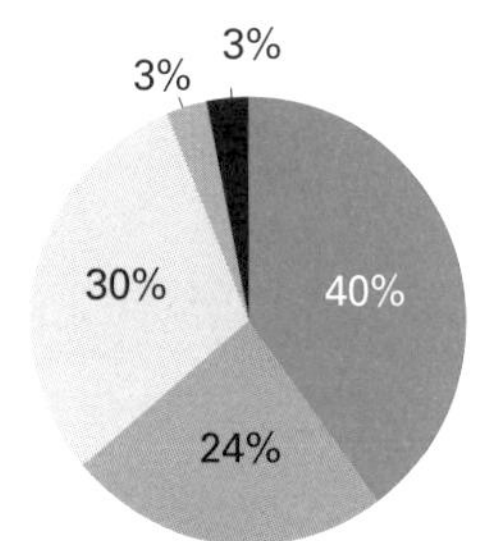

2014년(522.0TWh)

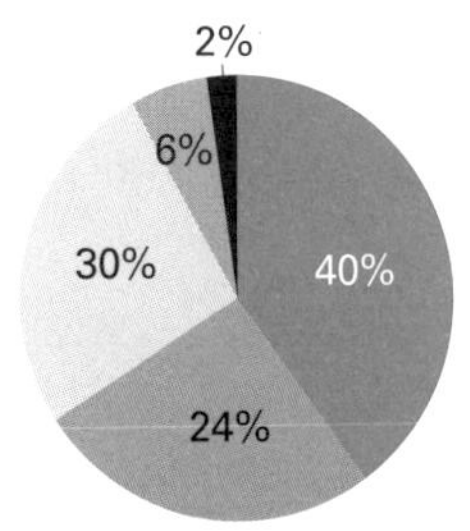

2019년(563.0TWh)

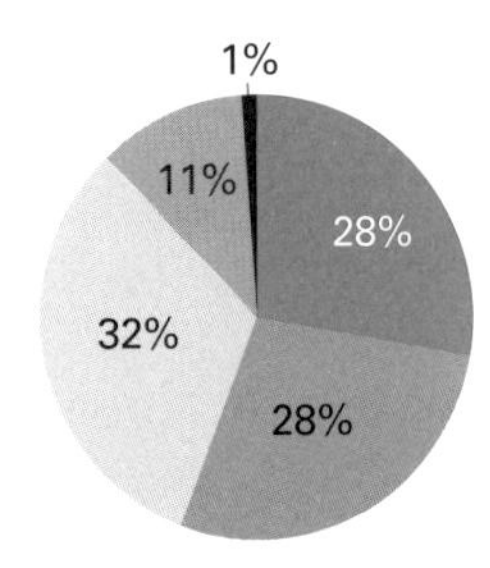

2024년(595.6TWh)

출처: 산업통상자원부

르는 해상 전력망을 구축하겠다는 포석이다.

에너지고속도로는 더불어민주당의 싱크탱크인 민주연구원에서 제시한 개념이다. 민주연구원은 2024년 10월 정책 브리핑 보고서를 통해 에너지고속도로의 필요성을 강조했다. 보고서는 에너지고속도로를 전국의 재생에너지 기반 분산 자원을 하나의 효율적 네트워크로 연결하는 전력망 혁신 이니셔티브로 규정했다. 쉽게 말해, 전국의 재생에너지를 하나의 네트워크로 연결해 수요지에 공급하는 설비다. 민주연구원은 이를 통해 급증하는 변동성 재생에너지를 안정적으로 수용할 수 있도록 전력망을 확충하고, 재생에너지 기반의 분산 전원으로 신속히 전환하자는 목표를 세웠다.

에너지고속도로를 실현하기 위한 핵심 요소는 재원 확보다. 그러나 에너지고속도로에 대한 투자를 주도해야 할 한국전력공사의 부채가 200조 원을 넘는 상황에서, 어떻게 재원을 마련할지가 이재명 정부의 주요 과제로 떠올랐다. 전문가들은 국부펀드 조성과 민간 기업의 참여 유도를 통해서만 공약의 실현 가능성을 높일 수 있다고 지적한다.

실제 전력망 확충 과정에서 지방자치단체와 주민들의 반대를 어떻게 극복할 수 있을지도 관건이다. 한국전력공사에 따르면, 2024년 한 해에만 20건의 전력망 구축 계획이 차질을 빚었다. 경북 영주(풍기) 분기 송전선로, 문경분기 송전선로, 신청주~문백 송전선로 구축 사업 등이 대표적인 사례다. 지자체의 인허가 절차 지연이나 토지 보상 문제 등으로 갈등이 이어지면서 전력망 구축이

민주연구원이 제시한 에너지고속도로 핵심 과제

구분		정책과제	입법·제정과제
공급	국가주도 전력망투자	전력망에 대한 국가 투자 근거 마련 및 대규모 투자 촉진	전력망특별법 제정 해상풍력특별법 제정 전력망연구 R&D 지원 분산에너지 특구 지정
	재생에너지 우선 접속	재생에너지 전력망 우선 건설	
	AI 기반 디지털 송배전시스템	송배전 자동화 및 광역 스마트그리드 체계 구성	
	해상 에너지 고속도로	서해/남해의 대규모 해상풍력 개발 및 원거리 송전(HVDC) 구축	
소비	RE100 특구	지역경제 활성화를 위해 인구소멸지역 등을 대상으로 RE100 산하 수립	한국판 IRA법 제정
		자가 설치 및 역내 PPA(전력구매계약) 활성화를 위한 세제혜택 및 자금 지원 인센티브 강화	
	분산에너지 편익의무화	분산에너지 설비 설치 의무화 등 분산자원 편익 의무화를 통한 수요처 분산과 지역균형발전 도모	분산에너지특별법 개정
생산	에너지 기본서비스	주민참여형 재생에너지 생산확대, 협동조합·마을기업 창업 지원	재생에너지 보급 지원 예산 증액
		에너지프로슈머 프로그램 활성화(잉여전력 판매, AMI 보급 등)	탄소세 도입을 통한 교차보조(기후기금 활용)
	해상풍력 인허가 간소화	해상 풍력 원스톱숍 제도 도입	풍력발전특별법 제정
	영농형 태양광	지역 마을공동체(마을기업) 차원의 재생에너지 발전사업 지원	농지법 개정

출처: 민주연구원

예상보다 늦어지고 있다. 이러한 문제들을 원활히 해결해 나가야 전력망 확충이 제때 이뤄질 수 있을 것으로 보인다.

이 대통령은 소셜미디어를 통해 "김대중 대통령은 정보화고속도로로 IMF 경제위기를 극복하셨다"며 "저 이재명은 '에너지고속도로'로 세계를 주도하는 K-이니셔티브 시대를 열겠다"고 강조했다.

이재명 정부는 지역에서 생산한 전기를 그 지역에서 소비하는 분산형 에너지 체계 구축도 가속화한다. 태양광과 풍력 에너지를 에너지저장장치(ESS) 등과 연계하고, AI 기반 지능형 전력망을 활용한다는 방침이다.

분산에너지 활용 지역에는 편익을 제공하고 인센티브를 강화할 계획이다. 이를 통해 수도권에 집중된 전력 수요가 많은 기업들을 지방에 유치하겠다는 복안이다. 현재 분산에너지 특화지역 제도를 통해 다양한 혜택이 주어지고 있는 가운데, 이재명 정부가 어떤 추가 인센티브 정책을 내놓을지 주목된다.

분산에너지 특화지역은 국가가 전략적으로 지원하는 시범지역으로, 전력망 신규 확충 부담을 최소화하기 위해 도입된 제도다. 이 지역에서는 분산에너지사업자가 발전과 판매 사업을 동시에 할 수 있으며, 한국전력과는 다른 요금 체계를 부분적으로 도입하는 것도 허용된다.

산업통상자원부는 2025년 5월 분산에너지 특화지역을 지정해 발표했다. 분산특구를 신청한 11개 지자체 중 7곳을 최종 후보지로 선정했으며, 산업부는 신산업활성화형 4곳과 수요유치형 3곳을

2024년 9월, 이재명 대통령이 과거 당대표 시절 전남 곡성군을 방문해 논에서 콤바인을 몰고 있다. 이 대통령은 당시 '햇빛연금'을 거론하며 지방정부 예산을 활용한 '주민기본소득' 시범 도입을 추진하겠다고 밝혔다.
출처: 연합뉴스

각각 지정했다. 신산업활성화형은 미래 에너지 기술을 접목해 신산업 생태계를 조성하는 특구이며, 수요유치형은 전력 다소비 산업단지를 중심으로 분산전원을 공급해 전력 자립을 도모하는 특구다.

신산업활성화형에는 제주도, 부산시, 경기도 의왕시, 경북 포항시가 선정됐다. 수요유치형에는 울산시, 충남 서산시, 전남 해남군이 지정됐다.

이 대통령이 그간 호남과 제주 지역을 신재생에너지 발전의 핵심 거점으로 언급해 왔던 만큼, 분산에너지 특화지역 지정 이후 어떤 추가적인 지원책이 마련될지 관심이 쏠린다.

이재명 정부는 전국에 RE100 산단도 확대한다. RE100 산단 조성을 위해 재생에너지 생산지와 대규모 산업지역을 연결할 계획이다. 대선 전 민주연구원도 지역경제 활성화를 위한 정책과제로 인구소멸지역 등을 대상으로 RE100 산단을 수립하는 방안을 제시한 바 있다. 역내 전력구매계약(PPA)을 활성화하기 위한 세제 혜택 및 자금 지원 인센티브 강화 방안도 함께 제안했다.

이 대통령은 에너지고속도로를 기반으로 재생에너지, 전력망, ESS 산업의 경쟁력을 높이겠다고 밝혔다. ESS는 전력이 부족할 때를 대비해 전기를 배터리에 저장했다가 송전할 수 있도록 하는 장치로, 낮에 과잉 생산된 태양광 에너지 등을 효과적으로 활용할 수 있게 해준다.

이재명 정부는 히트펌프, 그린수소 같은 탄소중립 에너지 산업도 함께 육성한다. 히트펌프는 공기, 지열, 수열 등 외부 열원에서 열에너지를 얻어 냉난방에 활용하는 장치로, 대표적인 탈탄소화 기술로 꼽힌다. 그린수소는 신재생에너지를 활용한 수전해 방식으로 생산되며, 이 과정에서 탄소를 배출하지 않아 청정 연료로 분류된다. 이와 함께 전기차, 이차전지 등 연계 산업에도 집중 투자할 계획이다.

이 대통령은 햇빛·바람 연금도 공약으로 꺼내 들었다. 햇빛연금은 지자체에 위치한 상업용 태양광 발전소의 이익금을 주민과 공유하는 체계다. 신재생에너지 주민협동조합에 1만 원을 내고 가입하면 햇빛연금을 수령할 수 있다. 전남 신안군은 지금까지 주민들에게 총 220억 원을 햇빛연금으로 지급했다. 이 대통령은 2032년이면 1인당 연 600만 원 배당도 가능하다고 제시했다. 햇빛연금을 전국으로 확대해 지역 소멸 위기도 극복하겠다는 게 이 대통령의 구상이다.

다만, 일각에서는 햇빛연금 아이디어가 전반적인 전기요금 인상을 부추길 수 있다는 지적도 나온다. 신재생에너지를 확대하려면 전력망 확충 등 막대한 비용이 필요한데, 이 비용이 결국 전기요금에 전가될 수 있다는 전망이다. 전체 국민이 전기요금 인상분을 부담하는 구조에서 햇빛연금이 특정 지역 주민에게만 돌아가는 혜택으로 전락할 수 있다는 의미다.

8

모태펀드

예산을 늘려 벤처투자와 창업을 촉진한다

이재명 대통령은 산업 경쟁력 강화와 경제성장을 위해 재정이라는 마중물이 반드시 필요하다는 입장이다. 국가 주도 펀드를 통해 경제성장에 필요한 분야에 재정을 투입하고, 모태펀드 예산을 확대해 창업뿐 아니라 세컨더리·스케일업까지 폭넓게 지원하겠다는 구상이다.

이 대통령의 정책 싱크탱크인 '성장과통합'은 정부 재정으로 주요 성장 산업에 마중물 투자를 하자는 '마중물 펀드' 구상을 꾸준히 제시해 왔다. 여기에 대기업, 금융회사, 개인 투자자 등 민간 자금도 함께 유치하겠다는 계획이다.

그동안 더불어민주당 안팎에서는 AI(인공지능), Bio(바이오), Culture&Contents(문화 콘텐츠), Defense(국방), Energy(에너지), Factory Automation(공장 자동화), Global supply chain(글로벌 공급망) 등 A부터 G까지 7개 분야를 마중물 투자의 대상으로 삼겠다는 아이디어가

이재명 대통령은 2025년 4월 14일, 대선 후보 시절 퓨리오사 AI를 방문해 백준호 퓨리오사 AI 대표와 악수하고 있다. 출처: 연합뉴스

제시돼 왔다.

이에 따라 경제정책 분야를 '조세재정', '벤처', '금융' 등으로 세분화하고, 각 분야에서 펀드 공약을 다각도로 검토할 예정이다. 총 30개 이상의 분과로 나눌 방침이다.

'성장과통합' 관계자는 "전문가들이 다양한 형태의 마중물 펀드를 검토하고 있다"며 "산업 경쟁력 강화와 경제성장을 위해 재정이라는 마중물이 꼭 필요하고, 그 역할을 국가 주도 펀드가 하자는 것"이라고 설명했다.

이러한 정부 주도형 펀드는 역대 정부에서도 운영돼 왔다. 2005년 조성된 한국모태펀드를 비롯해, 이명박 정부의 녹색성장펀드, 박

민주주의시민연대포럼과 곽상언·민병덕 등 민주당 의원들이 2025년 3월 28일 공동 주관한 '왜 다시 성장인가' 정책토론회에서 참석자들이 구호를 외치고 있다.
출처: 곽상언 의원실

근혜 정부의 통일펀드, 문재인 정부의 뉴딜펀드 등이 대표적이다.

마중물 펀드는 국가 정책적으로 중요하지만, 즉각적인 수익률이 보장되지 않는 분야에 주로 투입될 것으로 예상된다. 정부는 예산, 국채 발행, 국책금융기관 출자 등을 통해 모母펀드를 만들고, 그 아래에 자子펀드를 구성하는 구조다. 자펀드에는 민간 자금을 매칭해 산업과 기업에 투자하는 방식이다.

투자한 기업이 자립 가능한 수준으로 성장하면, 마중물 펀드는 그 기능을 종료하게 된다. 공무원이 아닌 민간이 투자 대상을 결정하기 때문에 합리적인 구조로 평가받는다.

2025년 3월, 더불어민주당 산하 '미래경제성장전략위원회'는 이재명 대통령(당시 당대표)에게 국부펀드 관련 보고서를 제출했다. 이는 여러 기관에 흩어져 있는 중소형 국부펀드를 효율적으로 활용하자는 취지다. 성장위 관계자는 "중소형 국부펀드를 정리하는 데 그치지 않고, 국부펀드를 통합적으로 관리할 컨트롤타워도 만들 필요가 있다"고 했다.

해외에서도 유사한 방식의 사례가 있다. 일본 정부는 20조 엔 규모의 녹색전환 국채를 발행하고, 민간 자금과 함께 총 150조 엔을 관련 산업에 투자하는 GX 컨소시엄을 운영 중이다. 이후 기업으로부터 탄소 부과금을 받아 국채를 상환하는 구조다.

마중물 펀드가 효과를 내려면 정책 연속성이 중요하다는 지적도 있다. 정권이 바뀔 때마다 정책이 단절돼 펀드 수익률이 낮아지는 사례가 많았기 때문이다.

이명박 정부 시절 녹색성장펀드는 2009년 녹색성장이 '테마주株' 가 되면서 평균 수익률이 60%에 달하기도 했지만, 태양광 업황이 부진으로 20%가 넘는 손실을 보기도 했다. 한때 50개가 넘던 녹색

역대 정부 정책펀드와 수익률

정권	정책펀드	대표상품	1년 수익률
이명박	녹생성장펀드	마이다스 책임투자 증권 투자신탁(주식)	-0.31%
		삼성글로벌클린에너지증권자투자신탁 1	-8.99%
박근혜	통일펀드	삼성통일코리아증권자1	1.2%
문재인	뉴딜펀드	IBK 국민참여정책형뉴딜 혼합자산투자신탁(사모투자재간접형)	-1.07%
		KB 국민참여정책형뉴딜혼합자산투자신탁(사모투자재간접형)	-2%

* 2025년 3월 7일 기준

성장 펀드 수는 10여 개로 쪼그라들었다. 박근혜 정부의 통일펀드 역시 2016년 북한 핵核실험 등 남북 관계가 경색되자 통일펀드가 급격히 위축됐다.

더불어민주당은 이 펀드를 통해 제대로 활용되지 못했던 공기업 자산을 재구조화하고, 정부·기업·국민 모두가 부를 축적하는 '삼각 편대' 모델을 만들겠다는 계획이다. 방치되거나 목적에 맞지 않게 운영되던 펀드들을 발굴해 통합할 방침이다.

이언주 더불어민주당 최고의원은 언론 인터뷰에서 "지금 한국에도 곳곳에 보면 정부의 산업 투자 기금들이 산발적으로 흩어져 있다"며 "그런 기금들은 취지대로 안 쓰이고 오히려 엉뚱한데 쓰이거나 방치되고 있다"고 지적했다. 이어 "이렇게 숨어있는 기금 펀드들을 한 곳에 모아서 확실하게 국부펀드로 조성해, 산업 정책에 전략적으로 투자하는 안을 핵심 논의하고 있다"며 "여기에 맞춰 산업 조직과 인재 양성 프로그램 전략 등이 일관되게 수립돼야 할 것"이라고 말했다.

새 정부는 50조 원 규모의 모태펀드를 조성하고 정부 공공조달의 1%(약 2조 원)를 혁신기업 제품 구매에 배정하는 방안도 추진할 것으로 예상된다. 특히 미래 핵심기술인 ABCDEF 영역에 해당하는 인공지능AI, 바이오Bio, 문화Culture, 방산Defense, 에너지Energy, 식량Food 등에서 100개의 유니콘 기업(기업가치 1조 원 이상 비상장 기업)과 헥토콘(기업가치 100조 원 이상 기업) 6개를 육성하겠다는 것이 목표다.

또한 민간의 펀드 참여를 독려하는 방안도 추진될 것으로 예상된다. 벤처펀드 출자 시 세제 지원을 확대하는 등 민간의 벤처투자 인센티브도 강화하고 국민참여형 벤처투자펀드의 배당소득에 저율 분리과세도 적용할 것으로 예상된다. 성공한 선배 스타트업과 정부가 함께 창업연대기금 1조 원을 조성하는 방안도 거론된다. 이는 선배 스타트업-정부-지자체가 공동으로 기금을 조성하고 비수도권 청년 스타트업을 선배 스타트업이 발굴하고 선정해 지원하는 방식이다.

매경의 제언

한미 협력을 강화해 무역전쟁을 기회로 전환하자

이재명 정부가 출범 직후 가장 먼저 맞닥뜨리게 될 문제는 한미 관세 협상이다. 한미 관세 협상에 수출이 주력인 대한민국 산업계의 미래가 달려있다. 미국이 예고한 25% 상호 관세율은 한국 수출에 심각한 타격을 줄 수 있으며, 철강과 자동차 등 주요 품목에 대한 관세 역시 국내 산업에 악영향을 미칠 가능성이 크다.

새 정부는 조급하게 '성과내기'식 협상에 나서는 것보다는 전임 정부의 협상 기조를 잘 이어받는 것이 중요하다. 협상 시한인 7월 8일이 가까워질수록 더 다급해지는 쪽은 도널드 트럼프 미국 행정부다. 관세 전쟁이 별다른 효과를 보지 못하는 상황에서 동맹국과의 협상 성과가 절실하기 때문이다.

이재명 대통령 역시 후보 시절, 미국과의 관세 협상을 서두르지 않겠다는 의지를 여러 차례 밝힌 바 있다. 이 대통령은 2025년 5월, 중앙선거방송토론위원회 주관 토론회에서 "일본도 미리 협상하겠다는 입장이었다가 선회했고, 중국 역시 강경하게 맞서다 결국 어느 정도 타협했다"며 "우리가 굳이 먼저 나서 조기 타결할 필요는 없다"고 강조했다. 이재명 정부 출범 이후에도 이러한 기조는 지속돼야 한다. 이재명 정부 출범 이후 미국과의 협상 시한은 한 달여가 남는다. 이재명 정부가 조급한 미국의 속도에 맞출 필요는 없다. 이 대통령이 실용을 강조했듯 미국에 무엇을 최소한으로 내주고 무엇을 최대한 받아낼지 천천히 고민해야 한다.

이재명 정부 출범 후 미국 측과 협상 시한 연장을 논의할 필요도 있다. 전문가들도 현실적으로 협상 시한이 연장될 가능성이 높다고 보고 있다. 이재민 서울대 법학전문대학원 교수는 “한미 간 관세 협상 이슈들은 사실 수년간 양국에 이견이 있었던 문제들”이라며 “7월 8일까지는 협상이 물리적으로 쉽지 않기 때문에 기한을 못 맞춘다면 더 연장을 해서 양국이 협의하는 게 현실성이 있다”고 말했다.

미국이 관심을 보이는 조선업 등 산업계 협력을 최대한 활용하는 것도 하나의 방법이다. 미국이 목표로 하는 제조업 재건에 한국 산업계의 도움이 필수적이라는 점을 강조할 필요가 있다.

미국이 필요로 하는 함정 유지·보수·운영(MRO) 분야는 우리 정부가 내세울 수 있는 대표적인 카드다. 차기 정부는 미국에 MRO 관련 구체적인 협력 방안을 제시하고, 국내 업계가 이를 차질 없이 수행할 수 있도록 지원해야 한다.

전문가들은 MRO를 효과적으로 수주하기 위해 정부가 ‘원팀’을 구성하거나, 업체 간 협의체를 마련해야 한다고 제언한다. 김대영 한국국가전략연구원 군사전문 연구위원은 2025년 4월 한미 산업협력 콘퍼런스에서 한국 업체들 간의 출혈 경쟁 가능성 등을 이유로 MRO 협의체 구성이 필요하다고 주장했다.

이러한 과제들을 제대로 발굴하고 추진하기 위해서는 민관 협력이 필수적이다. 업계와의 빈틈없는 소통을 통해 한국과 미국이 ‘윈윈’할 수 있는 실질적 방안을 찾아야 한다.

PART 7

지속성장과 재정 정책: 효율적인 국가 재정 지출

1

지역화폐 정책

•

지역화폐로 소비와 소상공인 두 마리 토끼를 잡는다

이재명 대통령은 지역경제와 민생에 활력을 불어넣기 위한 방안으로 정부 재정을 지역에 투입하는 정책 기조를 일관되게 유지해 왔다. 성남시장과 경기지사 시절부터 강조해 온 지역화폐 사업은 이같은 철학이 온전히 반영된 정책으로 신생 이재명 정부에서도 강도 높게 추진될 것이 자명한 상황이다.

실제 이 대통령은 2025년 5월 4일 소셜미디어에 '소상공인·자영업자 정책발표문'이란 게시물을 통해 "지역화폐와 온누리상품권 발행 규모를 대폭 확대해 내수를 촉진하고 매출을 키우겠다"고 밝혔다. 이어 "지역별 대표상권과 소규모 골목상권을 키우는 '상권 르네상스 2.0' 정책으로 지역경제에 활기를 불어넣겠다"고 강조했다.

지역화폐는 지방자치단체가 일정 할인율로 발행해 지역 주민들이 한정된 지역 내 가맹점에서 사용할 수 있도록 한 제도다. 할인분에 해당하는 금액은 정부와 지자체가 보전하며, 이로 인해 공공

지역화폐 국비지원 추이 단위 : 억 원

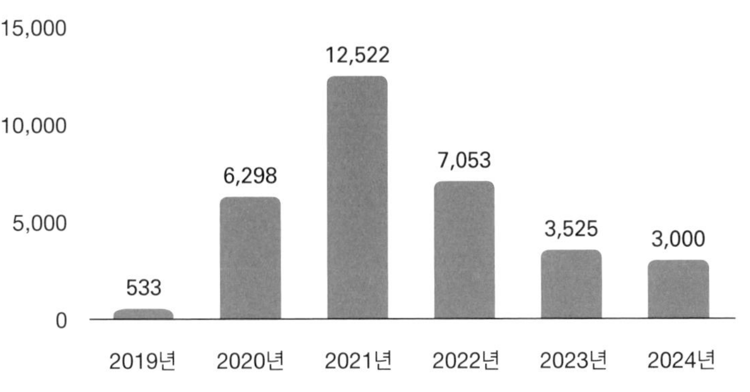

출처: 기획재정부·행정안전부

재정이 민간으로 직접 흘러 들어가는 구조다. 2025년 4월 기준 전국 243개 지자체 중 191개가 지역화폐를 운용하고 있다.

지역화폐에 대한 중앙정부의 지원액은 정권에 따라 널뛰듯 큰 변동을 겪어왔다. 2021년 1조 2,522억 원이었던 국비지원은 이듬해 7,053억 원으로 줄더니 2023년과 지난해에는 각각 3,525억 원, 3,000억 원으로 쪼그라들었다. 국비지원이 줄어든 만큼 발행량은 축소되고, 할인율이 낮아지면서 정책 효과도 감소하고 있다.

이에 대응해 정부와 국회는 지난 4월 추가경정예산안(추경안)에 지역사랑상품권 발행 예산 4,000억 원을 포함시켰고, 이 대통령은 추가적인 재정 지원을 시사했다. 지난 5월 21일 파주시 유세 현장에서 "경기가 나쁠수록 소비를 진작시켜야 한다. 지역화폐는 돈이 돌게 하는 정부의 역할"이라며 "지역화폐로 치킨집 매출이 늘고,

주인이 막걸리 한잔하면 동네 경제가 살아난다"고 설명했다.

새 정부의 지역화폐 정책은 발행 규모 확대를 위한 추경 편성, 지속 가능한 지역화폐 정책을 위한 법률 제정 등으로 구체화 될 것으로 보인다. 지난 3월 더불어민주당이 개최한 '민생연석회의 20대 민생의제 발표회'에선 지역사랑상품권 발행 규모 확대를 위해 2조 원의 추경 예산 편성이 필요하다는 주장이 나온 바 있다. 이는 역대 최대액이었던 2021년의 1조 2,522억 원을 뛰어넘는 대규모 수치다.

중앙정부의 재정 지원을 의무화한 '지역사랑상품권법 개정안'이 통과될 가능성도 매우 크다. 더불어민주당은 앞서 당론으로 해당 개정안을 국회 본회의에서 통과시켰지만 대통령 거부권 행사로 인해 무산된 바 있다.

또한 일부 지자체에서 효과를 본 '순환형 지역화폐 시스템'도 추진될 것으로 보인다. 이는 소상공인이 지역화폐로 받은 대금을 다른 소상공인과의 거래에 다시 사용할 수 있도록 하는 방식으로, 환전 없이 지역 내 자금 순환을 가능하게 해준다. 앞서 더불어민주당의 민생의제 발표회에선 한국중소상공자영업총연합회 등 유관 단체가 '순환형 지역화폐' 도입을 촉구한 바 있다.

이 대통령이 지역화폐 정책을 강도 높게 추진하는 것은 장기화된 내수 부진의 직격탄을 맞은 소상공인과 자영업자 계층의 지원이 절실하기 때문이다. 코로나 팬데믹으로 인한 대봉쇄 당시 소상공인과 자영업자들은 정부 저리금융과 보조금으로 근근이 생계를

연간 소매판매액 지수 추이 단위: %

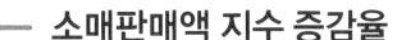

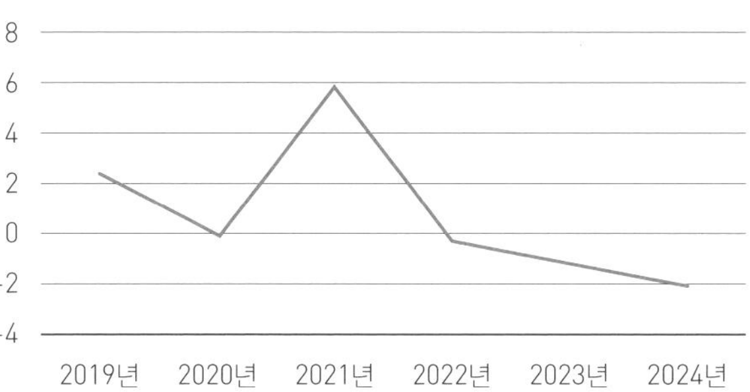

출처: 통계청

이어갔다. 그러나 2022년부터 본격화된 고물가와 고금리는 민간의 소비 여력을 크게 떨어뜨려 내수 침체가 장기화되고 있다.

통계청에 따르면, 대표적인 내수 지표인 소매판매액 지수는 2022년부터 3년 연속 마이너스를 기록하고 있다. 특히 지난해에는 -2.1%를 기록하며 카드대란이 있었던 2003년의 -3.2% 이후 21년 만에 최대 폭으로 감소하기에 이르렀다.

이런 상황에서 소상공인, 자영업자의 매출 증대에 유의미한 영향을 줬다고 평가받는 지역화폐가 내수 진작 수단으로서 적합하다는 판단이다. 이 대통령은 "소상공인이 살아야 민생이 살고, 경제도 살아난다"며 "고물가와 장기 내수 부진에 지친 소상공인, 자영업자들에게 부담은 줄이고, 매출은 올릴 수 있는 환경을 만들겠다"

고 밝힌 바 있다.

지역화폐의 효용에 대해선 연구 기관별로 의견이 엇갈리는 경우가 있지만, 실제 지역화폐를 주고받는 업체들은 긍정적인 영향을 미친다고 보고 있다. 지난 2월 한국외식산업연구원이 2022~2023년 외식업 사업자들의 월평균 매출 실적을 파악하고 분석한 결과, 지역화폐 매출이 1만 원 증가할 때마다 추가 매출이 약 4,160원 발생한 것으로 조사됐다. 또한 지역화폐 정책으로 인한 추가 매출 유발 효과는 점포당 약 913만 원이었다.

외식산업연구원은 "지역화폐 이용은 기존 소비를 대체하는 것에서 더 나아가 경기침체 속에서 매출 감소를 완화시키고 추가 매출을 유발했으며, 기존 소비를 일부 대체하는 부분이 있더라도 유의미한 소상공인 매출액 증가에 기여했다"고 평가했다.

2

과세표준과 기본공제 개편

•

소득세 과세표준 상향과 기본공제를 확대한다

이재명 대통령은 대선 당시 "월급 생활자는 더 이상 봉이 아니다"라는 강력한 메시지를 던지며, 대다수 근로자에게 불리하게 작용하는 소득세 구조를 개편하겠다고 분명히 약속했다. 그 약속은 이제 곧 본격화될 차기 정부의 세제 개편 방향을 선명하게 가늠케 한다.

가장 눈에 띄는 대목은 가족계수제 도입이다. 이 대통령은 자신의 소셜미디어 계정에 가족계수제를 소개하며 "우리나라도 중장기적으로 소득세 체계를 가족 친화적인 방식으로 바꿔나가는 방향을 검토하겠다"고 밝혔다.

프랑스식 모델을 벤치마킹한 이 제도는 부부 소득과 가족 수를 함께 고려해 과세표준을 산정하는 방식이다. 부모의 소득을 가족계수로 나눈 뒤, 이 값을 기준으로 세율을 적용함으로써 자녀 수가 많을수록 과세표준이 낮아지고, 결과적으로 세 부담이 줄어드는

2024년 12월 23일 서울 여의도 국회에서 '월급방위대' 출범식이 열렸다. 더불어민주당 박찬대 원내대표, 한정애 위원장, 진성준 정책위의장 등 주요 민주당 당직자들이 '유리지갑 지키는 월급방위대' 피켓을 들고 퍼포먼스를 하고 있다.
출처: 박찬대 의원실

구조다.

이는 가구가 번 소득을 모든 가구원이 함께 번 것으로 측정해 세금을 매기는 정책이다. 예를 들어 한 가구가 4인 가족일 경우, 남편과 아내가 각각 1명씩, 자녀는 각각 0.5명씩 총 가족계수를 3으로 산출한다. 이 가정의 소득원이 남편뿐이고 연봉이 1억 원이라면 현행 소득세 체계에선 35%의 최고세율을 적용받지만, 가족계수 개념을 도입하면 3명이 각각 3,333만 원씩 소득을 올린 것으로 보고 각각 최고세율 15%로 세액을 구한 뒤 합산해 세 부담이 줄어든다. 이는 저출생 문제의 핵심인 '양육 부담'을 실질적으로 경감시킬 수 있는 조세 설계이기도 하다. 이 대통령은 "프랑스는 부부의 소득과 가족 수를 함께 고려하는 '가족계수제' 소득세 체계를 도입해 저출생 극복의 해결책으로 활용했던 사례가 있다"고 했다.

'소득세 기본공제액 인상' 역시 새 정부에서 추진할 것으로 보인다. 현재 근로소득세의 기본공제액은 150만 원으로, 무려 16년간 그대로였다. 그러나 같은 기간 근로소득세 수입은 약 5배 증가해 지난해에는 61조 원에 달했다. 특히 근로소득세와 법인세가 총국세에서 차지하는 비중을 비교하면 지난해에는 근로소득세가 18.1%로 법인세의 18.6%를 거의 따라잡았다.

이는 결국 물가와 임금이 오르면서 명목소득이 높아진 반면, 기본공제가 제자리에 머문 탓에 누진세 구조 안에서 더 높은 세율이 적용되었기 때문이다. 직장인들은 실질임금이 제자리인데도 낼 세금은 계속해서 늘어나는 상황에 놓였다. 이 대통령은 이와 관련해서 "월급쟁이는 봉인가? 좌우가 아닌 형평성의 문제"라며 "대기업과 초부자 감세로 우리나라 전체 조세부담률이 떨어지는 와중에 근로소득세 조세부담률만 증가했다"고 지적하기도 했다.

여당의 핵심 정책을 추진해 온 비상설특별위원회 월급방위대는 지난해 4월 3일 '월급쟁이 근로소득세 합리화 방안'으로 소득세법 개정안을 발의했다. 월급방위대 간사인 더불어민주당 임광현 의원은 기자회견에서 "월급쟁이의 유리 지갑을 지키면서, 정부의 세수 여건까지 현실적이고 합리적인 방안"이라고 밝혔다.

더불어민주당이 제시한 개정안은 기본공제를 150만 원에서 180만 원으로 올리는 내용이다. 소득세 과세표준을 낮춰 실질적인 세금 부담을 줄이겠다는 의도이며, 특히 자녀가 많은 가구일수록 효과가 크기 때문에 출산 장려 정책과도 연계된다. 더불어민주당이 자체 분석한 결과에 따르면, 이 공제 확대만으로도 연간 약 1조

9,000억 원의 세수가 줄어들 전망이다. 이는 고소득층에 대한 감세가 아닌, 실질임금이 정체된 일반 근로자의 조세 부담을 조정하는 '조세 형평'의 재설계로 이해된다.

여기서 그치지 않고 이 대통령 측은 '소득세 물가연동제'를 제시하며 또 하나의 구조적 개편을 예고했다. 이 제도는 매년 일정 수준 이상 오른 물가를 기준으로, 소득세 과세표준 구간 자체를 조정하는 것으로, 이른바 명목임금이 오를 때마다 실질소득은 그대로임에도 높은 세율 구간으로 진입하게 되는 '조용한 증세'를 방지하려는 목적이다.

현재 한국의 소득세 체계는 1,400만 원, 5,000만 원, 8,800만 원 등 특정 구간을 기준으로 세율을 다르게 적용한다. 그러나 2012년 이후 13년간 이 구간이 단 한 차례만 바뀌었고, 그 사이 물가는 수차례 상승했다. 이 대통령은 지난달 30일 직장인 간담회에서 "명목상 임금이 오르면 과세표준이 오르고, 그러면 세율이 올라서 실제 월급은 안 오르는데 세금은 늘어난다"고 밝힌 바 있다.

물가연동제는 이러한 불합리를 정면으로 해소하려는 것이다. 미국, 캐나다, 영국 등 주요 선진국들이 이미 공제액과 세율 구간을 해마다 물가에 연동해 조정하고 있다는 점에서도 국제적 타당성이 확보된다. OECD 38개국 가운데 22개국이 소득세 물가연동제를 실시하고 있다. 홍익대학교 성명재 교수는 논문을 통해 "물가 상승으로 인해 가구당 평균 46만 원의 소득세가 증가한 것으로 분석된다"고 지적하며, 제도 미비로 인한 실증세 효과를 보여주기도

했다. 같은 물가 조건에서도 조정 여부에 따라 국민이 체감하는 세금의 공정성이 현격히 달라질 수 있음을 보여주는 대목이다. 이처럼 이재명 대통령의 조세 개혁안은 다음 세 가지 축을 중심으로 구성된다.

- 가족계수제를 통한 가족 친화적 과세
- 기본공제 확대에 따른 형평성 확보
- 물가연동제를 통한 실질임금 기준의 세율 적용

단순히 세금을 덜 걷겠다는 것이 아니라, 실질소득 증가가 미미한 상황에서 중산층에 집중된 세부담 불평등을 바로잡고 지속 가능한 조세 구조를 만들겠다는 종합적 기획이 내포된 것이다.

3

국내생산 촉진세

•

내수 진작과 산업 육성을 위한 국내생산 촉진세를 도입한다

이재명 대통령이 예고한 조세 정책 중 하나가 '국내생산 촉진세(촉진세)'다. 주요 경제 공약 중 전략적이고 선명한 메시지가 담긴 이 공약은 단순한 조세 감면책이 아니다. 트럼프 2기 행정부 출범으로 촉발된 글로벌 보호무역주의 흐름에 대응해 국가전략 산업을 육성하고 기업들의 국내 생산기지 잔류를 유도하는 '두 마리 토끼'를 모두 잡기 위한 방안인 것이다.

이 대통령은 지난 2월 충남 아산 현대차 공장을 방문해 "기업 생산이 결국 그 나라 성장의 전부다. 일본과 미국도 도입하고 있는데, 세액 공제 제도를 새롭게 적용하는 '국내생산 촉진세'를 도입할 필요가 있다고 생각한다"고 말했다. 그가 언급한 촉진세의 핵심 내용은 국내에서 최종 제조된 제품을 국내 소비자에게 판매할 경우 해당 기업에 법인세 감면 등의 혜택을 제공하는 구조다. 단순한 기업 친화 정책이 아닌, 세제 개편을 통해 국내 제조업 경쟁력을 회복시

2025년 4월 28일 경기 이천 SK하이닉스 이천캠퍼스에 방문한 이재명 대통령. 출처: 연합뉴스

키겠다는 분명한 방향성을 드러낸 것이다.

이 대통령이 예고한 촉진세 도입의 구체적 윤곽은 더불어민주당의 입법안을 통해 확인할 수 있다. 지난 3월 김태년 더불어민주당 의원은 전략산업 촉진을 위한 조세특례제한법 개정안을 대표 발의했다. 핵심 내용은 전략산업 제품을 국내에서 생산하고 판매하는 기업의 경우 생산비용의 15% 상당의 금액을 해당 사업연도의 법인세나 소득세에서 최대 10%까지 공제받을 수 있도록 하는 것이다. 적용 대상 산업은 반도체, 이차전지, 백신, 디스플레이, 청정수소 관련 제품, 미래 자동차, 바이오의약품 등 국가전략산업이다. 이른바 '산업안보'를 고려한 세제 개편을 추진한 것이다.

영업이익이 없는 기업도 세액공제액을 현금으로 지급하는 '직접

환급' 조항도 향후 추진 가능성이 높다. 김태년 의원의 발의안에는 납부할 세액이 없거나 또는 공제할 세액이 적거나 초과하는 경우 과세를 이연하거나 환급해 주는 내용도 담겼다. 아울러 해당 환급권을 제3자에게 양도할 수 있도록 해 기업 간 유동성을 확대하려는 조세 금융화 전략도 엿보인다.

이는 영업이익을 내기까지 상당한 시간이 필요한 전략산업의 특성을 고려해, 현행 법인세 공제 중심의 세제 구조로는 감세 혜택을 실질적으로 받기 어려운 배터리 업계 등 대규모 초기 설비투자가 필요한 업종에 효과적인 맞춤형 해법을 제시한다.

이런 제도는 기존 세제와 비교해 여러 측면에서 뚜렷한 차별성이 있다. 우선 '국내생산 여부'를 세제 지원의 핵심 자격 요건으로 명시함으로써 단순한 투자나 고용 확대보다 실질적인 제조 기반 유치와 생산 활동 자체를 우선 평가 기준으로 삼았다. 그간 투자 금액이나 고용 규모 중심이던 기존 조세특례 방식과는 다른 '생산지의 실체'에 주목한 설계다.

또한 기존 세액공제가 기업에서 이익이 발생되고 난 이후에야 실효가 있는 구조였다면, 이 대통령의 정책은 적자 기업의 선투자에 대해서도 일정 보전을 약속함으로써 실질적 투자 유인을 강화하는 데 의미가 있다.

이 대통령의 '촉진세 도입'은 미국의 상호 관세 조치로 대표되는 글로벌 보호무역주의 기조 확산과 맞닿아 있다. 미 정부는 한국산 자동차와 철강 등 수입품에 25% 관세를 부과하겠다고 밝히는 등

해외 주요국 자국산업 육성정책 세제 분야

국가	주요 정책	핵심 내용
미국	인플레이션 감축법(IRA)	세액공제, 직접환급, 공제권 양도
일본	전략분야 국내생산 촉진세제	전략산업 설비투자에 세제 혜택
유럽연합	기후 중립 산업 전략	역내 생산 목표 설정, 세제·조달 우대 지원

출처: 각국 정책 종합

자국 산업의 보호와 동시에 해외 기업의 미국 내 생산 유도라는 두 가지 효과를 노리고 있다. 또 IRA를 통해 자국 첨단산업 기업을 대상으로 세액공제액을 환급하는 '직접환급Direct Pay'과 제3의 기업에 양도하는 '미사용 공제액 양도Transferability'도 운영해 첨단 기업들을 자국으로 불러들이고 있다.

일본 역시 산업 경쟁력 강화법을 개정하며 '촉진세'와 유사한 '전략분야 국내생산 촉진세제'를 지난해 도입했다. EU 역시 '기후 중립 산업 전략'을 통해 전략기술을 지정해 역내 생산 목표를 세우고, 이와 관련한 세제 혜택, 규제완화, 공공 조달 우대 등 다양한 지원책을 마련 중이다.

대한민국은 수출이 경제의 큰 축을 이루는 만큼 이 같은 국제적 움직임에서 자유로울 수 없다. 자칫 국내 생산 시설의 무더기 해외 이전이 현실화 될 경우, 고용 부진은 물론 지역 경제 침체가 가속화될 수 있다. 이는 단순한 제조업 이탈이 아닌 '국가 역량 외주화'라는 구조적 문제로 이어질 수 있다.

특히 자국 산업의 육성은 단순한 경제적 이익을 넘어서 국가의 전략적 자율성과 지속 가능한 성장의 기반을 마련하는 핵심 요소다. 글로벌 공급망의 불확실성이 증가하는 현시점에서, 국내 제조업의 경쟁력 확보는 국가 안보와도 직결되는 사안이다.

이처럼 세계 주요국들이 앞다퉈 자국 내 생산 기반을 유치하기 위해 세제와 규제정책을 총동원하는 가운데, 한국 역시 능동적인 대응 전략 없이는 산업 경쟁력 약화와 기술 종속의 위험을 피할 수 없다는 위기의식이 커지고 있다.

이재명 정부 역시 이러한 보호무역주의 흐름에 대응하겠다는 의지를 명확히 밝혔다. 이 대통령은 지난 4월 28일 SK하이닉스 이천캠퍼스를 방문한 자리에서 "미국과 일본, 유럽연합이 경쟁적으로 반도체 지원 정책을 발표하고 있다"며 "국가 차원의 지원과 투자가 필수적"이라고 강조했다. 이는 이 대통령이 일관되게 주장해온 '국가주도성장론'의 핵심 메시지를 재확인한 발언으로, 산업 전략의 재편과 정부의 역할 강화라는 두 축을 동시에 짚은 것으로 해석된다.

4

재정 정책

성과 중심으로 재정 건전성을 평가해 눈먼 돈을 줄인다

모든 정부의 경제정책은 궁극적으로 재정 운용이라는 토대 위에서 실현된다. 이재명 정부 역시 예외가 없을 것이다. 조세를 통해 자원을 조달하고, 재정을 통해 정책을 구현한다는 것, 즉 '어떻게 세금을 걷고 어디에 지출할 것인가'는 정부의 철학과 우선순위를 가늠하는 창이다. 이재명 대통령의 경제 구상을 이해하려면, 그가 추구하는 조세와 재정 운용의 철학부터 살펴볼 필요가 있다.

이재명 대통령은 최근 직접적인 재정 관련 발언을 자제하고 있지만, 지난 3월 출간된 책 《잘사니즘 : 포용적 혁신 성장》에서 새 정부의 조세와 재정 운용 철학을 엿볼 수 있다.

이재명 대통령과 경제전문가 9인이 공저한 《잘사니즘: 포용적 혁신 성장》.

대선 캠프 시절부터 경제 분야 주

요 인사로 분류된 구윤철 전 국무조정실장은 책 《잘사니즘》을 통해 단순한 국가채무를 억제하는 것이 아니라, 재정의 '내용'과 '성과'가 중요하다는 점을 강조했다. 즉 "확장재정이냐 긴축재정이냐"라는 고전적인 이분법은 의미가 없다는 주장이다. 중요한 것은 돈을 얼마 쓰느냐가 아니라, 어디에 어떻게 쓰느냐를 보여주는 '성과중심의 재정건전성 평가'가 재정 운용의 핵심이 돼야 한다는 것이다.

이 논리는 이 대통령이 평소 강조해 온 '실용주의'와 맥을 같이한다. 국민의 삶을 실질적으로 개선할 수 있다면, 이념이나 관행은 얼마든지 유연하게 바꿔야 한다는 입장이다.

이런 관점에서 이재명 정부의 재정정책은 우선 단순히 확장재정을 지향하기보다는, '투자성 재정지출의 확대'에 방점이 찍힐 가능성이 크다. 구윤철 전 실장은 "재정 적자가 늘어나더라도 그 이유가 투자성 지출의 확대이고, 그러한 투자로 인하여 경제성장이나 물류비 절약 등 산업 경쟁력이 중장기적으로 높아진다면 좋은 방향"이라고 밝혔다. 이 대통령 역시 후보 시절부터 반도체, 배터리, 인공지능 등 미래 전략산업에 대한 과감한 국고 투입을 강조해왔다. 산업적 파급력이 큰 분야에 대해서는 '정부가 초기 위험을 떠안는 구조'가 필요하다는 것이 그의 소신이다.

재정지출에 대한 성과 중심의 접근은 과거 국책연구원의 연구를 통해서 입증된 부분이 있다. 이강구 KDI 연구위원은 2022년 보고서에서 정부지출을 정부소비(재화 및 용역), 정부투자(자본지출), 이전지출(보조금 등)로 나누고 이들이 각각 GDP, 소비, 투자에 미치는

성질별 재정지출이 시간이 지나며 GDP·투자에 미치는 영향

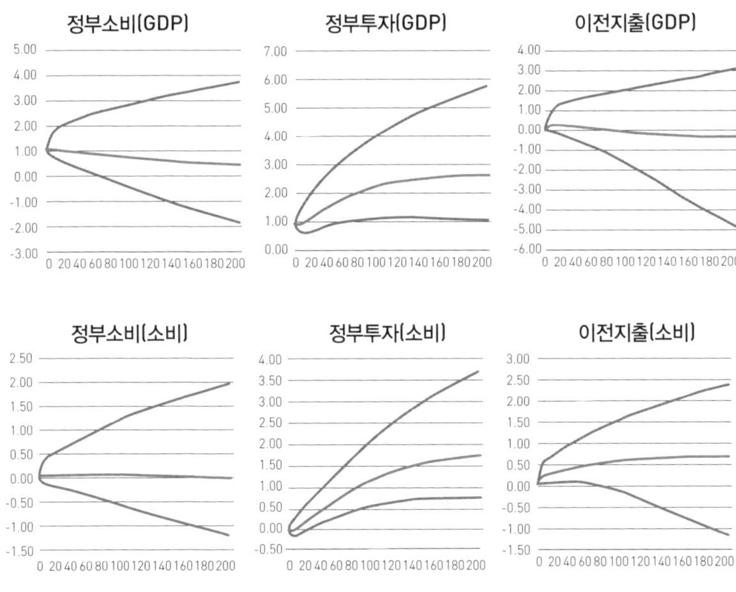

출처: 〈분야별 재정지출의 경제적 효과와 정책시사점〉, 이강구 KDI 연구위원, 2022.

효과를 분석했다.

그 결과, 정부 소비는 GDP 및 소비에 단기적 효과는 있지만 지속성은 떨어졌고, 반면 정부투자는 시간이 지날수록 GDP와 투자에 더 큰 긍정적 영향을 미쳤다는 결론이 나왔다.

이재명 정부에서는 '재정 건전성'이라는 개념 자체에 대한 정의를 바꾸려는 시도가 동반될 것으로 보인다. 전통적으로 한국 사회는 GDP 대비 국가채무비율을 재정 건전성의 핵심 지표로 삼아 왔다. 그러나 이재명 정부는 이 같은 단일 수치 중심 평가 방식에 문제를 제기하고 있다. 예컨대 벤처 창업에 10조 원을 투자해 민간에서 100조 원의 성장을 이끌어냈다면, 그 채무는 오히려 건전한 투자라는 것이다. 따라서 성과 중심 재정 평가 방식을 도입하면, 향후 재정 논의는 단순한 숫자 경쟁이 아닌 질적 평가로 전환될 가능성이 높다.

보조금 및 지방재정의 구조 개편 가능성도 있다. 이 대통령은 과거 성남시장과 경기도지사 시절부터 '분무기식 보조금'과 '나눠 먹기식 공모사업'에 대해 강한 비판적 입장을 보여왔다. 2019년에는 경기도에서 민간보조금 사업에 대한 집행 및 정산 실태, 보조사업 허위신청 및 부정수급 여부 등을 점검하고 현장 확인을 주문하기도 했다.

이와 관련하여 이 대통령의 저서에서는 전향적인 지자체 재정 운용 방안을 제시했다. 정부가 지자체의 사업마다 재원을 주는 것이 아닌, 지자체에 일정 총액을 배분하고 그 안에서 예산 설계의 자율성을 부여해 주는 방식이다. 이를 통해 행정의 효율성을 높일 뿐 아니라, '성과에 따라 보상받는 지방재정 시스템'을 구현하겠다는 철학을 드러낸 것이다. 이 대통령이 과거 성남시장, 경기지사 시절부터 지역 정책에 높은 관심을 보여온 점을 감안하면 중앙과 지방 간 재정 관계의 판도에도 변화를 줄 가능성이 있다.

이 대통령은 증세-감세 논쟁을 넘어서려는 의지도 피력해 왔다. 이재명 대통령은 자신을 상징하는 '기본소득' 정책 등으로 인해 증세 이미지가 강하지만, 실제로는 무분별한 증세에 선을 긋고 있다.

그는 지난 4월 17일 대전 국방과학연구소 방문을 마치고 나오는 길에 "재정 문제를 해결하기 위해 손쉽게 증세 얘기를 하는 것은 적절하지 않은 것 같다"며 "우선은 국가 재정을 효율적으로 재편성하는 데서 가능성을 찾아야 하지 않겠냐는 생각을 갖고 있다"고 밝힌 바 있다.

요컨대 이재명 정부의 재정 운용은 '돈을 어디에 쓸 것인가'라는 질문에 대해 뚜렷한 철학을 갖고 접근할 것으로 보인다. 재정지출을 단기적인 부양이나 정치적 인기몰이 수단으로 활용하는 것이 아니라 '국가 자산을 축적하고 미래를 개척하는 도구'로 보겠다는 입장을 내비친 것이다.

이러한 철학에 따르자면 채무를 무조건 줄이는 것이 능사가 아니라 채무를 활용해 더 큰 세수를 확보하고, 더 건강한 경제구조를 만드는 것이 진정한 재정 건전성이라는 논리로 관점 전환이 요구된다.

이 대통령은 대선 당시 "우리나라의 1년 GDP가 2,600조 원인데 (부채가) 1,000조 원이면 국가부채비율 50%가 안 된다"며 "다른 나라는 모두 국가부채가 110%를 넘고, 코로나 때 경제가 죽으니까 다른 나라는 GDP의 10~20% 가까이 빚을 지면서 국민들을 지원해 줬다"고 말했다. 이어 "우리나라는 국민들한테 공짜로 주면 안 된다는 희한한 생각 때문에 그냥 돈을 빌려만 줬다. 자영업자, 민간이고 다 돈 빌리는 바람에 다 빚쟁이가 됐다"며 "이자 내느라 소득도 얼마 안 되는데 빚 갚느라고 정신없지 않나. 그래서 경제가 죽고 있지 않나"고 덧붙였다.

경제의 한 축인 내수 활성화를 위해선 과감한 정부 지출도 마다하지 않겠다는 의지를 내비친 것이다. 물론 이러한 정책 구상이 실현되기 위해서는 여러 난관이 있을 것이다. 기존 예산관료 조직의 관성, 정치적 타협의 필요성, 불확실한 경제 상황 등이 발목을 잡을 수 있다. 그러나 이재명 정부가 '단기수지'가 아닌 '장기역량'을 키우는 재정 운용을 시도한다면 한국 경제는 위기 속에서 새로운 성장동력을 얻을 수 있을 것이다.

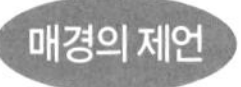

국가채무비율을 억제하는 재정준칙 만들자

정치는 늘 '지금'의 유혹에 노출되어 있다. 유권자의 박수를 가장 많이 받을 수 있는 정책은 지금 당장 효과가 눈에 보이는 정책이기 때문이다. 그 박수로 인해 한 세대는 안도할 수는 있다. 그러나 국가라는 공동체는 미래 세대도 설 수 있는 기반까지 고민해야만 지속 가능하다. 진짜 문제는 그 다음이다. 만약 다음 세대가 설 자리를 잃는다면, 그 정권의 유능함은 무엇으로 증명할 수 있겠는가?

이재명 정부에 대한 국민적 기대 중 하나는 확장적 재정정책에 있다. 지역화폐의 확대, 소득세 감면 등은 모두 지역경제와 민생을 살리려는 '선한 의도'에서 비롯된 것으로 보여, 그 자체로 비판받을 성격의 정책은 아니다. 문제는 이 정책들이 가진 공통점이다. 하나같이 '현재'에만 집중해 있다는 점이다. 정책의 수혜자는 현재 세대인데, 정책의 부담은 미래 세대의 몫이다.

한국은 지금 저출생과 고령화로 인한 인구 구조의 급변이라는 가파른 경사면을 내려가고 있다. 이는 예고된 재난이 아니라, 지금도 진행 중인 재난이다. 태어나는 아이는 줄고, 일하는 사람은 줄어드는 반면에 복지 수요는 걷잡을 수 없이 불어난다. 이로 인해 국가 예산은 자연스럽게 의무 지출 중심으로 편중되며, 결과적으로 국가채무는 가파르게 상승할 수밖에 없다.

기획재정부에 따르면, 국가채무는 2024년 1,196조 원에서 2028년 1,512조 원으로 늘어날 전망이다. 연평균 채무 증가율은 6%가 넘으며, GDP 대비 국가채

연도별 국가채무 전망

단위: 조 원

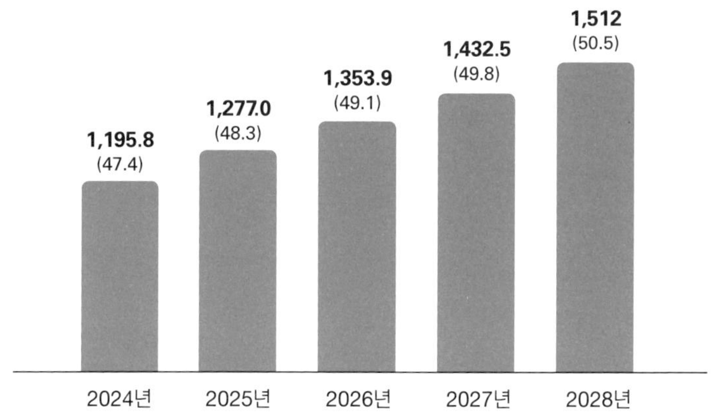

*( )안은 GDP 대비 비율 %

출처: 기획재정부

무 비율은 47.4%에서 50.5%로 상승한다.

일각에서는 대한민국의 국가채무 비율은 미국, 일본 등 주요 선진국과 비교하면 양호한 수준이란 말이 있지만, 비기축통화국인 한국은 국채 수요가 이들 국가들과 달리 크지 않아 재정 건전성 관리에 유의해야 함은 말할 필요 없다.

문제는 이재명 정부가 운용할 나라 곳간의 사정이 점점 악화되고 있다는 것이다. 지난해 국제통화기금(IMF)이 발간한 보고서상 한국의 GDP 대비 정부부채 비율은 10년간 17.5% 포인트가 높아져 비기축통화국 11개국 가운데 싱가포르를 제외하고 두 번째로 큰 폭으로 증가했다.

여기에 더해 향후 재정수지 전망 역시 밝지 않다. 국회예산정책처는 향후 5년간 정부의 총수입이 기존 추산치보다 48조 원 감소하고, 복지 분야의 의무지출은 33조 5,000억 원 증가할 것으로 예측됐다. 즉, 더 적게 걷고 더 많이 써야 하는

2025년 1월 23일, 서울 여의도 국회에서 열린 신년 기자회견에서 이재명 대통령(당대표 시절)은 대표 브랜드로 내세웠던 기본소득 공약에 대해 "재검토를 심각하게 고민 중"이라고 밝혔다. 확장적 재정 정책에 대한 재고 여지를 드러낸 발언이었다.

출처: 연합뉴스

구조적인 재정 압박에 놓이는 셈이다.

이런 상황에서 확장재정 기조를 그대로 유지하는 것은, 마치 물이 바닥나는 것을 알면서도 계속 저수지에 물을 퍼붓는 것과 같다. 당장 겉으로는 촉촉해 보일지 모르나 머지않아 바닥이 드러난다. 기반이 흔들릴 때 가장 먼저 타격을 입는 것은 사회적 약자다. 복지국가를 지향하는 정권일수록 복지의 외연보다 복지의 지속가능한 토대를 지키는 데에 더욱 철저해야 한다.

예를 들어, GDP 대비 관리재정수지 적자 비율을 3% 이내로 유지하겠다는 원칙은 단순한 재정 지표가 아니라, 정부가 미래세대와 맺는 일종의 신뢰 계약이다. 이는 정권이 단기적 지지율이나 선심성 정책의 유혹에 흔들리지 않고, 재정 건전성을 스스로 지켜내겠다는 자율적 규율의 선언이기도 하다.

이러한 장치가 없다면, 결국 가장 근본적인 질문인 "우리는 무엇을 위해 얼마를 어떻게 쓰고 있으며, 미래를 위한 준비는 되어 있는가"를 놓치게 될 것이다.

이재명 정부는 정책의 타당성을 재정의 원칙과 균형을 통해 명확히 입증해야 한다. 지역화폐 정책이 지역 경제 활성화를 목표로 한다면, 중앙정부의 재정 균형을 훼손하지 않는 범위 내에서 설계되어야 한다. 소득세 감면이 근로자의 세 부담을 줄이기 위한 목적이라면, 조세 형평성과 과세 기반을 침해하지 않는 정밀한 제도 설계가 필요하다. 정부가 미래를 말하면서 동시에 미래 세대의 재정 여력을 축소시킨다면, 그것은 정책적 모순이며, 책임 있는 재정운용이라고 볼 수 없다. 정치가 다음 세대를 위해 해야 할 일은 선택 가능한 재정 여지를 확보해 두는 것이다.

정치가 다음 세대에 남길 수 있는 가장 값진 유산은 성장이 아니라 여백이다. 어떤 지도자가 어떤 판단을 하든 미래 세대가 쓸 수 있는 재정의 여백, 정책의 여백, 선택의 여백을 남겨두는 것이 책임이라는 이름의 선물이다.

PART 8

규제 혁신과 기업친화 정책: 소득 5만 달러, 선진국 도약의 조건

1

5만 달러 시대

3만 달러를 넘어 5만 달러 시대에 맞는 구조로 전환하자

대한민국은 2014년부터 11년간 1인당 국민총소득GNI 3만 달러의 벽에 갇혀 있다. 한국은행 경제통계시스템ECOS에 따르면 대한민국의 1인당 GNI는 2014년 3만 797달러를 기록하며 처음으로 국민소득 3만 달러 시대를 열었다.

2024년 세계은행은 대한민국을 '중진국 함정'을 극복한 모범 사례로 꼽으며 '성장 슈퍼스타'로 치켜세웠다. 대한민국의 1인당 국민총소득은 1994년 1만 달러, 2005년 2만 달러, 2014년 3만 달러를 돌파하며 전 세계 유례없는 성장으로 선진국 대열에 올라섰다.

그러나 대한민국은 처음 3만 달러를 넘은 후 11년째 4만 달러 문턱을 넘지 못하고 있다. 일본은 1992년 3만 달러를 돌파한 이후 3년 만에 4만 달러를 넘어섰고 영국과 프랑스도 각각 2년과 3년이 걸렸다. 다른 선진국들이 국민소득 3만 달러에서 4만 달러로 가는 데 3년도 걸리지 않은 것과 비교하면 대한민국은 말 그대로 3만 달

러 함정에 빠져버린 것이다.

대한민국의 성장 엔진에 경고등이 켜진 것은 4만 달러 시대를 목전에 두고서다. 사상 초유의 팬데믹과 미·중 갈등 등 국제 질서의 격랑기라는 외부 요인도 컸다. 하지만 대한민국이 3만 달러 함정에서 벗어나지 못하는 원인은 결국 내부에 존재한다. 바로 지속적인 저성장이다.

2010년대까지 3%대를 유지하던 한국의 실질 GDP 증가율은 이제 1%대에 고착되어 있으며, 자칫하면 0%대 초저성장 시대가 열릴 것이라는 암울한 경고도 현실화할 가능성이 점점 커지고 있다.

IMF는 대한민국이 1인당 GDP 4만 달러를 달성하는 시점이 애초 예상보다 늦춰질 것이라는 전망을 내놨다. 2025년 4월에 발표한 〈세계경제전망〉 보고서에 따르면 대한민국은 4년 뒤인 2029년에야 1인당 GDP 4만 달러를 돌파할 것으로 예상했다. 지난해 10월까지만 해도 대한민국의 1인당 GDP 4만 달러 달성 시점을 2027년으로 예상했으나 6개월 만에 발표한 수정 전망에서 2년을 늦춘 것이다.

IMF의 수정 전망에서 추정한 2025년 대한민국의 1인당 GDP는 3만 4,642달러다. 이는 전년 대비 4.1% 감소한 수치다. IMF 기준 대한민국의 1인당 GDP는 2020년 3만 3,653달러에서 2021년 3만 7,518달러까지 증가했다가 2022년 3만 4,822달러로 줄었다. 이후 2023년 3만 5,563달러, 2024년 3만 6,129달러로 다시 늘었는데, IMF는 2025년 대한민국의 1인당 GDP가 다시 3년 전 수준으로 추락할 것으로 봤다.

충격적인 것은 대한민국의 1인당 GDP가 내년부터 대만에 역전될 것으로 전망됐다는 점이다. IMF는 내년 대만의 1인당 GDP가 대한민국보다 높은 3만 6,319달러에 이를 것으로 예상했다.

대만은 2025년 1분기 5.4%라는 GDP 성장률을 기록하며 깜짝 성장했다. 블룸버그 전망치인 3.6%를 훨씬 뛰어넘는 수치다. 1분기 경제성장률 –0.2%라는 성적표를 받아 든 대한민국과 너무나도 대조적이다. 대만은 올해 경제성장률 전망치를 기존 3.14%에서 3.6%로 상향 조정한 반면, 대한민국은 0% 성장률을 걱정해야 하는 상황이다.

대한민국보다 덩치가 15배나 큰 미국도 2024년 2.8% 성장했다. 같은 해 2% 성장한 대한민국을 앞섰다. 2025년에도 미국은 대한민국의 성장률을 앞설 전망이다. IMF는 2025년 미국이 1.8%, 대한민국이 1.0%씩 각각 성장할 것으로 내다봤다.

이런 차이는 어디서 왔을까? 바로 생산성 저하와 혁신 산업의 부재 등이 이유로 꼽힌다. 대한민국이 3만 달러 함정에서 탈출해 5만 달러를 향해 가기 위해서는 생산성을 선진국 수준으로 높이고 혁신 기업을 적극 육성해야 한다.

OECD에 따르면 2023년 기준 대한민국의 근로시간은 회원 38개국 중 6번째로 많지만 노동생산성은 시간당 44.4달러로 최하위권인 33위다. 미국(77.9달러), 독일(68.1달러) 등 선진국에 비해 현저히 낮으며 일본(49.1달러)보다도 더 떨어진다.

낮은 생산성은 잠재성장률을 갉아먹는 주요인이다. 한국은행은 대한민국의 잠재정상률이 2030년대에 1.1%로 떨어지고 2040년 중반에는 0.6%까지 추락할 것으로 전망했다.

낮은 생산성을 끌어올릴 수 있는 열쇠는 서비스업이다. 우리나라의 서비스산업은 전체 고용의 70%, 부가가치의 60%를 창출하지만 경쟁력은 주요국 대비 낮다. 2021년 기준 대한민국의 서비스 생산성은 취업자 1인당 6만 6,000달러로 미국의 51.5%, 프랑스의 76.7% 수준에 불과하다.

서비스업의 낮은 생산성 문제는 오래전부터 지적돼 왔던 만큼 민·관 모두에서 이를 풀어내려는 시도가 이어져 왔음에도 불구하고 성과는 거의 없었다. 2025년 들어 한국경제인연합회는 '서비스산업 경쟁력 강화위원회'를 출범했고, 기획재정부는 서비스산업 생산성을 끌어올릴 수 있도록 규제 개선을 위한 연구에 착수했다.

새 정부는 서비스업의 질적 성장을 이끌어내기 위해 이같은 기조에 힘을 실어줘야 한다. 잠재성장률과 직결되는 TFP의 제고 노력도 필요하다. TFP는 투입된 노동과 자본 외에 기술 혁신 등 눈에 보이지 않는 부문이 창출하는 부가가치 지표다. 기업의 R&D나 경영 혁신 등도 포함된다. TFP를 끌어올리기 위해서는 기술 개발·적용의 속도를 높이고 자원 배분 효율성을 높여야 한다.

이와 함께 대한민국의 미래를 책임질 혁신 기업의 등장이 절실하다. 미국, 대만 등 혼란의 시대에도 두각을 나타내는 국가들을 보면 혁신 기업들이 성장을 주도하고 있다. 미국에는 애플, 구

글, 엔비디아 등이 글로벌 시장을 점령했고, 대만에는 TSMC가 버티고 있다. 지금까지 삼성, SK, 현대차 등이 글로벌 시장에서 잘 싸워왔지만 3만 달러 함정에서 벗어나기 위해서는 다시 한번 도약할 발판이 필요하다.

인공지능은 대한민국에 새로운 기회가 될 수 있다. 한국은행이 발표한 〈AI와 한국경제〉 보고서에 따르면 모형 시뮬레이션 결과 AI 도입으로 우리나라 경제의 TFP는 1.1~3.2% 개선되고, GDP는 4.2~12.6% 늘어날 잠재적 가능성이 있다.

인공지능을 잘 활용하면 인구 감소로 인한 경제 위축을 상당 부분 메울 수 있을 것이라는 한국은행의 분석도 있다. 보고서에 따르면 고령화, 저출생에 따른 노동 공급 감소가 2023~2050년 대한민국의 GDP를 16.5% 감소시킬 것으로 추정되는데, AI를 통해 감소폭을 5.9%까지 줄일 수 있다는 것이다.

대선 기간 이재명 대통령의 싱크탱크 역할을 했던 '성장과통합'은 인공지능을 앞세워 2030년까지 3% 잠재성장률, 4대 수출강국, 국민소득 5만 달러라는 '3·4·5 성장전략'을 국가 비전으로 제시했다. 이 비전을 제대로 실행만 하면 국민소득 5만 달러 시대가 결코 꿈은 아닐 것이다.

다만 전면적인 대전환 없이 5만 달러 시대는 오지 않는다. 단순히 성장률을 높이는 문제를 넘어 경제 전반의 구조 전환이 필요한 시점이다. 새 정부의 선택은 '점진적 개혁'이 아니라 '과감한 리셋'이어야 한다.

2

기본사회는 기본

규제를 풀고, 사회적 기반을 다져야 진짜 선진국 된다

이재명 정부가 대한민국을 진정한 선진국으로 도약시키기 위해서는, 낡은 규제를 혁신하고, 공동체 신뢰를 회복하는 사회적 자본의 기반을 단단히 다져야 한다. 현재 대한민국의 GDP는 세계 10위권 국가로서 외형상 선진국 대열에 진입했지만, 경직된 규제와 낮은 사회적 신뢰 수준이라는 이중적 한계 구조를 여전히 안고 있다.

2025년 현재, 한국을 둘러싼 글로벌 환경은 최악으로 치닫고 있다. 도널드 트럼프 미국 대통령의 일방적인 관세 부과 조치는 수출로 먹고사는 한국 경제에 불확실성을 가중시키고 있으며, 반도체 등 국가 핵심 산업은 중국의 거센 추격을 받는 한편, 미국, 대만과의 첨단 기술 경쟁에서도 어려움을 겪고 있다.

내부적으로도 한국 경제는 잠재성장률 하락, 투자 위축, 사회 갈등 심화 등 복합 위기에 직면해 있다. 특단의 조치가 없다면 0%대 초저성장 시대가 고착화될 수 있다는 우려는 현실이 될 것이다.

이런 상황에서 이재명 정부가 제시해야 할 국정 방향은 분명하다. 기업 혁신을 촉진할 수 있는 개방적 환경 조성, 그리고 정책과 제도에 대한 국민 신뢰를 회복할 수 있는 투명하고 공정한 제도 설계와 운영이다.

규제 개혁은 선진국형 산업 구조로 전환하기 위한 필수 선결 과제다. 2023년 기준 우리나라의 상품시장규제지수PMR는 OECD 38개국 중 20위로 하위권에 머물고 있다. 한국의 경제 규모에 어울리지 않는 수준으로, 이는 빠르게 변화하는 산업 환경에 적응하지 못한 낡은 규제 체계가 급속히 재편되고 있는 산업 생태계의 발목을 잡고 있다는 의미다.

대표적인 규제 실패 사례가 바로 '타다금지법'이다. 타다금지법은 2020년 3월 여야가 선거를 앞두고 택시업계의 여론을 의식해 통과시킨 여객자동차운수사업법 개정안으로, 타다의 영업을 사실상 불법화했다. 이로 인해 심야 택시난이 악화되고, 택시 호출 시장은 카카오의 독점 구조만 남았다는 비판이 이어졌다.

이후 법원은 타다가 불법이 아니라는 판단했지만, 이미 혁신의 불씨는 모두 꺼져버린 뒤였다. 당시 법안에 찬성했던 일부 국회의원들은 뒤늦게 "혁신을 가로막았다. 부끄럽고 반성한다"며 유감을 표명했고, 더불어민주당 원내대표였던 박광온 전 의원은 "시대 변화의 흐름을 정치가 따라가지 못한 사례"라고 자백했지만, 결과는 되돌릴 수 없었다.

이런 실수를 다시 저지르지 않기 위해서, 이재명 정부는 한국의 규제 체계를 근본적으로 개편해야 한다. 네거티브 규제 등 시장 우선 원칙을 더욱 확대하고, 민간이 함께 참여하는 규체 협의체를 가동해 신뢰 기반의 규제 거버넌스를 정립할 필요가 있다.

규제 혁파는 선진국형 산업 구조로 가는 지름길이다. 규제 개혁을 통해 스타트업과 벤처기업이 자유롭게 혁신할 수 있도록 환경을 마련해야 한다. K-팝이 해외 시장을 장악한 것처럼 한국의 스타트업이 한국 시장을 자양분으로 삼아 유니콘 기업을 넘어 글로벌 무대에서 사업을 펼칠 수 있도록 적극적인 지원이 요구된다.

현재 글로벌 100대 유니콘 기업 가운데 17개 기업은 한국의 규제로 인해 국내에서 사업을 할 수 없는 상황이다. 이는 곧, 그 17개 기업은 한국에서 창업 자체가 불가능했다는 의미이기도 하다.

더불어민주당이 규제 합리화 업무를 전담하는 규제혁신부 신설을 검토하는 것은 상당히 긍정적으로 평가된다. 현재 국무조정실이 규제 개선 업무를 담당하고 있지만, 각 부처에 권한이 분산돼 있다 보니 작업에 한계가 있었다.

이재명 대통령은 미래 핵심 산업인 인공지능에 대한 규제를 과감히 풀겠다고 이미 공언한 바 있다. 인공지능은 물론 다양한 혁신 산업이 한국에서 태동할 수 있도록 대통령의 과감한 결단이 필요한 때다.

규제 개혁만으로는 충분하지 않다. 규제 개혁과 더불어 반드시 병행돼야 할 과제가 바로 강력한 사회적 자본의 구축이다. 사회적 자본은 정부, 기업, 국민 상호 간 신뢰와 협력 수준을 의미한다. 이는 곧 경제정책의 효과성과 제도의 지속 가능성을 좌우하는 핵심 변수다.

그러나 영국 싱크탱크인 레가툼 연구소가 발표한 '2023 번영지수'에 따르면 구성원 간의 협력, 규범, 신뢰 등을 총괄하는 사회적 자본 지수는 한국이 조사 대상 167개국 중 하위권인 107위로 상당히 저조하다. 번영지수는 2007년부터 '가장 부유하고 건강하며 행복한 나라'를 가려내기 위해 고안한 지표로 3개 분야 12개 항목을 평가한다.

한국경제연구원이 세계은행의 '세계 거버넌스 지수WGI' 구성 지표인 '정치적 안정성'과 '정부 효과성'을 활용해 산출한 '정치·사회·행정 불안정성 지수'도 OECD 38개 회원국 중 27위에 그쳤다. 그만큼 사회적 자본의 결핍이 상당히 심각하다는 뜻이다. 이러한 사회적 자본의 결핍은 곧 경제성장의 걸림돌로 작용한다. 김성순 단국대 무역학과 명예교수는 '정치 양극화가 경제성장에 미치는 효과 분석' 논문을 통해 사회적 자본과 경제성장률 간 상관관계를 증명했다.

김 교수는 WGI 지표 중 사회적 자본에 포함되는 규제의 질, 준법성, 정부 정책의 유효성 등 세 가지 요인과 경제성장률의 관계를 연구했다. 그 결과 사회적 자본이 평균에서 멀어질수록 경제성장률도 하락한다는 점을 분석했다.

2025년 들어 국내 정치 불안과 트럼프 2기 행정부 출범으로 인해 경제 정책의 불확실성은 5년 만에 최고 수준으로 치솟았다. 대한상공회의소 산하 지속성장이니셔티브SGI가 올해 발표한 '경제정책 불확실성 지수'는 365.14로 64개월 만에 최고치를 기록했다.

경제정책에 대한 불확실성 증가는 투자 위축으로 이어진다. 기업이 안심하고 투자할 수 있게 하려면, 정부는 일관되고 예측 가능한 정책 기조를 유지해야 한다. 이재명 정부가 출범 즉시 가장 먼저 해야 하는 첫 번째 과제는 국민과 기업에 정책의 중장기 비전을 공유하고 경제정책의 불확실성을 최소화하는 것이다.

한국경제연구원에 따르면 정치, 사회, 행정의 불안정 수준이 G7 1위인 캐나다 수준으로 개선될 경우 1인당 GDP 성장률은 0.5% 포인트 증가하는 것으로 분석됐다. OECD 1위인 뉴질랜드 수준으로 개선되면 1인당 GDP 성장률은 0.7% 포인트 증가하는 것으로 나타났다.

규제 개혁과 사회적 자본 축적의 출발점은 대통령의 리더십 회복이다. 이재명 정부는 국민과의 소통을 강화하고, 국정 전반의 투명성을 높이며 실질적 성과를 통해 신뢰를 쌓아 나가야 한다. 단순한 국정 홍보가 아니라 국정 운영의 원칙을 지키고 진정성을 보여야 한다.

국가는 기업이 혁신에 집중할 수 있도록 예측 가능한 환경을 만들고, 기업은 적극적인 투자와 지속 가능한 경영으로 사회적 책무를 다해야 한다. 국민들은 협력과 참여로 공동체 역할을 수행할 수 있도록 해야 한다. 이 세 가지 축이 잘 맞물릴 때 한국은 단순한 경제 대국을 넘어 진정한 선진국으로 도약할 수 있다. 이재명 정부의 국정 운영이 그 기폭제가 돼야 한다.

3

세금 합리화

•

법인세, 상속세를 완화해 기업을 운영하기 좋은 나라를 만든다

대한민국은 명실상부한 세계 10위권의 경제 대국이 되었지만, 제도적 측면에서는 여전히 '선진국의 문턱'에 머물러 있다. 특히 경제의 역동성, 지속 가능성, 글로벌 경쟁력이라는 측면에서 보면 과감한 구조 개편이 필요한 시점이다. 전문가들이 선진국으로 가기 위해 개혁해야 할 분야로 지목하는 것은 바로 조세 제도, 특히 법인세와 상속세다. 세계 주요국과 비교할 때 대한민국의 세제는 여전히 시대에 뒤처진 구조에 머물러 있으며, 경제 활력을 저해하는 방향으로 작동하고 있다.

2024년 기준 대한민국의 명목 법인세 최고세율은 지방세를 포함하면 약 26.4%에 이른다. 이는 OECD 회원국 평균(23.6%)보다 높고, 글로벌 투자 허브로 자리 잡은 아일랜드(12.5%), 싱가포르(17%)와 비교하면 2배 수준이다. OECD 38개국 중 대한민국은 11위로 높은 수준이며 중국(25%), 대만(20%) 등 아시아 경쟁국들과 비

2024년 기준 법인세 명목 최고세율(지방세 포함) 단위: %

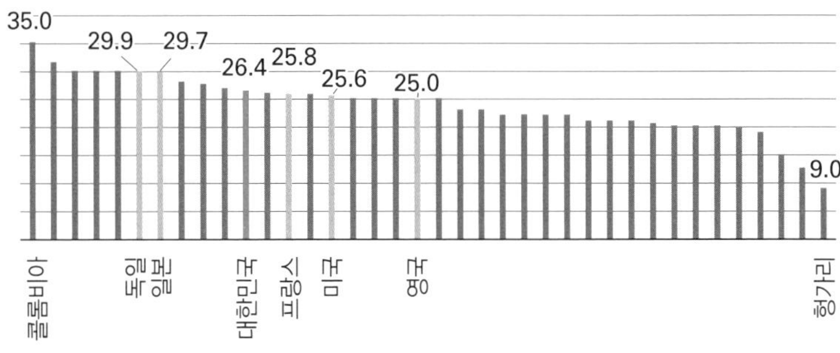

출처: Worldwide Estate and Inheritance Tax Guide(EY)

교해도 경쟁력이 낮다. 특히 GDP 대비 법인세수(지방세 포함)의 비율 역시 2023년 기준 4.2%로 미국, 영국, 프랑스, 독일, 일본 등 G5(2.9%)의 1.4배 수준이다.

더 큰 문제는 대한민국이 글로벌 세제 트렌드를 따르지 못하고 있다는 점이다. 최근 몇 년간 주요 선진국들은 법인세율을 지속적으로 인하해 왔다. 영국은 2010년대 초반부터 단계적 인하를 통해 현재 25%로 조정했으며, 미국은 트럼프 행정부 당시 파격적으로 35%에서 21%로 인하했다. 프랑스 역시 기업 경쟁력 강화를 위해 33%였던 세율을 25%까지 내렸다. 한국만이 상대적 고세율을 유지한 채 글로벌 환경의 변화를 따라가지 못하고 있는 것이다.

법인세율이 높을수록 기업의 설비투자, 고용 확대, R&D 투자가 위축된다. 한국경제연구원의 분석에 따르면, 법인세율이 1%포인트 인상되면 장기적으로 설비투자는 3.97% 감소, 실업률은 0.56%

국내 설비투자·해외직접투자 변동 추이

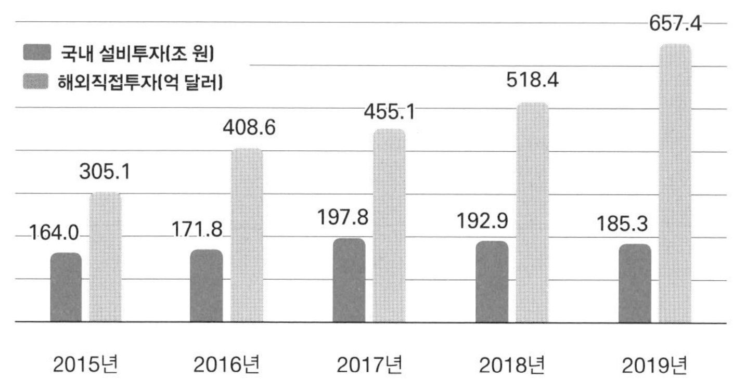

출처: 한국은행, 수출입은행

포인트 증가하고 세수는 6조 3,000억 원 정도 줄어드는 것으로 추정된다.

또한 국내외 기업에게 대한민국의 법인세 구조는 진입 장벽이 될 수 있다. 경쟁국들이 공격적인 세제 인센티브를 제공하는 상황에서, 대한민국은 기업환경 개선 없이 '법인세 납부만 충실한 국가'로 인식될 위험이 있다. 이는 결국 국내 투자 매력도 하락에 따른 외국 자본의 유입 둔화로 이어지고, 고용과 성장 잠재력의 위축으로 이어진다.

실제로 대한민국은 지난 2018년 법인세율은 22%에서 25%로 인상한 후 국내 투자가 감소한 반면 해외투자는 증가해다. 반면 같은 해 법인세율을 기존 35%에서 21%로 낮춘 미국의 경우 해외 투자가 줄어들고 기업의 '리쇼어링'이 뚜렷하게 나타났다.

복잡한 누진제를 운영하며 소수의 대기업에 대한 세금 부담이 과중한 점도 재검토할 필요가 있다. OECD 38개국 중 35개국은 법인세를 단인세율로 과세한다. 과세표준 구간이 4단계 이상인 국가는 OECD 중 대한민국이 유일하다. 실제 미국 조세재단은 2022년 기준 OECD 회원국을 대상으로 발표하는 조세경쟁력지수를 발표하며 대한민국의 종합 순위를 25위로 발표했다. 특히 법인세 분야는 34위에 그쳤다. 복잡한 세법체계로 국내에서의 법인 활동이 제약된다는 이유에서였다.

한국 조세 제도의 문제점이 더 심각하게 드러난 분야는 상속세다. 대한민국은 일본에 이어 세계에서 두 번째로 높은 상속세율(최대 50%)을 유지하고 있으며, 최대 주주 주식에 대해 20%의 할증과세가 붙어 실질 세율은 60%에 달한다. OECD 38개국 중 상속세를 유지하는 국가는 절반 수준이며, 그중 다수는 실효세율이 20% 이하다. 아예 상속세를 폐지한 나라도 있다. 스웨덴은 2004년, 노르웨이는 2014년에 상속세를 없앴고, 오스트리아, 체코, 뉴질랜드, 이스라엘 등도 상속·증여세 자체가 없다. 상속세를 부과하는 23개국 중 직계비속 상속에 대해 상속세를 부과하지 않은 나라도 5개국이나 있다.

문제는 세율의 높고 낮음이 아니라 그로 인해 발생하는 실질적 결과다. 과도한 상속세는 기업 승계를 어렵게 하고, 경영권 분쟁의 씨앗이 되며, 결국 우량 중소·중견기업의 해체로 이어지기도 한다.

OECD 주요국 상속세 최고 세율 단위: %

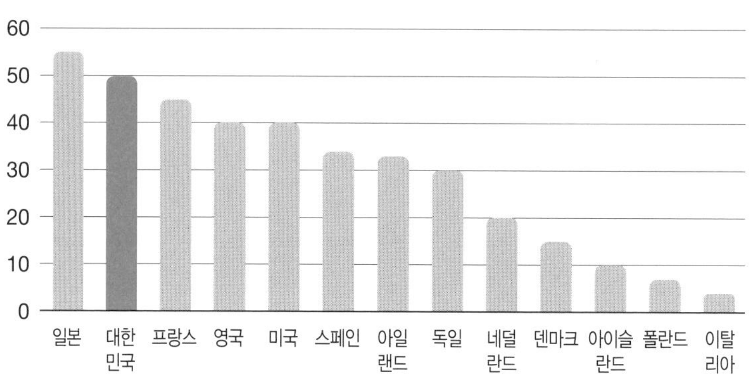

출처: Worldwide Estate and Inheritance Tax Guide]

실제로 대한상의 조사에 따르면, 대한민국 기업인의 70% 이상이 "상속세 부담 때문에 승계를 포기하거나 해외로 이전을 고려한 적이 있다"고 응답했다.

1973년 설립된 세계 1위 콘돔 생산업체 유니더스는 창업주인 김덕성 회장의 별세 후 약 50억 원의 상속세 부담을 견디지 못한 아들이 2017년 사모펀드에 지분을 매각하기에 이르렀다. 국내 대표 종자 기업인 농우바이오 역시 2013년 창업주 별세 후 1,200억 원의 상속세를 마련하지 못해 유족들이 회사를 농협에 매각하기도 했다.

자본 유출과 국내 증시의 디스카운트(저평가)는 바로 여기서 비롯된다. 가족기업의 지속성이 단절되고, 자산이 외국으로 빠져나가는 구조는 결코 선진국의 모습이 아니다.

이러한 조세 구조는 단지 기업인만의 문제로 치부할 수 없다. 세제는 경제의 뼈대이고, 기업이 살아야 일자리가 늘어나며, 혁신과 성장의 선순환이 이뤄진다. 대한민국이 '복지국가'를 지향하면서 동시에 '고부가가치 경제'를 실현하려면, 기업이 돈을 벌 수 있는 환경을 먼저 만들어줘야 한다. 세금은 성장을 따라가야지 성장을 가로막아선 안 된다. 지금처럼 법인세와 상속세가 '징벌적 성격'을 띠고 있다면 이는 시장에 대한 정부의 신뢰 상실을 자초하는 셈이다.

물론 조세는 단순히 낮추는 것이 능사는 아니다. 재정 건전성과 형평성, 조세 저항 모두를 감안한 정교한 설계가 필요하다. 하지만 지금의 대한민국의 조세 구조는 오히려 형평성과 실효성 모두를 잃고 있다. 상속세의 경우 세율은 높지만 실제 납부율은 10% 미만이며, 부자일수록 회피 수단을 찾아내기 쉬운 구조다. 법인세 역시 전체 세수에서 차지하는 비중이 16% 수준으로 결코 작지 않지만 대기업이 대부분 부담하고 중소기업은 여전히 혜택에서 소외돼 있다.

대한민국이 제도적 선진국으로 도약하려면, 이제는 세제 개편을 더 이상 미룰 수 없다. 법인세는 국제 수준에 맞춰 하향 조정하고 상속세는 세율 조정보다는 과세 구조를 전환하는 방향으로 개편해야 한다. 특히 기업 승계를 가로막는 장애물은 단순히 조세의 문제가 아니라 산업구조의 지속성과도 직결되는 사안이다. 정부는 '조세 정의'라는 명분 아래 성장 기반을 갉아먹는 세제를 유지할 것이 아니라, 지속 가능한 경제 생태계를 만들기 위해 선택과 집중이 필요한 시점이다.

결국 선진국이란 '세금을 잘 걷는 나라'가 아니라 '기업이 돈을 잘 벌게 만드는 나라'다. 기업이 살아야 국민이 살고, 국민이 살아야 국가가 성장한다. 조세 개편은 단지 세율 몇 퍼센트를 바꾸는 문제가 아니라, 국가가 어떤 방향으로 가고자 하는지에 대한 철학적 결정이다. 지금 대한민국은 그 기로에 서 있다.

PART 9

이재명노믹스를 움직이는 사람들

강남훈

[정무·정책기획·국정운영] 한신대학교 명예교수

약력 서울대학교 경제학 학사, 서울대학교 대학원 석사·박사, 한신대학교 경제학과 교수, 한신대학교 경제학과장, 기본소득국민운동본부 상임대표

강남훈 한신대학교 명예교수는 서울대학교에서 경제학 석·박사 학위를 받은 국내파 경제학자로, 1985년부터 한신대 경제학과 교수로 재직해 왔다. 2011년에는 제6대 전국교수노동조합 위원장을 지냈고, 2020년 출범한 기본소득국민운동본부의 상임대표를 맡았으며, 기본소득한국네트워크 이사장 등도 역임한 바 있다.

그는 경기 가천대학교 교수 출신의 이한주 민주연구원장과 함께 '이재명표 기본소득'의 설계자로 불린다. 2025년 3월 다시 출범한 더불어민주당 산하 기본사회위원회에서는 정책단장으로 이름을 올렸다.

강 교수는 지난 20대 대선 과정에서도 이 대통령 직속 기본사회위원회 위원장을 맡아 기본소득 공약에 깊숙이 관여해 왔다. 당시 전국을 돌며 기본소득 도입의 필요성을 적극 알렸다.

그는 2009년, 국내 학계에서는 아직 생소했던 기본소득 도입을 주장했다. 기본소득에 주목하게 된 계기도 2009년 독일의 한 학회에서였다. 조세 부담률이 낮고 복지 총량이 적어 납세자가 세금 납부에 대한 효용을 느끼지 못하는 한국의 상황에서 기본소득이 적합한 제도라고 판단한 것이다. 이후《기본소득의 쟁점과 대안사회》,《기본소득의 경제학》,《분배정의와 기본소득》 등 관련 저서를 여럿 펴냈다.

그는 전 세계적으로 탄소세를 기반으로 한 기본소득이 확대될 것으로 전망하고 있다. 특히 부동산 불평등이 심각한 우리나라에서는 부동산 보유세를 통해 기본소득을 실시할 경우 성공 가능성이 높다고 보고 있다.

"교정적 조세만 부과한다면 저항이 크기 때문에, 투기를 막을 정도로 보유세를 과감하게 부과한 뒤 그 돈으로 기본소득을 준다면 정치적 지지를 잃지 않을 것"이라는 게 강 교수의 주장이다.

강 교수는 이 대통령의 인맥 중 대표적인 이너서클인 성남라인으로 꼽힌다. 이 대통령이 성남시장 시절부터 추진해 온 다양한 기본소득 정책에 절대적 영향을 미친 인물로 평가받기 때문이다. 강 교수는 2015년 경기 성남시가 발주한 청년배당 연구용역을 수행했고, 이는 현재 경기도가 실시 중인 청년기본소득의 모태가 됐다.

강병구

[조세·재정] 인하대학교 경제학과 교수

약력 인하대학교 경제학 학사, 인하대학교 대학원 경제학과 석사, 미국 뉴욕 주립대학교 경제학 박사, 한국재정정책학회장, 참여연대 조세재정개혁센터 소장, 대통령 직속 정책기획위원회 재정개혁특별위원장

강병구 인하대학교 경제학과 교수는 인하대학교에서 학부와 대학원을 마치고, 미국 뉴욕 주립대학교에서 경제학 박사 학위를 받은 조세·재정 분야 전문가다. 그는 국회 조세개혁소위원회 자문위원, 한국재정정책학회장, 참여연대 조세재정개혁센터 소장 등을 역임했으며, 문재인 정부에서는 대통령 직속 정책기획위원회 산하 재정개혁특별위원장을 맡았다. 또한 국세행정개혁TF 단장, 세제발전심의위원장 등 정부 세제개편 기구에서 주요 역할을 수행해왔다. 강 교수는 조세개혁을 통한 '조세 공평성'과 '분권 재정'을 강조하는 진보성향의 증세론자다. 그는 복지국가 실현과 재정의 지속가능성 확보를 위해서는 세수 확충이 필수이며, 이를 통해 사회안전망을 확충해야 한다고 주장한다.

강 교수는 조세개혁 방안으로 "더 많이, 더 공평하게, 더 많은 사람에게" 원칙을 강조해 왔다. 그는 과거 조세·재정 개혁 관련 토론회에서 "금융소득을 종합과세하고 상장주식 양도차익에 대해 전면 과세해야 한다"며 "상장주식 양도차익 과세는 소득 간 불공평한 세부담을 시정하고, 건전한 주식시장의 형성과 금융거래의 투명성 제고에도 기여할 수 있다"고 밝혔다.

과거 문재인 정부에서 대통령 직속 재정개혁 특별위원장을 역임할 당시에는 9억 원 이상 고가주택에 대한 징벌적 종합부동산세 등을 입안하기도 했다.

그는 대선을 앞두고 열린 윤석열 정부 감세 정책 관련 토론회에서는 "공정하고 정의로운 방식의 세제 개편 로드맵을 마련하고 국민의 동의를 얻어야 한다"며 정부의 감세 정책을 비판했다.

강 교수는 윤석열 정부의 예산 기조에 대해 감세와 건전재정 기조로는 민생과 현장의 수요, 미래세대에 대한 재정 책임을 이행할 수 없다고 지적한다. 그러면서 부자 감세와 긴축재정을 철회하고 고용안전망 등을 구축할 것을 강조한다. 인구 고령화까지 고려한 세수 확충 로드맵을 하루빨리 마련해야 한다는 것이다.

그는 또한 대한민국이 1960년대 이후 개발 시대를 거쳐가면서, 성장에 필요한 자금을 동원하기 위한 방법으로 고소득 계층에 대한 세제 혜택이 집중됐다고 본다. 그러면서 복지국가 시대의 조세 체계로 전환을 주장한다. 복지와 경제성장 두 축을 두고는 과거 "분배와 성장은 두 마리 토끼가 아니라 수레의 두 바퀴"라며 대치 관계가 아닌 상호보완적 관계에 있다고 언급하기도 했다.

강 교수는 지방재정격차의 문제를 해소하기 위해서는 국고보조금의 비중을 줄이고 지방교부세를 확대해 지방재정의 조정기능을 강화해야 한다고 주장한다.

20대 대선에서는 이재명 후보의 정책 자문단 '세상을 바꾸는 정책 2022'에서 활동했고, 21대 총선을 앞두고는 대선 싱크탱크 '성장과통합'의 조세·재정 분과를 이끌었다.

이재명 정부에서는 그의 제언에 따라 고소득층과 대기업에 대한 과세가 강화될 가능성이 거론된다. 세수 기반을 적극 확충해 조세 부담의 형평성을 높이는 방향으로 정책이 설계되는 한편 지역 간 재정 격차를 해소하는 작업이 추진될 수 있다. 그가 과거 선 공평과세 확보, 후 보편증세 등 단계적 접근을 강조해 온 만큼 이런 방향의 중장기적 조세 로드맵이 마련될 가능성이 있다.

주요 논문으로는 〈복지국가의 대안적 재정 체계〉, 〈재벌의 세제 혜택과 개혁 과제〉, 〈근로소득세의 소득계층별 노동공급효과〉 등이 있다.

구윤철

[경제·산업전략] 전 국무조정실장

약력 서울대학교 경제학 학사, 서울대학교 대학원 행정학 석사, 미국 위스콘신대학교 공공정책학 석사, 중앙대학교 경영학 박사, 기획재정부 제2차관, 국무조정실장

구윤철 서울대학교 경제학부 특임교수는 서울대 경제학과를 졸업한 뒤 기획재정부에서 예산실장과 제2차관, 국무조정실장을 거쳤다. 그는 30년 넘는 공직 경험을 바탕으로, 예산·재정·행정의 실무와 전략을 모두 아우르는 '현장형 정책가'로도 평가받는다. 참여정부 청와대 인사제도비서관, 국정상황실장, 기재부 정책조정국장 등 핵심 요직 또한 두루 거쳤다. 미국 위스콘신대 공공정책학 석사 학위와 중앙대 경영학 박사 학위를 받았다.

구윤철 교수는 재정 분야의 대표적 관료 출신으로, 최근에는 인공지능과 같은 미래산업 전략의 필요성을 강조하는 목소리를 내고 있다. 문재인 정부에서 국무조정실장을 역임하는 등 이재명 정부의 국가운영 체계 전반을 재정비할 수 있는 거버넌스 개혁에 자문을 제공할 인물로 꼽힌다.

학계에서 'AI 전도사'로 불리는 그는 새로운 국가 성장동력 확보를 위한 전략으로 AI 역량 강화를 꼽는다. 구 교수는 최근 언론 인터뷰에서 "우리나라는 AI를 통해 혁신해야 할 것들이 너무 많다.

교육, 의료, 저출산, 국방 등 대한민국의 모든 시스템을 바꿔야 한다"고 강조했다. 또한 "전 국민이 AI를 사용하는 나라를 만드는 게 꿈"이라며 국민 각자가 자신에 맞는 AI를 찾아서 배울 수 있도록 하는 교육자료를 만들겠다는 계획을 밝혔다.

구체적인 방안으로는 제조업과 산업 전반에 AI를 접목하는 것은 물론, 교육과 고용 등 분야가 AI를 중심으로 돌아가게 해야 한다고 강조한다. 이를 위해 국가 차원의 AI 컨트롤타워를 만들어 투자와 인력 양성 등 모든 역량을 집중시켜야 한다는 것이 그의 주장이다.

AI 대중화의 핵심은 교육으로 꼽는다. 구 교수는 "AI가 중요하다고 하지만 실제로 제대로 아는 국민은 드물다"며 국민 모두가 실생활에 적용할 수 있는 맞춤형 AI 교육자료를 만들어 전 국민 AI 활용 역량을 키우겠다는 계획을 밝혔다. 이를 통해 '모두의 AI' 시대를 앞당기고, 국민 각자가 AI를 통해 삶의 질을 높일 수 있도록 하겠다는 구상이다.

구 교수는 과거 기획재정부 시절에도 AI 분야 교수들과 관련 인재 육성 방안을 논의하는 등 AI의 역할에 대해 꾸준한 관심을 가져왔다. 기존에 우리가 가진 제조업 등의 장점에 우수한 AI 역량을 결합시키면 세계 최고 수준의 제품과 서비스를 창출해 경제성장을 이룰 수 있다는 것이다.

그는 실질적 삶의 질을 높일 수 있는 '작지만 효과적인 예산'의 중요성도 언급해 왔다. 병영 생활관 에어컨 설치나 미혼모 보호시설 내 보육인력 확충과 같은 정책을 가장 기억에 남는 예산 편성으로 꼽는 구 교수는 물가 등 거시적 경제정책뿐만 아니라 작은 정책 하나가 국민의 인식 전체를 바꿀 수 있다고 본다.

기술을 공공성과 결합해 국가 시스템을 재설계하겠다는 구 교수의 구상은 이 대통령이 내세우는 'AI 기본사회'나 '국가 책임 강화' 기조와 방향을 같이한다. 예산과 기술, 행정 전반에 걸친 그의 실무 경험이 이재명 정부의 디지털 기반 행정 개편 과정에서 역할을 할 수 있다.

구 교수는 이 대통령의 AI 100조 투자 정책에 대해 "인재에서 승패가 갈릴 수 있다"며 "100조 원 가운데 가장 큰 비중은 국가AI 대학을 신설하고 해외 우수 인재를 유치하는 인재 양성 및 구축이 될 것"이라고 말했다.

김민석

[정무·정책기획·국정운영] 더불어민주당 최고위원

약력 서울대학교 사회학과 학사, 미국 하버드대학교 케네디 정치행정대학원 공공행정학 석사, 칭화대 법학 석사, 미국 럿거스뉴저지주립대 뉴어크캠퍼스 로스쿨 법학 박사, 15·16·21·22대 국회의원, 민주연구원장, 21대 국회 보건복지위원장, 더불어민주당 최고위원

김 최고위원은 대표적 '신명계'(新이재명계)로 꼽힌다. 이재명 1기 체제 더불어민주당에서 정책위의장을 지낸 데 이어 22대 총선 당시 상황실장을 역임하며 주요 정책공약 발표 등 선거 실무를 총괄했다. 이후 21대 대선에서 더불어민주당의 공동 상임선거대책위원장을 맡아 이 대통령의 핵심 측근으로 대선 승리에 힘을 보탰다.

이 대통령이 김 최고위원을 신뢰하기 시작한 건 2023년 당시 이재명 더불어민주당 당대표에 대한 국회 체포동의안 표결에서 당내 이탈 표가 대거 나와 '이재명 리더십'이 크게 흔들렸을 때다. 중진급 의원 다수가 이 대표의 정책위의장 제안을 고사했지만, 김 최고위원은 먼저 이 대표를 돕겠다고 나선 것으로 알려져 있다.

그는 이후 21대 대선을 앞두고 민주당 '집권플랜본부'를 주도하며 이 대통령의 대선 준비와 정책 로드맵을 주도해 왔다. 윤석열 정부가 반환점을 돌기도 전에 대선 준비에 돌입했다는 점에서 성급한 게 아니냐는 시선을 받기도 했지만, 불법 계엄을 직접 예측한 뒤 탄핵이 현실화하면서 그의 당내 입지는 더욱 확고해졌다.

이 대통령이 강조하는 성장 정책 역시 집권플랜본부에서부터 강조된 포인트다. 집권플랜본부가 내세운 'ABCDEF' 성장 전략은 인공지능AI, 바이오Bio, 문화콘텐츠Contents&Culture, 방위산업Defence, 재생에너지Energy, 제조업Factory을 중시하며 이 대통령의 대선 공약과 행보 곳곳에 담겼다. 이를 새로운 성장동력으로 삼겠다는 이 대통령의 구상과 김 최고위원의 생각이 일치하면서 더불어민주당 집권플랜의 큰 그림이 그려지기 시작했다.

김 최고위원은 정책위의장으로 발탁됐을 당시에는 '민주당 정책 르네상스 10대 방향'을 발표하면서 역대 더불어민주당 정부 정책에 대한 비판적 계승을 강조했다. 김 최고위원은 이때 "소득주도성장과 부동산정책 등 과거 더불어민주당 정부 실책을 자성하고 이승만·박정희·노태우 정부의 정책도 수용하겠다"고 밝혔다. "김대중 정부 햇볕정책을 북핵이 존재하는 현재의 관점으로 진화시켜 새로운 외교·안보 정책을 재정립하겠다"고도 했다. 이 대통령은 당시 김 최고위원의 파격적 중도 확장 전략에 크게 공감했다는 후문이다.

정책 측면에서 김 최고위원은 과거 코로나19 대유행이 본격화하던 시기에 국회 보건복지위원장을 맡으며 바이오산업, 복지시스템 설계 등에 대한 목소리를 주로 냈다. 그는 코로나 이후 바이오국가 청사진을 담은 저서 《코로나 방역에서 글로벌 백신 허브까지》를 출간하면서 코로나19를 계기로 두각을 나타낸 K-바이오 산업을 미래 먹거리로 키우기 위해 집중 육성해야 한다고 강조했다.

또 사람중심의 포용사회 실현을 내세우며 국회의원 연구단체

'약자의 눈'을 창립, 장애인과 노인, 어린이의 행복권 실현을 위한 복지정책 개발에 힘썼다.

김병욱

[경제·재정·금융] **국회의원**

약력 한양대학교 법학과 학사, 고려대학교 경영대학원 경영학 석사, 국민대학교 경영대학교 경영학 박사, 제20·21대 국회의원

김병욱 전 더불어민주당 의원은 원조 친이재명계(친명)로 꼽힌다. 김 전 의원은 이재명 캠프의 대표적인 금융통으로, '성장과통합'에서 금융분과위원장을 맡았다. 민주당 집권플랜본부에서도 총괄부본부장으로 임명되는 등 이 대통령의 핵심 인물로 분류된다.

김 전 의원은 1965년 경상남도 산청에서 태어나 1988년 한양대 법학과를 졸업했다. 한국증권업협회에서 일하며 전국금융산업노동조합에서 활동하기도 했다. 원래는 '손학규계'로 분류됐으며 성남 분당을에서 제20·21대 국회의원을 역임했다. 2020년에는 더불어민주당 총선공약기획단 부단장을 맡아 총선공약을 짰고 21대 국회에서는 국회 정무위원회 더불어민주당 간사로 임명됐다. 2024년 22대 총선에서도 성남 분당을에서 더불어민주당 후보로 출마했지만, 김은혜 국민의힘 의원에 밀려 낙선했다.

김 전 의원은 이 대통령이 처음 대권 도전을 했던 2017년부터 이 대통령을 도왔다. 당시 문재인 전 대통령이 당내에서 압도적인 지지를 받았지만 2017년 민주당 대선 경선 때 정성호 의원 등과 함께 이 대통령을 지원했다. 이후 정 의원과 같이 '원조 친명 모임'인 7인회를 결성했다.

김 전 의원은 실용주의를 내세우는 이 대통령과 결을 같이 하는 참모다. 의원 시절 금융투자세 폐지를 주장하고 기업친화적인 행보를 보였다. 김 전 의원은 21대 국회에서 글로벌기업경쟁력강화 민주당 의원모임 공동대표를 맡았다. 모임에서는 현대자동차, LG에너지솔루션 등 대기업 지원책을 고민하는 포럼 등을 잇달아 열었다.

안도걸

[경제·재정] 국회의원, 전 기획재정부 차관

약력 서울대학교 경영학과 학사, 서울대학교 대학원 행정학 석사, 미국 하버드대학교 공공행정학 석사, 기획재정부 제2차관 , 안도걸경제연구소 이사장

안도걸 더불어민주당 의원은 재정정책의 실무형 전략가로 꼽힌다. 30년 가까이 기획재정부에서 일한 뒤 22대 국회에 입성한 그는 확장적 재정정책을 통한 미래 성장동력 투자와 취약계층 보호라는 두 축을 강조한다. 안 의원은 그러면서도 조세 기반을 정비해 재정 여력을 확보한 뒤, 이를 경제성장동력 확충에 활용해야 한다는 현실적 접근을 강조해 왔다.

21대 대선을 앞두고는 이 대통령 캠프의 정책본부 부본부장을 맡아 이재노믹스의 설계자로 활동했다. 특히 미래경제성장전략위원회 수석부위원장으로도 활동하면서 국가 차원의 혁신 투자 전략을 주도했다. 대선 직전에는 100조 원 규모의 '국가혁신 펀드' 조성 방안을 공개하며 인공지능 등 첨단 신산업에 대한 대규모 투자를 국가가 선도해야 한다고 강조했다.

안 의원은 1965년 전남 화순 출신으로 서울대학교 경영학과를 졸업했다. 1989년 행정고시 33회에 합격해 공직에 입문한 뒤 기획재정부 경제예산심의관, 예산실장, 제2차관 등 예산 분야 요직을 두루 거쳤다. 코로나19 당시 이에 대응하는 추가경정예산안 편성이 거듭된 탓에 예산 편성을 10번이나 해본 대표적 '예산통'이다.

그는 대내외적인 경제 위기 상황에서 저성장 기조가 당분간 심화할 것으로 본다. 대외적으로는 미·중 기술 패권 다툼이 벌어지면서 미래 혁신산업을 두고 국가 간 주도권 경쟁이 본격화하고 있고, 최근 국내경제가 침체하면서 양극화가 뚜렷해진 데다 자영업자와 소상공인의 상황 역시 매우 어려워졌다는 것이다.

이에 안 의원은 청년창업 및 AI 신산업에 대한 투자 등 경제성장을 위한 새로운 재정정책의 방향을 제시하고 있다. 과거 코로나19 극복 직후에도 4차 산업혁명 시대에 도약하는 발판을 만들도록 하는 국가투자계획을 내놨다. 그는 "재정건전성을 가장 빠르게 이루는 것은 경제성장"이라며 "경제가 성장하면 세수가 늘고 곳간이 느는 게 가장 좋은 재정건전성"이라고 밝혔다.

국회 대정부질문에서는 윤석열 정부의 경제정책을 강하게 비판하며 성장률 하락과 87조 원 세수 결손, 고용·소비·투자·수출의 동반 침체를 지적한 바 있다. 안 의원은 윤석열 정부의 감세 및 긴축 정책이 실질임금과 일자리, 자영업자 생계에 악영향을 주고 있다고 주장하면서 R&D 예산 삭감 등을 '교각살우'의 참사로 비유했다. "잘못된 진단과 이념에 기반한 정책이 우리 산업 경쟁력의 근간을 흔들었다"는 것이다.

그는 경기 진작을 위해 일시적 대규모 추가경정예산안이 필요하다면서도 무분별한 감세나 단기 부양책이 아닌 중장기적 성장과 재정 건전성의 균형을 중시한다.

이 대통령의 기조인 '국가책임 강화'와 '적극적 재정 운용'은 안 의원의 접근과 방향성 면에서 맞닿아 있다. 단기 지출 확대보다 중장기 재정 지속 가능성에 방점을 찍는 안 의원의 관점은 이 후보의 포퓰리즘 비판을 방어하는 근거로도 기능할 수 있다.

안 의원은 국회에서 이 대통령의 핵심 공약인 '기본 시리즈'를 연구하는 기본사회포럼 활동을 통해 기본소득과 관련한 정책연구를 추진해 오기도 했다.

또한 저출생 문제 해결을 위해 '국가미래전략부' 신설을 제안하는 등 인구·사회 구조 변화에도 적극적으로 대응하는 정책을 제시하고 있다.

윤후덕

[경제·재정] **국회의원, 상반기 기획재정위원장**

약력 연세대학교 사회학과 학사, 연세대학교 대학원 경제학 석사, 경기대학교 정치전문대학원 정치학 박사, 제19·20·21·22대 국회의원

윤후덕 더불어민주당 의원은 이재명 정부의 대표적인 경력직 정책참모로, '친노', '친문' 핵심 인사로 꼽히는 4선 중진 정치인이다.

윤 의원은 1957년 경기도 파주 출생으로 중동고등학교와 연세대학교를 졸업하고 동 대학원에서 경제학 석사, 경기대학교 정치전문대학원에서 정치학 박사 학위를 받았다.

2021년 별세한 김원길 전 보건복지부 장관의 보좌진으로 정계에 입문한 윤 의원은 2002년 당시 새천년민주당 소속이었던 김 전 장관이 한나라당으로 당적을 옮기는 것을 선택하자 그를 따르지 않는 강단을 보인 바 있다.

윤 의원은 이후 노무현 정부 초기부터 인수위 전문위원을 시작으로 정무비서관, 정책조정비서관, 국정과제비서관, 국무총리 비서실장 등 요직을 역임했다. 이후 18대 총선에서 낙선한 윤 의원은 19, 20, 21, 22대 총선에서 연달아 당선하면서 4선 중진이 됐다. 문재인 대통령 대선캠프에서도 비서실장을 지낸 윤 의원은 대표적인 친문 핵심으로 떠오르기도 했다.

윤 의원은 이재명 정부의 경제정책을 총괄하는 초대 경제부총리에 유력한 후보로 정치권 안팎에서 거론돼 왔다. 윤 의원은 경선 캠프 시절부터 이 대통령의 정책을 진두지휘했다. 지난 대선 과정에서 이재명표 기본 시리즈를 이 대통령의 대표 공약으로 만들어 낸 공신으로 평가받았다.

또한 20대 국회에서 예산결산특별위원회 간사, 기획재정위원회 위원을 역임했고 21대 국회에서도 전반기 기획재정위원장을 맡는 등 의정 활동을 통한 전문성도 갖췄다는 평가다.

윤 의원은 지난 2022년 2월 더불어민주당 선대위가 5대 비전과 20대 핵심과제, 272개 실천 과제가 담긴 공약집 〈앞으로 제대로 나를 위한 맞춤 공약〉을 발간했을 당시 "이재명의 통합 정부에서는 대전환의 시대, 국가의 마중물 투자를 통한 전환성장을 이뤄내고자 한다"고 밝히면서 이 대통령의 공약은 전환적 공정 성장이라는 큰 틀의 성장 담론을 갖고 있다고 강조한 바 있다.

이상경

[경제·재정] 가천대학교 도시계획조경학부 교수

약력 서울대학교 도시공학과 학사, 서울대학교 대학원 도시계획 공학석사, 공학박사, 가천대학교 공과대학 도시계획학과 교수

이상경 가천대학교 도시계획조경학부 교수는 이 대통령 캠프에서 부동산 정책을 진두지휘했다. 이 교수는 지난 20대 대선에 이어 이번 21대 대선에서도 이 대통령의 부동산 책사를 도맡았다.

그는 20대 대선 때 이 대통령의 대장동 개발 사업을 적극 옹호했다. 이 교수는 대장동 사업을 두고 "개발이익을 공공으로 환원한 사례", "사업 자체의 구조적 문제라기보다 관리 측면에서 문제"라며 성과를 긍정 평가했다. 당시 대선 국면에서 대장동 의혹에 대한 핵심 쟁점이 터질 때마다 전면에 나서 이 대통령을 엄호했다.

무엇보다 이 교수는 20대 대선에서 대대적인 부동산 개혁 정책을 기획했던 이 대통령의 참모다. 당시 더불어민주당은 부동산에서 발생한 불로소득이 자산 양극화를 심화하고 과중한 집값이 내수를 위축시킨다는 판단에서 부동산 개혁을 추진했다.

이 교수는 20대 대선에서도 기본주택 100만 가구, 향후 5년간 250만 가구 주택 공급, 부동산감독원 설치, 초과이익환수 등 굵직한 부동산 개혁안과 관련해 정책 자문을 했다. 이 교수는 개발이익환수법상 환수율과 관련해서는 현행 20~25%에서 45~50%로 강화해야 한다는 입장이다.

이언주

[정무·정책기획·국정운영] **국회의원**

약력 서울대학교 불어불문학과 학사, 연세대학교 법무대학원 경제법무 석사, 제19·20·22대 국회의원

이재명 대통령의 '싱크탱크'는 산전수전의 3선 이언주 의원이 맡았다. 이 의원은 지난 총선을 앞두고 이재명 대통령이 당대표 시절 직접 복당을 요청했고 이재명 지도부 2기에서는 최고위원으로 호흡을 맞추며 신(新)친명계로 급부상했다.

이 의원은 미래 성장 전략 발굴 역할을 담당하는 미래경제성장전략위원회의 위원장을 맡으며 싱크탱크를 이끌었다. 미래경제성장전략위원회는 미래 성장 비전, 국가 거버넌스, 미래 혁신 산업 등 18개 중앙 정책 분과와 17개 광역자치단체와 지역 상공회의소 등이 합류하는 지역 경제 조직으로 운영된다.

미래성장위는 특히 최첨단 먹거리 산업 발굴에 힘을 쏟고 있다. 중앙 정책 분과위는 미래성장비전, 국가거버넌스, 미래혁신산업, 지식서비스발전, 외교통상, 방산, 에너지, 농축산업, 사회통합전략, 금융혁신, 바이오헬스, 부동산건설, 스마트교통 등으로 구성된다. 방산업체와 통상 분야 등에서 이름을 날렸던 전문가들도 속속 합류했다.

이 의원은 미래경제성장전략위원회 출범식에서 “2~3년 내 GDP 성장률 2~3%대로의 경제회복, 장기적으로는 성장동력 개발을 통한 4~5%대의 비약적인 성장동력 회복을 목표로 전략과 실행 계획을 수립하겠다”고 포부를 밝혔다.

이 의원은 입당, 탈당, 창당, 복당 등 정치 인생 내내 우여곡절을 겪었다. 지난 2012년 인재 영입으로 민주통합당(민주당 전신)에 입당, 제19·20대 총선에서 경기 광명을 지역에 출마해 연이어 당선됐다. 하지만 재선 때인 2017년 ‘문재인 패권’을 비판하며 당 주류와 갈등을 빚은 끝에 안철수 당시 국민의당 대선 후보에 대한 지지 선언과 함께 국민의당으로 옮겨갔다.

이어 2019년 국민의당과 바른정당이 통합한 바른미래당을 탈당해 신당을 창당했다. 2020년 총선을 앞두고는 미래통합당(국민의힘 전신) 소속으로 부산 남을에 출마했으나 박재호 더불어민주당 후보에 밀렸다. 그러나 김건희 여사의 주가조작 의혹과 명품 가방 수수 의혹 등을 비판하다가 “국민의힘에서 더 이상 희망을 찾기 어렵다”며 탈당을 선언했다.

이한주

[정무·정책기획·국정운영] 민주연구원장

약력 서울대학교 자연과학대학 생물학과 학사, 서울대학교 대학원 경제학 석사·경제학 박사, 가천대학교 경제학과 석좌교수, 제13대 경기연구원장, 제11대 민주연구원장

이재명 대통령의 핵심 정책 멘토인 이한주 민주연구원장은 명실상부한 으뜸 경제 브레인이다. 이 원장은 1956년 출생으로, 서울대학교를 졸업하고 동 대학원에서 경제학 석사와 박사 학위를 받았다. 그는 2004년부터 가천대학교 글로벌경제학과 교수로 근무했으며, 경영대학원장, 경상대학장을 거쳐 가천대학교 부총장을 역임했다.

문재인 정부에서는 국정기획자문위원회 경제1분과 위원장, 대통령 직속 정책기획위원회 국민성장 분과위원장을 맡아 현안 정책 연구와 국정과제를 조정하는 역할을 수행했다.

이 대통령의 정계 입문 전부터 연을 맺어 왔던 이 교수는 2018년 경기도지사 선거에서 당시 이재명 후보의 정책을 총괄했고 민선 7기 경기도지사직 인수위원회 새로운 경기 위원회에서 공동위원장직을 맡기도 했다.

이 대통령이 성남시장 재임기간 동안 선보였던 무상 교복, 청년배당, 산후조리 지원 등 무상복지 정책 시리즈는 모두 이 교수와 함께 만든 작품이라고 해도 과언이 아니다. 그만큼 이 대통령의 정책적 지향점과 결을 같이하는 인물이라는 평가가 안팎으로 나온다.

기본소득, 기본주택 등 이 대통령의 대표 공약의 이론적 토대가 된 전환적 공정성장론을 설계한 장본인이기도 하다. 그는 공정 성장이라는 개념을 "공정성 확보로 성장의 토대를 재구축하는 전략"이라고 정의하고 "공정한 분배가 더 많은 성장을 가져오며, 불평등의 개선이 총수요도 확대한다"고 주장했다.

20대 대선에서 이재명 경선 캠프에서는 정책본부장을 맡았으나 2021년 9월 부동산 투기, 편법 증여 의혹이 제기되면서 사퇴했다. 같은 해 11월 이 같은 의혹들에 대해 무혐의 결론이 나면서 2022년 1월 선대위 직속 나를위한정책위원회 위원장으로 재합류했다.

22대 총선 이후 당 싱크탱크인 민주연구원장에 발탁되며 이 대통령과 함께 대선 정책 밑그림을 그렸다. 대선을 앞두고 이 원장이 이끄는 민주연구원도 연구 인력을 대폭 보강하고 대선 의제를 발굴한 바 있다.

21대 대선에서는 이 원장도 전면에 등장했다. 이 원장은 선거대책위원회 정책본부장으로 선임되며 진성준 의원, 김성환 의원과 호흡을 맞추게 됐다.

장병탁

[교육·과학기술] **서울대학교 AI연구원장**

약력 서울대학교 컴퓨터공학 학사, 서울대학교 대학원 컴퓨터공학 석사, 독일 본대학교 컴퓨터공학 박사, 독일국립정보기술연구소 연구원, 건국대 컴퓨터공학과 교수, 서울대 컴퓨터공학과 교수

이 대통령이 대선 과정에서 "인공지능 투자 100조 원 시대를 열겠다"며 'AI 기본사회' 공약을 내놓으면서, 이에 대한 정책 자문을 제공할 핵심 인사로는 장병탁 서울대 AI연구원장이 거론된다. 그는 21대 대선을 앞두고 이 대통령의 싱크탱크 '성장과통합'에 합류했다.

장 원장은 물류자동화 AI 플랫폼인 '투모로 로보틱스'의 창업자다. 러신머닝 분야 국내 최고 전문가로도 알려져 있다. 서울대 컴퓨터공학과 재학 때 AI를 처음 접한 뒤 30여 년을 이 분야에 집중했고, 특히 AI와 로봇의 접목 분야에서 세계적 명성을 얻었다.

장 원장은 국내 기업들이 챗GPT와 같은 대형 언어모델LLM을 중심으로 한 글로벌 AI 기술 흐름에만 편승하지 않고 행동형 AI 분야에서 새로운 전략을 세워야 한다고 주장한다. AI 산업에서 경쟁력을 가지려면 언어모델의 크기로 빅테크와 경쟁하기보다는 아직 경쟁자가 없는 '로보틱스와 결합한 AI 산업'에 뛰어들어야 한다는 것이다.

장 원장이 AI 혁신의 다음 단계로 제시하는 '행동형 AI'는 데이터 분석이나 콘텐츠 생산을 넘어 주어진 목표를 수행하기 위해 환경과 상호작용을 하면서 학습할 수 있는 기술이다. AI는 이런 학습 경험을 바탕으로 사용자 요구를 더 정확히 이해하고 정교한 판단과 행동을 할 수 있다.

그는 이와 관련해 최근 언론 인터뷰에서 "로빈 윌리엄스가 출연한 영화 《바이센테니얼 맨》이 현실이 될 수 있다"며 가사 로봇과 쇼핑 로봇에 대한 연구를 하고 있다고 밝혔다. 집안일을 해주고 마트에서 원하는 물건을 사다 주는 로봇이 진짜 AI로서 인간과 친구가 될 수 있다는 것이다.

장 원장은 그러면서 "로보틱스와 AI가 결합하면 국내 AI 산업의 경쟁력을 높일 수 있을 뿐 아니라 노동력 감소와 같은 사회적 문제도 해결할 수 있다"고 설명했다.

이런 구상은 기술 실험을 넘어 향후 국가 산업전략의 방향성과도 연계된다. 디지털 전환과 저출산, 고령화에 따른 노동 공백 등 문제를 해결하는 기반으로 실제 환경에서 스스로 학습하고 작동하는 AI가 도움이 될 수 있다는 그의 판단에서다.

이는 이 대통령이 'AI를 활용한 사회 안전망'을 구축해 건강·식량·재난 등 국가 리스크에 선제적으로 대응하겠다고 밝힌 공약 방향성과도 맞물린다. 이 대통령이 강조해 온 'AI 정부' 구현과 제조업 및 공공서비스의 AI 전환 등 공약에 장 원장의 전략이 중장기적으로 그 기술적 토대가 될 수 있다. 관련 분야의 핵심 전문가인 장

원장이 이 대통령의 AI 정책 내실화에 힘을 보태나갈 전망이다.

그는 AI의 윤리적·사회적 책임에도 깊은 관심을 두고 있다. 장 원장은 AI가 사회 전반에 미치는 영향과 위험성을 최소화하기 위한 윤리적 기준 확보의 필요성을 강조한다. 특히 인간과 AI가 공생하는 관계에서 AI를 가르치고 사용하는 사람들의 윤리의식을 높이는 일이 무엇보다 중요하다고 본다.

저서로는 《이진경 장병탁 선을 넘는 인공지능(공저)》, 《장교수의 딥러닝》, 《AI가 인간에게 묻다(공저)》, 《또 다른 지능, 다음 50년의 행복(공저)》, 《호모컨버전스(공저)》, 《똑똑! 인지과학의 문을 열다(공저)》 등이 있다.

조병제

[외교·안보] 전 국립외교원장

약력 서울대학교 외교학과 학사, 영국 서섹스대학교 국제정치학 석사, 북한대학원대학교 박사, 주미얀마·주말레이시아 대한민국 대사관 대사, 아시아정당국제회의(ICAPP) 사무총장

조병제 전 국립외교원장은 국익 실현 중심의 외교를 기치로 내세우는 인물로 이 대통령의 외교 책사로 꼽힌다. 그는 전통적 한미동맹 강화 기조는 유지하되, 자주성을 바탕으로 실리 외교를 추진해야 한다는 소신을 견지해 왔다. 이념적 진영논리에서 벗어나 국익 중심의 유연한 외교가 필요한 때라는 것이다. 미국과의 관계에서도 '따라가는 외교'가 아니라 '주도적 파트너십'을 구축해야 한다는 게 그의 주장이다.

2008년 한미 방위비분담금특별협상 대표를 지낸 조 전 원장은 트럼프 2기 시대의 통상 외교 대응 조언에 적극적으로 나설 것으로 보인다. 그는 최근 언론 인터뷰에서 "반도체, 신재생에너지, 바이오 등 미국 제조업 재건 관련 이슈는 모두 주목해야 한다"며 대미 경제안보 외교 중요성을 강조했다. 트럼프가 요구하는 방위비분담에 대해서는 "동맹국의 이익 관점에서 보는 것"이라며 "우리도 국익의 차원에서 바라보고 대응해야 한다. 이념보다 이익에 더 중점을 두는 국가 정책 역량이 필요하다"고 밝혔다.

조 전 원장은 미·중 패권경쟁 속에서 우리의 역할에 대해서도 철저한 국익 관점의 접근을 중시한다. 한미동맹에 우선순위를 두는 게 타당하지만, 우리 수출 4분의 1을 감당하는 중국과 협력을 방치할 수 없는 만큼 중국이나 러시아와 채널을 유지하는 식의 일관성을 보여야 한다는 것이다. "상황이 어떻게 돌아가야 하는지에 대한 경각심을 유지하면서 외교적 주안점을 우리의 국가, 국민의 안위에 둔다면 코리아 패싱을 우려하지 않아도 된다"는 게 그의 생각이다.

그는 트럼프 대통령이 북한과 다시 대화에 나설 것이라며 이에 대한 우리 정부의 대응도 선제적으로 마련할 필요가 있다고 본다. 두 정상 간 회담 시점은 2026년 11월 미국의 중간선거 이전으로 점쳤다.

이처럼 조 전 원장은 한미동맹과 경제안보, 미·중경쟁, 북핵 문제 등 전방위 외교 현안에서 실용과 국익, 자주와 균형의 원칙을 바탕으로 이재명 정부의 외교정책 설계와 실행에 중추적 역할을 할 것으로 보인다.

조 전 원장은 외무고시 15회로 외교부에 입부한 뒤 북미2과장, 주샌프란시스코부총영사, 북미국장 등을 역임하며 대표적인 미국통으로 자리 잡았다. 특히 외교부 한미안보협력대사를 맡으며 한미동맹과 관련해 이론과 실무를 겸비했다는 평가를 받는다. 러시아와 사우디아라비아에서 근무한 경험이 있으며 주말레이시아·주미얀마 대사를 맡았다.

문재인 전 대통령이 대선 후보일 당시 대선 캠프 외교자문단인

'국민아그레망' 간사를 지내기도 했다. 문재인 정부 출범 후에는 외교부 장관 후보군으로 거론됐다.

최근에는 저서 《트럼프의 귀환》을 통해 미국 정권 변화가 한반도와 동북아 정세에 미칠 영향을 분석하고 실용 외교의 방향성을 제시했다. 그는 이 책에서 "트럼프는 MAGA(미국을 다시 위대하게) 의제를 진전시킨다는 전제하에 한반도 현상 변경에 열린 자세를 갖고 있다. 이것이 한반도에 항구적 평화 구조를 구축하는 길로 연결될 수 있다면, 우리로서는 마다할 이유가 없다"며 "한국은 힘닿는 데까지 트럼프가 바라는 미국의 제조업 재건에 힘을 보태줄 수 있고, 우주개발 같은 미래 첨단산업에서 미국의 과감한 협력을 확보할 수도 있다. 트럼프의 귀환을 기회로 만들어내는 것은 우리에게 달렸다"고 강조했다.

조 전 원장은 21대 대선을 앞두고 더불어민주당 미래경제성장 전략위원회의 외교·통상·산업 분과장으로 합류했다. 이후 이 대통령의 경제안보, 다자외교 등 이재명 후보의 외교공약 설계에 자문을 제공했다.

주상영

[경제·재정정책] 건국대학교 경제학과 교수

약력 서울대학교 경제학과 학사, 위스콘신매디슨대학교 대학원 경제학 박사, 한국은행 금융통화위원, 건국대학교 경제학과 교수

주상영 건국대학교 경제학과 교수는 이 대통령의 초기 대선 싱크탱크였던 '성장과통합'의 성장전략분과 공동부위원장을 맡았다. 성장과통합은 경제정책, 금융, 조세, 통상, 노동, 산업, 에너지 등 다양한 분과로 구성돼 정책 아이디어를 냈던 곳이다. 500여 명이 넘는 전문가들이 참여한 가운데 주 교수는 별도의 성장전략분과를 이끄는 역할을 맡았다.

주 교수는 문재인 정부 시절 주요 정책이었던 소득주도성장을 주장했던 대표적인 학자다. 소득이 오르면 수요가 증대되고, 이를 통해 성장을 이룰 수 있다는 소득주도성장론을 주도했다. 다만 주 교수는 이후 기업, 투자를 중심으로 한 공급 측면의 역할을 제대로 인식하지 못한 게 소득주도성장론의 한계였다고 인정하기도 했다.

문재인 정부에서 금융통화위원으로 재직한 주 교수는 이 대통령의 새로운 경제 책사로 분류된다. '학현학파'에 속하는 대표적인 학자이자 분배론자인 주 교수가 이재명 정부의 성장 전략을 짜고 있는 것이다.

한국 경제학계 3대 학파로 꼽히는 학현학파는 고 변형윤 서울대 명예교수가 창립했다. 소득 재분배를 내세운 진보적 경제관을 주창했다.

주 교수는 금융통화위원 시절 '비둘기파'로 통했다. 기준금리 인상기에도 동결 등을 주장했다. 코로나19 시기에는 정부의 적극적인 재정정책이 필요하다는 의견을 제시했다. 소득불평등 완화를 위한 복지 제도 등에 대해서도 포퓰리즘이 아니라고 반박해 왔다.

하준경

[경제·재정] 한양대학교 경제학부 교수

약력 서울대 경제학과, 서울대 경제학 석사, 미국 브라운대 경제학 박사, 한국금융연구원 연구위원, 금융감독원 금융감독자문위원, 국민경제자문회의 자문위원

하준경 한양대 경제학부 교수는 이 대통령의 집권 비전인 'K-이니셔티브'의 경제정책 밑그림을 그리는 핵심 책사로 꼽힌다. K-이니셔티브는 공정성보다 실용주의에 기반을 두고 양적·질적 성장을 이루자는 구상으로, 인공지능 등 새로운 성장동력을 확보하기 위한 혁신산업 육성을 중요시한다.

그는 이번 대선 과정에서 이 대통령의 싱크탱크 그룹 '성장과통합'의 경제분과 위원장을 맡아 성장 전략을 주도적으로 만들었다.

하 교수는 4차 산업혁명이라는 기술의 대전환 시대에서 한국이 기술 패권을 확보하는 방식으로 경제성장을 이룰 수 있다고 강조한다. 그는 한 언론사 인터뷰에서 "한국의 강점인 정보통신기술ICT과 제조업에서 기술 패권을 갖는 것이 중요하다"며 "새로운 산업을 만들 수 있도록 국가는 기업이 시장에 들어올 수 있게 규제를 개선하고 역량을 키워줘야 한다"고 밝혔다.

대한민국 경제의 지속 가능성 확보를 위해서는 금융과 재정 정책의 개혁적 전환이 중요하다고 주장한다. 그는 "근본적으로 '빚내서 버텨라', '빚내서 집 사라' 방식의 정책 기조를 지양하고, 재정이 할 일은 재정이 하면서 금융 자원을 생산적인 곳으로 유도하는 방향으로 정책을 펴야 한다"고 강조했다.

또한 "특히 코로나19 당시 누적되었던 부채에 대해서는 정부가 책임감을 갖고 해결책을 강화해야 한다"며, 금융 건전성 규제와 관련해 "부동산 시장으로 투입되는 정책자금이나 공적 보증도 원래 취지에 맞는 수준으로 운용해야 하고, 이를 경기 부양의 수단으로 쓰지 않도록 하는 것이 바람직하다"고 밝혔다.

이에 따라 새 정부는 AI, 바이오 등 혁신기술에 대한 전략적 투자에 나서면서도 공적자금 및 금융시장에 대한 규율 강화에 나서는 식으로 공공부채 문제에 대응할 공산이 크다.

하 교수는 이 대통령의 기본소득 정책으로는 당장 모든 문제를 해결할 수 없다고 보지만 산업구조가 바뀌는 미래를 고려해 가능성을 실험해 볼 필요가 있다고 강조한다. 기본소득형 국토보유세, 탄소배당 등을 한국 현실에 맞춰 기본소득과 연결 지을 수 있다는 것이다. 그러면서도 그는 기본소득이 성장에 도움을 주기 위한 수단일 뿐이라는 점에서 국민적 동의가 전제돼야 한다고 본다.

하 교수는 서울대학교 경제학과 출신으로 미국 브라운대학교에서 경제학 박사 학위를 취득했다. 경제성장의 핵심 요인은 기업가의 혁신이라고 지목한 조지프 슘페터의 성장이론으로 학위를 받은 중도 성향 거시경제학자다. 1993년 한국은행에서 사회생활을 시작한 이후 한국금융연구원 연구위원으로 거시경제 · 금융을 연구한 바 있어 이론과 현실에 모두 밝다는 평가를 받는다.

20대 대선 때부터 이재명 캠프에 영입됐으며, 이 대통령이 당시 하 교수의 신문 칼럼을 보고 "만나서 이야기하고 싶다"며 문자메시지를 보내 첫 만남이 성사됐다. 하 교수는 이 대통령에 대해 "이런 저런 얘길 나누다 보니 한국 경제의 여러 고질적 문제를 해결하는 데 필요한 식견, 리더십을 갖추신 분이란 생각을 했다"고 밝혔다.

문재인 정부에서는 국민경제자문위원으로 활동했던 그는 학계 세미나 등에서 최저임금 인상 정책에 대해 "높은 소득은 높은 생산성으로 뒷받침돼야 한다. 최저임금 인상 최적 속도를 고민해야 한다"고 주장하기도 했다. 임대차 3법을 두고는 "집주인들이 임차인을 내쫓고 들어와 살게 하는 결과를 낳았다"며 쓴소리를 했다.

허민

[문화·과학기술] **전남대학교 교수**

약력 전남대학교 이학 학사, 서울대학교 대학원 이학 석사, 고려대학교 대학원 이학 박사, 영국 지질학회 명예회원, 유네스코 아시아태평양 세계지질공원 한국대표, 전남대학교 한국공룡연구센터장

허민 전남대학교 지구환경과학부 교수는 21대 대선을 앞두고 이 대통령의 대선공약 싱크탱크인 '성장과통합' 공동대표를 맡았다. 광주·전남의 호남 출신 인사들과 함께 지역 현안이 대선 정책에 반영될 수 있도록 적극적으로 목소리를 내온 그는 균형발전 분과 공동위원장, 기후위기대응분과 위원장을 동시에 역임했다.

허 교수는 '지역에서도 잘 사는 나라, 젊은이들에게 희망을 주는 정책'을 목표로 이재명 정부의 지역균형발전 정책 수립 과정에서 역할을 할 것으로 보인다. 특히 광주·전남 지역의 미래 성장 기반 마련과 청년 일자리, 지방대 혁신 등 호남 현안을 국가 정책으로 연결하는 데 나설 전망이다.

더불어민주당이 광주에 AI 국가 시범도시 조성을 대선 공약으로 내놓으면서 허 교수가 해당 현안에서 중추적인 역할을 맡을 것으로 보인다. 더불어민주당은 광주에 인공지능전환AX 실증 밸리와 연계한 초거대 AI 컴퓨팅센터를 설립하는 안을 대선 과정에서 공약으로 제시한 바 있다.

허 교수는 대선을 앞두고 "호남 지역에서 40년을 살아온 만큼 누구보다 지역의 아픔을 잘 알고 있다"며 "호남은 민주당에 기대를 제일 많이 하며 힘을 실어준 곳인 만큼, 지역의 요구가 대선 정책에 반영되도록 힘쓰겠다"고 밝혔다.

2024년 계엄 사태가 터지기 직전 전남대 교수들의 윤석열 정부 규탄 시국선언을 주도하며 윤 대통령 탄핵을 주장하기도 했다. 허 교수는 시국선언문을 통해 "국정 파탄의 책임자, 대통령 윤석열을 탄핵한다"며, 윤석열 정부의 검찰 독재와 민주주의 훼손, 권력 사유화 등을 강하게 비판했다.

허 교수는 고생물학 전문가로 한국의 공룡 연구를 세계적 반열에 올려놓은 '공룡박사'로도 잘 알려져 있다. 그는 한국고생물학회장, 한국공룡연구센터장으로서 남해안 공룡서식지를 유네스코 세계유산으로 지정하는 계획을 주도했고, 무등산권역이 유네스코 세계지질공원으로 인정받는 데 힘썼다. 200년의 역사와 전통을 가진 영국지질학회 명예회원 68명 중 한국인으로는 유일하게 선정되기도 했다.

2004년에는 영국 케임브리지 국제인명센터$_{IBC}$가 선정한 2005년도 100대 과학자에 포함됐다. 허 교수는 당시 한국의 초식공룡 및 익룡 발자국, 뼈 화석 등을 발견한 성과로 주목받았다.

부록

이재명 10대 공약집

공약 1 [경제·산업]

세계를 선도하는 경제 강국을 만들겠습니다.

■ 목표

○ **AI 등 신산업 집중육성을 통해 새로운 성장기반 구축**

○ **K-콘텐츠 지원강화로 글로벌 빅5 문화강국 실현**

■ 이행방법

○ **인공지능 대전환(AX)을 통해 AI 3강으로 도약**

- AI 예산 비중 선진국 수준 이상 증액과 민간 투자 100조원 시대 개막
- AI 데이터센터 건설을 통한 'AI 고속도로' 구축 및 국가 혁신거점 육성
- 고성능 GPU 5만개 이상 확보와 국가 AI데이터 집적 클러스터 조성
- '모두의 AI' 프로젝트 추진 및 규제 특례를 통한 AI 융복합 산업 활성화
- AI 시대를 주도할 미래인재 양성 교육 강화

○ **대한민국의 미래성장을 위한 글로벌 소프트파워 Big5 문화강국을 실현**

- K컬쳐 글로벌 브랜드화를 통한 K-이니셔티브 실현 및 문화수출 50조원 달성
- K-콘텐츠 창작 전 과정에 대한 국가 지원 강화 및 OTT 등 K-컬처 플랫폼 육성
- 문화예술인의 촘촘한 복지 환경 구축 및 창작권 보장

○ **K-방산을 국가대표산업으로 육성**

- K방산 수출 증대를 위한 컨트롤타워 신설 및 방위사업청 역량 강화
- 국방 AI 등 R&D 국가 투자 확대 및 방산수출기업 R&D 세제 지원 추진

○ **국가첨단전략산업에 대한 대규모 집중투자방안 마련**

- 국민·기업·정부·연기금 등 모든 경제주체들이 참여할 수 있는 국민펀드 조성

- 일반국민·기업의 투자금에 대해 소득세·법인세 감면 등 과감한 세제혜택 부여
- 산업생태계 뒷받침을 위한 기금을 설치하여 맞춤형 자금공급 지원

○ **안정적 R&D 예산 확대 및 국가연구개발 지속성 담보**

- 정부 R&D성과가 전체 산업으로 확산되는 혁신성장 체계 구축
- 기초 원천분야 R&D의 안정적 투자
- 혁신성장을 견인할 미래형 창의인재 양성

○ **벤처투자시장 육성으로 글로벌 4대 벤처강국 실현**

- 모태펀드 예산 및 벤처·스타트업 R&D 예산 대폭 확대
- M&A 촉진 등을 통한 벤처투자의 회수시장 활성화
- 지역여건을 고려한 스타트업파크 조성, 대학·지식산업센터 등 지역거점으로 육성

○ **스마트 데이터농업 확산, 푸드테크·그린바이오 산업 육성, K-푸드 수출 확대, R&D 강화, 농생명용지 조기 개발로 농업을 미래농산업으로 전환·육성**

■ 이행기간

○ **법률 제·개정 사항은 2025년 6월부터 준비하여 단계적으로 추진**

○ **재정사업은 2025년 추경과 2026년도 예산 수립부터 단계적으로 추진**

■ 재원조달방안 등

○ **정부재정 지출구조 조정분, 2025~2030 연간 총수입증가분(전망) 등으로 충당**

공약 2 [정치·사법]

내란극복과 K-민주주의 위상 회복으로 민주주의 강국을 만들겠습니다.

■ 목표

○ **내란극복**

○ **국민통합**

○ **민주주의 회복**

■ 이행방법

○ **대통령 계엄권한에 대한 민주적 통제 강화**

- 계엄선포시 국회의 계엄해제권 행사에 대한 제도적 보장 강화

○ **정치보복 관행 근절 등 국민통합 추진**

○ **직접민주주의 강화 등을 통한 책임정치 구현**

- 국회의원에 대한 국민소환제 도입

○ **국민에 봉사하는 군으로 체질 개선**

- 국방문민화 및 군정보기관 개혁
- 3군 참모총장에 대한 인사청문회 도입 및 각 군 이기주의 극복

○ **반인권적으로 운영되고 있는 국가인권위원회의 정상화 추진**

- 인권위원장 등 선출시 국민적 후보추천위원회 구성
- 인권위원장과 인권위원의 의무 및 징계규칙 신설

○ **감사원의 정치적 중립성 및 독립성 강화**

- 감사개시, 고발여부 결정시 감사위원회 의결 필수화
- 감사원 내부를 감찰하는 감찰관에 감사원 외부인사 임명 의무화

○ 검찰 개혁 완성

- 수사·기소 분리 및 기소권 남용에 대한 사법통제 강화
- 검사 징계 파면 제도 도입

○ 사법 개혁 완수

- 온라인재판 제도 도입, 대법관 정원 확대 등 신속한 재판받을 권리 실질적 보장
- 국민참여재판 확대 등 국민의 사법참여 확대
- 판결문 공개 범위 확대 등 국민의 사법서비스 접근성 제고

○ 반부패 개혁으로 청렴한 공직문화 조성

- 공직자 이해충돌방지 제도 강화
- 고위공직자의 부동산·주식 등 거래내역신고제 도입

○ 주요 공공기관 기관장 등의 임기를 대통령 임기와 일치시켜 공공기관 경영 및 정책 추진의 일관성과 책임성 강화

○ 민생·인권친화적 제도 개선

- 국선변호인 조력 범위의 단계적 확대
- 한국형 디스커버리제도(증거개시제도) 도입, 피해자 진술권 강화 등 사법절차 공정성 확대

○ 변호사의 공공성 강화

- 별도 위원회에 변호사 징계권한 부여 및 변호사 비밀유지권 법제화

○ 방송통신위원회의 정파성 극복을 위한 방송영상미디어 관련 법제 정비

○ 방송의 공공성 회복과 공적책무 이행으로 국민의 방송 실현

- 공영방송의 정치적 독립성 보장을 위한 법제 정비
- 방송의 보도·제작·편성의 자율성 보장

○ 건강하고 신뢰할 수 있는 미디어 이용환경 조성

- 반헌법적·반사회적 콘텐츠에 대한 플랫폼 책임성 강화
- 방송통신심의위원회의 독립성 및 정치적 중립성 강화

○ 제3기 진실화해위원회의 신속 출범

○ 학교 역사교육 강화 및 역사연구기관 운영의 정상화

■ 이행기간

○ 법률 제·개정 사항은 2025년 6월부터 준비하여 단계적으로 추진

○ 재정사업은 2025년 추경과 2026년도 예산 수립부터 단계적으로 추진

■ 재원조달방안 등

○ 정부재정 지출구조 조정분, 2025~2030 연간 총수입증가분(전망) 등으로 충당

공약 3 [경제·산업]

가계·소상공인의 활력을 증진하고, 공정경제를 실현하겠습니다.

■ 목표

○ **가계와 소상공인의 활력을 제고**

○ **공정한 경제구조 실현**

■ 이행방법

○ **코로나 정책자금 대출에 대한 채무조정부터 탕감까지 종합방안 마련**

○ **12.3 비상계엄으로 인한 피해 소상공인 지원방안 마련**

○ **소상공인 금융과 경영부담 완화**

- 저금리 대환대출 등 정책자금 확대 및 키오스크 등 각종 수수료 부담 완화
- 건물관리비 내역 공개로 임대료 꼼수 인상 방지
- 디지털 전환 적극 추진 및 글로벌 소상공인 집중 육성

○ **소비촉진으로 소상공인·자영업자 활기 도모**

- 지역사랑상품권 및 온누리상품권 발행 규모 확대
- 지역별 대표상권 및 소규모 골목상권 육성을 통한 상권르네상스 2.0 추진

○ **공정하고 지속가능하며 실패해도 재기할 수 있는 소상공인 경제 구축**

- '소상공인 내일채움공제' 도입으로 목돈 마련 기회 제공
- 폐업지원금 현실화 및 폐업시 대출금 일시상환 유예 요건 완화

○ **소상공인·자영업자 사회안전망 확대**

- 경찰청 연계 안심콜 의무화로 여성 소상공인 안전 강화
- 소상공인·자영업자 육아휴직수당 확대

- 자영업자의 '아프면 쉴 권리'를 위한 상병수당 확대

○ **가맹점주·대리점주·수탁사업자·온라인플랫폼 입점사업자 등 협상력 강화**

○ **플랫폼 중개수수료율 차별금지 및 수수료 상한제 도입으로 공정한 배달문화 구축**

○ **대환대출 활성화 및 중도상환수수료 단계적 감면 등 대출상환 부담 완화**

○ **취약계층에 대한 중금리대출 전문 인터넷은행 추진**

○ **가산금리 산정 시 법적비용의 금융소비자 부당전가 방지로 원리금상환부담 경감**

○ **채무자 중심의 보호체계 구축 및 사각지대 해소**

- 장기소액연체채권 소각 등을 위한 배드뱅크 설치
- 특별감면제·상환유예제 등 청산형 채무조정 적용 확대

○ **고품질 공공임대주택 및 공공임대 비율 단계적 확대**

○ **전세사기 걱정 없는 사회, 부담없는 전월세로 서민의 주거사다리 복원**

- 전세사기 걱정 없고 임차인에게 책임이 전가되지 않는 보증제도 개선
- 월세 세액공제 대상자 및 대상주택 범위 확대 등 월세 부담 완화

○ **주식시장 수급여건 개선 및 유동성 확충**

- 상장기업 특성에 따른 주식시장 재편 및 주주환원 강화
- 외국인 투자자 유입 확대를 위한 제도 정비 및 MSCI 선진국지수 편입 적극 추진

○ **디지털자산 생태계 정비를 통한 산업육성기반 마련**

○ **중소기업협동조합 등 단체협상권 부여로 제값받는 공정한 경제 창출**

○ **중소기업 복지플랫폼 예산 확대 및 중소기업 상생금융지수 도입 추진**

○ **한국형 디스커버리제도 도입 등 기술탈취 행위 강력 근절**

○ **상법상 주주충실 의무 도입 등 기업지배구조 개선 통한 일반주주의 권익 보호**

○ **자본·손익거래 등을 악용한 지배주주의 사익편취 행위 근절**

○ **먹튀·시세조종 근절로 공정한 시장질서 창출**

■ 이행기간

○ 법률 제·개정 사항은 2025년 6월부터 준비하여 단계적으로 추진

○ 재정사업은 2025년 추경과 2026년도 예산 수립부터 단계적으로 추진

■ 재원조달방안 등

○ 정부재정 지출구조 조정분, 2025~2030 연간 총수입증가분(전망) 등으로 충당

공약 4 [외교·통상]

세계질서 변화에 실용적으로 대처하는 외교안보 강국을 만들겠습니다.

■ 목표

○ **튼튼한 경제안보 구축**

○ **지속가능한 한반도 평화 실현**

■ 이행방법

○ **국제적 통상환경 변화에 적극 대응하는 경제외교 추진**

- G20, G7 등을 통한 글로벌 현안 적극 참여
- 성공적인 2025 경주 APEC 개최를 통한 외교역량 강화 및 국제위상 제고
- 경제안보 증진을 위한 주요국과의 연대 강화

○ **우리의 외교영역을 확대하고 다변화**

- 신아시아 전략 및 글로벌사우스 협력 추진
- 통상·공급망·방산·인프라 등 분야에 있어 EU 및 유럽과의 실질협력 강화

○ **통상환경 변화 대응을 위한 무역구조 혁**신

- 국익을 최우선할 수 있도록 산업경쟁력 제고 및 전략적 통상정책 추진
- 수출시장·품목 다변화 추진 및 기후위기발 글로벌 환경무역 대응역량 강화
- 핵심소재·연료광물의 공급망 안정화를 위한 통상협력 강화

○ **국익과 실용의 기반 하에 주변 4국과의 외교관계 발전**

○ **북한 핵 위협의 단계적 감축 및 비핵·평화체제를 향한 실질적 진전 달성**

○ **한반도 군사적 긴장 완화, 평화 분위기 조성**

- 한반도 비핵화 목표 아래 남북관계 복원 및 화해·협력으로의 전환 추진

- 우발적 충돌방지 및 군사적 긴장완화, 신뢰구축 조치 추진

○ **굳건한 한미동맹에 기반한 전방위적 억제능력 확보**

- 한국형 탄도미사일 성능 고도화 및 한국형 미사일방어체계 고도화
- 한미동맹 기반 하 전시작전권 환수 추진

○ **국제사회에서의 공헌과 국격에 걸맞은 외교 추진**

- UN 등 국제기구에서의 적극적 역할 확대, 글로벌 기후위기 대응외교 강화
- 국제개발협력 및 적극적 공공외교 추진

○ **이산가족 상봉 등 남북 인도주의협력, 교류협력 모색·추진**

○ **재외국민에 대한 적극적인 지원을 통한 권익과 안전 보호**

○ **주력 제조업 경쟁력 강화를 위한 '전략산업 국내생산 촉진세제' 도입**

○ **수출산업 보호를 위한 무역안보 단속체계 확립**

- 국산 둔갑 우회수출, 국가 핵심기술 유출 단속 강화
- 공급망 위기를 선제적으로 포착할 수 있는 공급망 조기경보시스템 고도화

○ **전략물자 국적선박 확보를 통한 물류 안보 실현**

○ **식량안보 차원에서 쌀 등 주요농산물의 안정적 공급기반 구축**

○ **어업협정 이행 강화 및 '불법 중국어선 강력 대응'을 통한 해양 주권 수호**

■ 이행기간

○ **법률 제·개정 사항은 2025년 6월부터 준비하여 단계적으로 추진**

○ **재정사업은 2025년 추경과 2026년도 예산 수립부터 단계적으로 추진**

■ 재원조달방안 등

○ **정부재정 지출구조 조정분, 2025~2030 연간 총수입증가분(전망) 등으로 충당**

공약 5 [사법·행정·보건의료]

국민의 생명과 안전을 지키는 나라를 만들겠습니다.

■ 목표

○ **국민 생활안전 및 재난 대응 강화**

○ **의료 대란 해결 및 의료 개혁 추진**

■ 이행방법

○ **범죄로부터 안전한 사회 구축**

- 흉악범죄·묻지마범죄(이상동기범죄) 예방을 위해 범죄경력자 관리 감독 강화
- 교제폭력 범죄 처벌 강화 및 피해자 보호명령제도 도입
- 청소년 범죄 대응체계 강화

○ **민생침해 금융범죄 처벌 및 금융소비자 보호를 위한 제도 개선 추진**

- 민생파괴 금융범죄에 대한 처벌 대폭 강화
- 보이스피싱·다중사기범죄 등 서민 다중피해범죄에 대한 범죄이익 몰수
- 금융사고 책임자 엄정처벌 및 금융보안 의무위반 징벌적 과징금 부과

○ **사회적 재난에 대한 신속하고 효율적인 대응체계 구축**

- 재난현장지휘권 강화로 대규모 재난 신속대응 및 부처별 협업체계 구축
- 사회재난 발생 시 사고조사위원회 즉시 설치
- 재난안전 산업 육성 및 소방·화재 안전 장비 확충
- 산불·호우·땅꺼짐 사고를 포함한 통합 기후재난 예측·감시시스템 도입
- 생명안전기본법 제정 추진

○ **교통사고 예방과 건설안전 환경조성으로 생활안전 체계 강화**

- 보행자 안전 우선의 교통체계 구축으로 교통취약계층 우선보호
- 오토바이 전후방 번호판제 도입 및 고령운전자 운전 안전 대책 마련
- 전기차 배터리 인증제 활성화 및 전기차 화재예방·진압장비 도입 확대
- 공유형 전동킥보드 안전관리 강화 및 효율적 이용을 위한 관련법 제정
- 항공사고 예방을 위한 항공사·공항시설 안전관련 투자·정비 점검 강화
- 건설공사 발주 · 설계 · 시공 · 감리 등 전 과정에 대한 안전대책 강화

○ **지역·필수·공공의료 강화로 제대로 치료받을 권리 확보**

- 필수의료에 대한 충분한 보상체계 확립 및 의료사고에 대한 국가책임 강화
- 지역의사·지역의대·공공의료사관학교 신설로 지역·필수·공공의료 인력 확보
- 진료권 중심 공공의료 인프라 확충 및 국립대병원 거점병원 역할 강화
- 응급환자 신속 이송-수용-전원체계로 응급실 뺑뺑이 문제 해결
- 진료권 중심 응급의료체계와 중증-응급 24시간 전문의 대응체계 확립
- 주치의 중심 맞춤형 일차 의료체계 구축 및 방문·재택 진료 확대
- 의료의 질과 안전성을 고려한 비대면 진료 제도화
- 필수의약품 수급불안 해소와 감염병 위기 대응 인프라 구축

○ **국민참여 의료개혁으로 의료대란 해결, 건강보험의 지속가능성 확보**

- '국민참여형 의료개혁 공론화위원회' 로 국민이 원하는 진짜 의료개혁 추진
- 보건의료 전문직역들의 상호협력체계 강화 및 적정인력 확보
- 건강보험에 대한 안정적인 국고지원 및 수가보상체계의 합리적 개편
- 대상별·질환별 특성 고려한 보장성 확대로 의료비 절감과 질병 예방
- 희귀·난치 질환 부담 완화와 소아비만·소아당뇨에 대한 국가책임 강화

■ 이행기간

○ **법률 제·개정 사항은 2025년 6월부터 준비하여 단계적으로 추진**

○ **재정사업은 2025년 추경과 2026년도 예산 수립부터 단계적으로 추진**

○ **건강보험 관련 사항은 사회적 논의 통해 건보재정 계획 마련**

■ 재원조달방안 등

○ 정부재정 지출구조 조정분, 2025~2030 연간 총수입증가분(전망) 등으로 충당. 건강보험 재정 관련 사항은 별도 논의 필요

세종 행정수도와 '5극 3특' 추진으로 국토균형발전을 이루겠습니다.

■ 목표

○ **세종 행정수도 완성**

○ **5극(5대 초광역권: 수도권, 동남권, 대경권, 중부권, 호남권), 3특(3대 특별자치도(제주,강원,전북)) 추진**

■ 이행방법

○ **세종 행정수도 완성 추진**

- 국회 세종의사당과 대통령 세종 집무실 임기 내 건립

○ **이전 공공기관 정주여건 개선 및 제2차 공공기관 지방이전 추진**

○ **5극, 3특 중심 균형발전 기반 마련**

- 5대 초광역권(수도권, 동남권, 대경권, 중부권, 호남권)별 특별지방자치단체 구성 및 권역별 광역급행철도 건설
- 3대 특별자치도(제주, 강원, 전북)의 자치권한 및 경쟁력 강화 위한 특별법 개정

○ **자치분권 강화와 지방재정 확충**

- 균형발전을 위한 국가자치분권회의 신설 추진
- 지방교부세 확대, 자체세원 발굴 등으로 지방재정 확충

○ **지역소멸을 방지하기 위한 지역 주도 행정체계 개편 추진**

- 행정체계 개편을 위한 범부처 통합 TF구성 및 로드맵 마련
- 주민의사를 반영한 지자체 통합방안 마련

○ **지역대표 전략산업 육성과 지역투자 촉진으로 지역경제 활력 촉진**

- 혁신도시·경제자유구역·국가/지방산단 연계한 경쟁력 있는 지역대표 전략산업 육성
- 위기산업 구조개혁으로 지역균형 발전 추진 및 지역산업 생태계 안정 도모

○ **수도권 중심의 대학 서열화 완화를 통한 국가 균형발전 달성**

- '서울대 10개 만들기'로 지역 거점국립대에 대한 전략적 투자와 체계적 육성 추진
- 지역과 함께 성장하고 국립대-사립대가 동반성장하는 RISE 체계 구축

○ **지역사랑상품권 발행 의무화를 통해 지역경제를 살리고 균형발전 달성**

○ **'잘사니즘'의 실현, 관광산업으로 지역경제 활성화**

- 국민휴가 지원 3종 세트(근로자 휴가지원제, 지역사랑 휴가지원제, 숏컷 여행)를 통해 근로자 휴가지원제도를 대폭 확대해 지역관광 활성화
- 지자체-기업 매칭의 워케이션 관광 활성화 및 지역특화 관광자원 개발

○ **사람이 돌아오는 지속가능한 농산어촌**

- 주거여건 개선, 빈집 정비, 세컨드 하우스 확산 및 귀농·귀촌 지원 강화
- 신규인력 진입지원 확대 통해 미래 청년농업·어업·임업 인재 육성

○ **철도지하화 대상 구간 차질없는 추진 위한 종합계획 수립 및 단계적 시행**

○ **지역·중소방송사의 지역밀착형 콘텐츠 제작 지원 및 확대 등 활성화 적극 지원**

○ **재난현장 일선에서 희생하는 이·통장 특별활동비 신설**

■ 이행기간

○ **법률 제·개정 사항은 2025년 6월부터 준비하여 단계적으로 추진**

○ **재정사업은 2025년 추경과 2026년도 예산 수립부터 단계적으로 추진**

■ 재원조달방안 등

○ **정부재정 지출구조 조정분, 2025~2030 연간 총수입증가분(전망) 등으로 충당**

공약 7 [교육·경제·복지]

노동이 존중받고 모든 사람의 권리가 보장되는 사회를 만들겠습니다.

■ 목표

○ **노동 존중, 일하는 사람들의 권리 존중 사회 실현**

■ 이행방법

○ **자영업자, 특수고용 및 플랫폼 노동자 등 일하는 모든 사람들의 일터 권리 보장, 일한 만큼 보상받는 공정한 노동환경 조성**

- 일하는 사람 권리 보장을 위한 법제도 개선, 미조직 취약계층 이해 대변 강화
- 「노동조합법」2·3조 개정으로 하청노동자 등의 교섭권 보장

○ **포괄임금제 금지 등 「근로기준법」에 명문화**

○ **동일노동 동일임금 기준지표 마련을 위한 임금분포제 도입**

○ **산업·업종·지역단위 단체교섭협약 활성화로 저임금노동자들의 기본 노동조건 보장**

- 국가·지자체, 공공기관 등 공공부문이 모범적 사용자로서 노동관계법 준수 및 산업·업종 단체교섭협약모델 구축 추진

○ **직장 내 민주주의, 노사자율 강화 실현**

- 근로자(노동자)의 과반수를 대표하는 근로자(노동자) 대표의 선출·임기·역할·법적 보호 등 제도적 기반 마련

○ **'업무상 재해위험이 높은 자영업자'까지 산재보험 제도 도입**

○ **'일하다 다치거나 죽지 않게' 노동안전보건체계 구축**

- 하청노동자 보호를 위한 원·하청 통합 안전보건관리체계 구축

○ **일하는 여성이 일하기 좋은 사회 조성**

- 고용평등 임금공시제 도입 및 공공기관 성별 평등지표 적극 반영

○ **주4.5일 도입·확산 등으로 2030년까지 OECD 평균 이하로 노동시간 감축**

- 범정부 차원 주 4.5일제 실시 지원 및 실노동시간 단축 로드맵 제시

○ **공무원 처우개선 및 공직문화 개선**

- 저연차 공무원의 보수 지속적 인상, 경찰·소방·재난담당 공무원 위험근무수당 인상
- '간부 모시는 날', 불합리한 업무 지시 등 잘못된 공직관행 혁신

○ **문화예술인 창작권 보장을 위한 권리 강화 및 정부의 문화예술인 창작권 침해 금지**

○ **권리보장 강화로 장애인 사회참여 실현**

- 체계적 장애인 권리보장 기반 마련을 위한 '장애인권리보장법' 제정
- 장애인 등 교통약자를 위한 교통수단 확대 및 단계적 발전 계획 마련 등

■ 이행기간

○ **법률 등 제·개정 사항은 2025년 6월부터 준비하여 단계적 추진**

○ **재정사업은 2025년 제2회추경안, 2026년도 예산안 편성부터 단계적 추진**

■ 재원조달방안 등

○ **정부재정 지출구조 조정분, 2025~2030 연간 총수입증가분(전망) 등으로 충당**

공약 8 [경제·복지]

생활안정으로 아동·청년·어르신 등 모두가 잘사는 나라를 만들겠습니다.

■ 목표

○ **생활안정과 생활비절감 추진**

○ **빈틈없이 기본이 보장되는 사회 추진**

■ 이행방법

○ **생애주기별 소득보장체계 구축**

- 아동수당 지급 대상을 18세까지 점진적 상향
- 일하는 모든 취업자로 육아휴직 단계적 확대
- 국민연금 사각지대 해소 및 연금개혁 지속 추진

○ **온 사회가 다 같이 돌보는 돌봄기본사회 추진**

- 영유아 교육·보육비 지원 확대 및 온동네 초등돌봄체계 구축
- 간병비 부담완화와 간호간병 통합병동 확대 추진
- 지속 가능한 지역사회 통합 돌봄체계 구축

○ **근로장려금(EITC)과 자녀장려금(CTC)의 대상 및 지급액 확대**

○ **주거·통신 등 필수적인 생활비 부담 절감**

- 월세 세액공제 대상자·대상주택 확대 및 통신비 세액공제 신설

○ **청년·국민·어르신 패스 3종 도입으로 국민 교통비 절감**

○ **국가책임 공교육으로 사교육비 부담 경감**

- 기초학력 학습안전망 지원 확대 및 자기주도학습센터 운영

○ **대학생 등록금 부담 완화 및 청년주거 환경 개선**

○ **생애주기 문화패스 신설·확대 등 국민 문화향유권 확대**

○ **선진국형 농가소득 및 농업재해안전망 도입**

- 농산물 가격 안정적 관리 및 농어업재해 국가책임 강화
- 양곡관리법 개정 등을 통한 쌀값 정상화 및 공익직불금 확대
- 농업인 퇴직연금제 도입 및 농지이양 은퇴직불금·공공비축농지 확대

○ **어민 소득증대 통한 어촌소멸 대응**

- 탄소중립 활동 참여 어촌마을 안정적인 소득기반 마련
- 수산식품기업바우처 수산선도조직 육성사업 지원 확대

○ **국가유공자 예우 강화 및 보훈문화 확산**

- 저소득 보훈대상자에 대한 지원체계 강화 및 사각지대 없는 보훈의료체계 구축
- 조국 수호를 위해 희생한 시간에 대한 정당한 보상

○ **문화예술인 사회보험보장 확대 및 복합지원공간 확충**

○ **청년의 기회와 복지 확대**

- '청년미래적금' 도입 등 청년자산형성 지원
- 취업 후 상환 학자금 대출 소득요건 완화, 의무상환 전 이자면제 대상 확대
- 군복무 경력 호봉 반영, 구직활동지원금 확대 등 청년의 일할 권리와 기회강화
- 청년 맞춤형 공공분양 및 월세지원 확대 등 청년 주거지원 강화
- 국민연금 군복무 크레딧 확대 등 청년생활안전망 구축
- 글로벌 기업이 운영 중인 '채용연계형 직업교육 프로그램' 확산·지원

○ **1인가구·청년을 위한 정책 확대**

- 직장과 주거시설이 근접한 주거복합플랫폼주택 조성 및 맞춤형 주거설계지원 사업 추진

○ **한부모가족의 복지급여 확대 등 안정적인 생활환경 지원 강화**

○ **서민들의 편의를 위한 교통물류 환경 개선**

- 교통물류환경종사자 근로여건 개선방안 마련

- 생활물류, 고속철도, 항공 등 국민편익 향상 방안 마련

○ **청년·근로자 천원의 아침밥 및 농식품바우처 확대 등 먹거리 돌봄 강화**

○ **사람과 동물이 더불어 행복한 사회 조성**

- 반려동물 양육비 부담 완화 및 의료 서비스 강화
- 동물 학대자의 동물 소유권 및 사육권 제한

■ 이행기간

○ **법률 제·개정 사항은 2025년 6월부터 준비하여 단계적으로 추진**

○ **재정사업은 2025년 추경과 2026년도 예산 수립부터 단계적으로 추진**

■ 재원조달방안 등

○ **정부재정 지출구조 조정분, 2025~2030 연간 총수입증가분(전망) 등으로 충당**

공약 9 [교육·복지]

저출생·고령화 위기를 극복하고 아이부터 어르신까지 함께 돌보는 국가를 만들겠습니다.

■ 목표

○ **저출생·고령화 해소 및 돌봄체계 구축**

■ 이행방법

○ **저출생 대책 혁신 및 자녀양육 지원 확대**

- 자녀 수에 비례한 신용카드 소득공제율·공제 한도 상향 추진
- 초등학생 예체능학원·체육시설 이용료를 교육비 세액공제 대상에 추가
- '우리아이자립펀드' 단계적 도입 및 신혼부부 결혼출산지원 확대
- 신혼부부 공공임대주택 공급 확대
- 난임부부 치료지원 강화

○ **아이 키우기 좋은 나라를 위한 돌봄·교육, 일·가정 양립 지원 강화**

- 공공 아이돌봄 서비스 지원 강화
- 지자체 협력형 초등돌봄 추진
- 초등학교 방과후학교 수업료 지원 확대
- 교육·보육의 질을 높이는 정부 책임형 유보 통합 추진

○ **발달장애인 24시간 돌봄 등 장애인 맞춤형 지역돌봄체계 구축**

○ **생애주기별 외로움(고독) 대응 정책 개발·추진**

○ **고령사회 대응을 위한 통합적 지원체계 마련**

- 치매·장애 등으로 재산 관리가 어려운 노인을 위한 공공신탁제도 도입
- 어르신 주거 문제 해결을 위한 고령자 친화 주택·은퇴자 도시 조성

- 간호·간병 통합서비스 확대 및 요양병원 간병비 건강보험 적용
- 노인 등이 집에서 의료·돌봄서비스를 받는 지역사회 통합 돌봄체계 구축

○ **지속 가능한 노후 소득 보장 체계 구축**

- 국민연금 수급 연령에 맞춘 정년 연장, 사회적 합의를 통해 단계적 추진
- 주택연금 제도개선 등을 통해 노후 소득 보장을 위한 지원강화

■ 이행기간

○ **법률 제·개정 사항은 2025년 6월부터 준비하여 단계적으로 추진**

○ **재정사업은 2025년 추경과 2026년도 예산 수립부터 단계적으로 추진**

■ 재원조달방안 등

○ **정부재정 지출구조 조정분, 2025~2030 연간 총수입증가분(전망) 등으로 충당**

공약 10 [환경·산업]

미래세대를 위해 기후위기에 적극 대응하겠습니다.

■ 목표

○ **기후위기 대응 및 산업구조의 탈탄소 전환**

■ 이행방법

○ **선진국으로서의 책임에 걸맞는 온실가스 감축목표 수립**

- 2030년 온실가스 감축 목표 달성 추진과 과학적 근거에 따른 2035년 이후 감축 로드맵 수립
- 헌법불합치 결정 취지를 감안하여 책임있는 중간목표를 담은 탄소중립기본법 개정
- 2028년 제33차 기후변화협약 당사국총회(COP33) 유치

○ **재생에너지 중심의 에너지전환 가속화**

- 2040년까지 석탄화력발전 폐쇄
- 햇빛·바람 연금 확대, 농가태양광 설치로 주민소득 증대 및 에너지 자립 실현
- 태양광 이격거리 규제 및 재생에너지 직접구매(PPA) 개선

○ **경제성장의 대동맥, 에너지고속도로 구축**

- 2030년까지 서해안, 2040년까지 한반도 에너지고속도로 건설 추진
- 분산형 재생에너지 발전원을 효율적으로 연결·운영하는 '지능형 전력망' 구축
- '에너지산업 육성' 및 공급망 내재화를 통한 차세대 성장동력 마련

○ **탄소중립 산업전환으로 경제와 환경의 조화로운 발전 도모**

- 태양광·풍력·전기차·배터리·수전해·히트펌프 등 탄소중립산업의 국산화 및 수출경쟁력 제고

- RE100 산업단지 조성으로 수출기업의 기후통상 대응역량 지원
- 철강·석유화학·시멘트 등 탄소다배출 업종의 저탄소 공정 및 기술혁신 지속 추진, 기업 탈탄소 전환 지원책 마련
- 기후테크 R&D 예산 확대, 탄소중립 신산업·신기술 발굴로 탄소중립 역량 강화

○ **건축물·열 부문 탈탄소화**

- 민간·공공 그린리모델링 지원 확대 및 절차 간소화를 통한 노후건물 에너지효율화

○ **전기차 보급 확대 및 노후경유차 조기 대·폐차 지원을 통한 수송부문 탈탄소 가속화**

○ **영농형태양광 적극 보급, 친환경유기농업 확대 및 지속가능한 축산업으로 농업 탄소배출량 저감 추진**

○ **탈플라스틱 국가 로드맵 수립 및 바이오플라스틱 산업 육성 지원**

○ **한반도 생물 다양성 복원**

- 산불 발생 지역 생물다양성 복원 추진
- 육지와 해양의 생물다양성보호구역 단계적 확대

○ **4대강 재자연화(Rewilding)와 수질개선 추진**

○ **탄소포인트제 등 국민의 탄소 감축 실천에 대한 인센티브 강화**

○ **정의로운 전환을 위한 실현 방안 마련**

- 배출권거래제 유상할당 비중 확대 등 기후대응기금 확충
- 정의로운 전환 특구 지정 및 고용전환과 신산업 역량 개발 지원

○ **2028년 제4차 UN해양총회 유치**

■ 이행기간

○ **법률 제·개정 사항은 2025년 6월부터 준비하여 단계적으로 추진**

○ **재정사업은 2025년 추경과 2026년도 예산 수립부터 단계적으로 추진**

■ 재원조달방안 등

○ **정부재정 지출구조 조정분, 2025~2030 연간 총수입증가분(전망) 등으로 충당**

이재명 시대 경제 대예측

초판 1쇄 2025년 6월 5일
초판 3쇄 2025년 6월 20일

지은이 매일경제 경제부
펴낸이 허연
편집장 유승현

책임편집 김민보 고병찬
편집부 정혜재 장아름 이예슬 장현송
마케팅 한동우 박소라 구민지
경영지원 김민화 김정희 오나리
디자인 김보현 한사랑

펴낸곳 매경출판㈜
등록 2003년 4월 24일(No. 2-3759)
주소 (04557) 서울시 중구 충무로 2 (필동1가) 매일경제 별관 2층 매경출판㈜
홈페이지 mkbook.mk.co.kr **스마트스토어** smartstore.naver.com/mkpublish
페이스북 @maekyungpublishing **인스타그램** @mkpublishing
전화 02)2000-2632(기획편집) 02)2000-2646(마케팅) 02)2000-2606(구입 문의)
팩스 02)2000-2609 **이메일** publish@mkpublish.co.kr
인쇄 · 제본 ㈜M-print 031)8071-0961
ISBN 979-11-6484-784-6(03320)